应用型高等教育财经类专业"十三五"规划教材
应用型本科高校市场营销专业创新教材系列

广　告　学

朱江鸿　卢海清　孙华林　主　编
　　　　李柏杏　桂辉慧　副主编

上海财经大学出版社

图书在版编目(CIP)数据

广告学/朱江鸿,卢海清,孙华林主编.—上海:上海财经大学出版社,2017.8
(应用型高等教育财经类专业"十三五"规划教材)
ISBN 978-7-5642-2776-0/F·2776

Ⅰ.广… Ⅱ.①朱…②卢…③孙… Ⅲ.①广告学-高等学校-教材
Ⅳ.①F713.80

中国版本图书馆 CIP 数据核字(2017)第 155559 号

□ 责任编辑　徐　超
□ 联系邮箱:1050102606@qq.com
□ 封面设计　张克瑶

GUANG GAO XUE

广 告 学

朱江鸿　卢海清　孙华林　主　编
李柏杏　桂辉慧　副主编

上海财经大学出版社出版发行
(上海市中山北一路 369 号　邮编 200083)
网　　址:http://www.sufep.com
电子邮箱:webmaster @ sufep.com
全国新华书店经销
上海叶大印务发展有限公司印刷装订
2017 年 8 月第 1 版　2019 年 3 月第 2 次印刷

787mm×1092mm　1/16　15.5 印张　396 千字
印数:3 001—5 000　定价:43.00 元

前　言

随着网络经济时代的到来,广告在社会经济发展过程中发挥着十分重要的作用。企业之间的竞争除产品质量和服务竞争之外,广告也是竞争的一种有效手段,高效的广告传播对企业开拓市场起到强大的推动作用。作为应用型本科高校的学生应该掌握广告学的一些基础理论知识,在此基础上能根据企业的营销目标进行广告的策划,并掌握对广告效果进行评估的技能。

本书从应用型本科高校学生的专业知识和技能培养需要出发,构建理论与实务相结合的内容体系。每章选取一个与理论密切相关的典型性案例作为引入,具体阐述理论内容,适时介绍与理论相关的知识点。内容充分考虑应用型本科高校学生的学习特点,选取一些具有时代特色内容,结合广告图片,经过整合后融入教材,使学生不仅有知识技能的提升,而且使学习过程具有一定的趣味性,增强课程的学习效果。

本书共分十二章,主要内容包括:广告概述、广告发展简史、广告基础理论、广告主体、广告心理与受众、广告创意与表现、广告文案、广告媒体、新媒体广告、广告策划、广告管理、广告效果测定等。各章设置了案例引入、学习目标、知识链接、复习思考题等项目。

在编写过程中,作者借鉴和参考了一些广告学教材,同时引用了诸多广告作品,在文中尽力标注出处,但是有部分资料未明确标示,在此表示歉意。在此,谨向相关文献、资料作者和出版者表示由衷的敬意和感谢。

本书各章理论部分的写作分工:武汉晴川学院朱江鸿(第1章、第2章、第7章、第9章),武汉晴川学院卢海清(第3章、第4章、第6章),武汉晴川学院孙华林(第8章、第10章、第11章),武昌理工学院桂辉慧(第5章),湖北商贸学院李柏杏(第12章),最后由朱江鸿负责统稿和审定工作。

由于资料收集的局限和编者水平的有限,本书难免舛误之处,敬请广大读者提出宝贵意见,以便进一步修订完善。提出意见或免费获取教学资源请发送电子邮件至64626682@qq.com。

朱江鸿

2017年7月于武汉

目 录

前言 … 1

第1章 广告概述 … 1
本章主要教学内容 … 1
本章教学目的 … 1
1.1 导入案例:《三生三世十里桃花》里百草味等植入广告 … 1
1.2 广告的定义及其特征 … 2
1.3 广告的类别 … 6
1.4 广告的功能与作用 … 12
1.5 广告学与其他学科的关系 … 16
本章小结 … 20
练习题 … 20
案例分析 … 20

第2章 广告发展简史 … 22
本章主要教学内容 … 22
本章教学目的 … 22
2.1 导入案例:春秋战国时期伯乐开"出场费"先河 … 22
2.2 古代广告的发展 … 23
2.3 近代广告的发展 … 28
2.4 西方现代广告的发展 … 34
2.5 中国现代广告的发展 … 36
本章小结 … 39
练习题 … 40
案例分析 … 40

第3章 广告基础理论 … 42
本章主要教学内容 … 42
本章教学目的 … 42
3.1 导入案例:艾维斯出租车广告:"我们只是第二" … 42
3.2 广告定位理论 … 43

3.3 "USP"理论和整合营销传播理论 … 49
3.4 "4P"理论和"4C"理论 … 52
3.5 "5W"理论 … 54
3.6 "6W+6O"理论和认知理论 … 57
 本章小结 … 58
 练习题 … 58
 案例分析 … 59

第4章 广告主体 … 61
 本章主要教学内容 … 61
 本章教学目的 … 61
4.1 导入案例:"百年麦肯" … 61
4.2 广告组织 … 63
4.3 广告代理制度 … 69
4.4 广告人的教育培养 … 72
 本章小结 … 74
 练习题 … 74
 案例分析 … 74

第5章 广告心理与受众 … 77
 本章主要教学内容 … 77
 本章教学目的 … 77
5.1 导入案例:康师傅陈坛酸菜牛肉面 … 77
5.2 广告传播的心理过程 … 78
5.3 广告引人注意的策略 … 81
5.4 增强广告理解力的策略 … 85
5.5 广告引发兴趣与需要的策略 … 87
5.6 提高广告记忆效果的策略 … 89
 本章小结 … 93
 练习题 … 93
 案例分析 … 93

第6章 广告创意与表现 … 95
 本章主要教学内容 … 95
 本章教学目的 … 95
6.1 导入案例:美国4A创意守则 … 95
6.2 广告创意的概念与特征 … 96
6.3 广告创意的方法 … 98
6.4 广告作品的构成要素 … 103
6.5 广告制作的表现技巧 … 108

本章小结 ·· 113
　　练习题 ·· 113
　　案例分析 ·· 114

第 7 章　广告文案 ·· 115
　　本章主要教学内容 ·· 115
　　本章教学目的 ·· 115
　　7.1　导入案例：饿了么——饿了别叫妈，叫饿了么 ········ 115
　　7.2　广告文案概述 ·· 116
　　7.3　广告文案的分类 ······································ 119
　　7.4　广告文案的构成 ······································ 121
　　7.5　广告文案的撰写技巧 ·································· 131
　　　本章小结 ·· 135
　　　练习题 ·· 136
　　　案例分析 ·· 136

第 8 章　广告媒体 ·· 138
　　本章主要教学内容 ·· 138
　　本章教学目的 ·· 138
　　8.1　导入案例：土豆网是这样"种"出来的 ················ 138
　　8.2　广告媒体概述 ·· 139
　　8.3　广告媒体分类 ·· 140
　　8.4　广告媒体策略 ·· 145
　　8.5　广告媒体现状与发展趋势 ···························· 153
　　　本章小结 ·· 154
　　　练习题 ·· 154
　　　案例分析 ·· 154

第 9 章　新媒体广告 ·· 156
　　本章主要教学内容 ·· 156
　　本章教学目的 ·· 156
　　9.1　导入案例：零食界的"网红"卫龙辣条神秘被黑事件 ··· 156
　　9.2　新媒体广告概述 ······································ 157
　　9.3　网络广告 ·· 159
　　9.4　手机媒体广告 ·· 167
　　9.5　新型电视媒体广告 ···································· 170
　　　本章小结 ·· 172
　　　练习题 ·· 172
　　　案例分析 ·· 172

第 10 章　广告策划 ········ 175
本章主要教学内容 ········ 175
本章教学目的 ········ 175
10.1　导入案例：孔府家酒广告 ········ 175
10.2　广告策划的概念与特征 ········ 176
10.3　广告策划的程序和内容 ········ 179
10.4　广告策划书的撰写 ········ 189
本章小结 ········ 195
练习题 ········ 195
案例分析 ········ 196

第 11 章　广告管理 ········ 200
本章主要教学内容 ········ 200
本章教学目的 ········ 200
11.1　导入案例：如此广告，就是违法 ········ 200
11.2　广告管理的含义及特点 ········ 202
11.3　广告管理的内容和方法 ········ 205
本章小结 ········ 213
练习题 ········ 213
案例分析 ········ 213

第 12 章　广告效果测定 ········ 218
本章主要教学内容 ········ 218
本章教学目的 ········ 218
12.1　导入案例：粗暴式的硬性植入注定无效果 ········ 218
12.2　广告效果与效果测定 ········ 219
12.3　广告活动效果的全程测定 ········ 229
本章小结 ········ 235
练习题 ········ 235
案例分析 ········ 236

参考文献 ········ 238

第 1 章 广告概述

本章主要教学内容
1. 导入案例:《三生三世十里桃花》里百草味等植入广告
2. 广告的定义与特征
3. 广告的类别
4. 广告的功能
5. 广告与其他学科的关系

本章教学目的
通过本章的学习,掌握广告的定义及特征;了解广告类别,掌握广告功能;了解广告与其他学科的关系。

1.1 导入案例:《三生三世十里桃花》里百草味等植入广告

电视剧《三生三世十里桃花》在网络上非常火热。让人惊讶的是,很多人关注的对象不是其剧情,而是其中植入的广告,百草味、一叶子等品牌在剧中植入的剧情截图在微博、微信等各大社交平台上频频刷屏。古装剧中植入广告,也成为人们的谈资。剧情刚放出预告,其中的植入广告却先火了。

除了百草味,美妆行业的一叶子是新品牌,在各种场所的出镜率一直很高。

剧中,一个绿衣女子手拿小绿瓶,"一叶子"三个大字映入眼帘。除此之外,还把自家的logo做成了扇子,作为长海公主身边的物件,人到哪扇到哪,变成了移动的广告牌。另一个品牌——泸州老窖基于对《三生三世十里桃花》原书和电视剧的喜爱,结合其自身品牌调性诞生了一个全新的酒品类——一款针对女性朋友的22°水蜜桃口感的利口酒,就是大家现在在剧中时刻可见的"桃花醉"酒(见图1—1)。

图 1—1 "桃花醉"酒广告

此外,还有植入相对偏弱的蘑菇街,在第一集就以"蘑菇集"的形式出现,原来,古代的街道都以"集"相称。《三生三世》还在热播过程中,但不管有没有看过电视剧,人们都津津乐道地谈论影视剧中的植入广告。

百草味内容营销负责人此前在采访中表示:"从 2016 年开始,百草味突破传统的品牌营销推广思路,将内容营销提升到战略层面,将影视、综艺、音乐等内容与百草味品牌营销结合,既符合年轻观众对内容的喜好,又将品牌、产品诉求润物细无声地传达给观众。"

(资料来源:联商网)

通过阅读上述材料,请思考:

以上植入广告为什么这么火?你在哪里还见过这种类型的广告?

1.2 广告的定义及其特征

1.2.1 广告的含义

(1)广告一词的起源

广告一词,据考证是一外来语。它首先源于拉丁文 advertere,其意为注意、诱导、传播。中古英语时代(约 1300～1475 年),演变为 advertise,其含义衍化为"使某人注意到某件事",或"通知别人某件事,以引起他人的注意"。直到 17 世纪末,英国开始进行大规模的商业活动。这时,广告一词便广泛地流行并被使用。此时的"广告",已不单指一则广告,而是指一系列的广告活动。静止的物的概念的名词 advertise,被赋予现代意义,转化成为 advertising。汉字的广告一词源于日本。随着我国改革开放的不断深化,社会主义市场经济体制的日益完善,20 世纪 80 年代以来,广告活动在我国更加广泛和普遍,广告的真正含义越来越被人们所认识。

(2)广告的定义

随着社会和经济的不断发展变化,在不同的历史时期,人们对广告的含义理解也有所不同,其中出现了一些具有一定代表性的诠释。

1890 年以前,西方社会对广告较普遍认同的一种定义是:广告是有关商品或服务的新闻(news about product or service)。

1894 年,美国现代广告之父阿尔伯特·拉斯克(Albert Lasker)认为:广告是印刷形态的推销手段(salesmanship in print,driven by a reason why)。这个定义含有在推销中劝服的意思。

1948年,美国营销协会的定义委员会(The Committee on Definitions of the American Marketing Association)形成了一个有较大影响的广告定义:广告是由可确认的广告主,对其观念、商品或服务所作之任何方式付款的非人员式的陈述与推广。

美国广告协会对广告的定义是:广告是付费的大众传播,其最终目的为传递情报,改变人们对广告商品之态度,诱发其行动而使广告主得到利益。

综合上述关于广告定义的观点,结合当今广告的发展现状,我们把广告定义为:广告是广告主在付费的基础上,将企业、商品、劳务或者观念等信息,通过传播媒介向特定的对象进行传播,有效影响目标公众心理和行为,促成整体营销计划的活动。

1.2.2 广告的要素

从广告的定义可以看出,广告应包括以下几个要素:

(1)广告主

这是指为推销商品或者提供服务,自行或者委托他人设计、制作、发布广告的法人、其他经济组织或者个人。广告主是广告活动的发布者,通过媒体销售或宣传自己产品和服务的商家,是营销广告的提供者。任何推广、销售其产品或服务的商家都可以作为广告主。例如,网络广告主发布广告活动,并按照网站主完成的广告活动中规定的营销效果的总数量及单位效果价格必须向网站主支付费用。

(2)广告媒体

广告媒体是广告传播过程中用以扩大和延伸信息传递的工具。作为传播广告信息的中介物,广告媒体的具体形式有报纸、杂志、广播、电视等。在日常生活中,我们从广播里听到各种广告,从电视里看到各种广告,从互联网、报纸、杂志等阅读到各种广告,这些诸如广播、电视等介质就扮演了广告媒体的角色,它们为公众传达一定的广告信息。

(3)广告信息

信息是广告的具体内容,包括商品信息、劳务信息和观念信息等。商品信息包括商品的品牌、性能、质量、价格、购买时间、购买地点等;劳务信息包括各种非商品实体买卖或服务性活动的有关信息;观念信息主要是通过广告倡导某种意识,使消费者树立一种有利于推销商品或劳务的消费观念。

(4)广告费用

广告费用即从事广告活动所需支付的费用,主要包括广告调查费用、广告策划设计费用和广告发布费,以及围绕广告活动的机动费用。例如,国内最大的瓜子二手车在网络视频上,大量投放广告到优酷土豆、腾讯、爱奇艺三大顶级视频平台,定向重点城市25~45岁男性精准人群,15秒前贴片投放,全国超过20亿次播放量,PC端和无线端全覆盖。瓜子二手车在线下的投放也不遗余力。瓜子二手车广告将覆盖全国40座城市楼宇电视、液晶电视与互动屏,并进驻城市电梯,全方位覆盖楼宇用户,人均接触频次高达20次以上;强势占据一二线城市候车亭灯箱,大字报样式再次展现吸睛大法;百城密集广告上线,每天数百频次集中播出。仅仅在2016年一年,瓜子二手车直卖网"挥霍"了10亿元广告费。

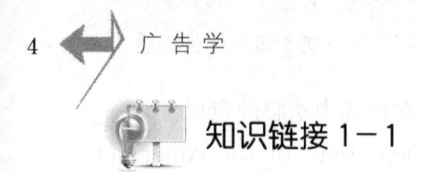

> **知识链接 1-1**
>
> **2016全球广告投放榜单 大众排行业内第一**
>
> 腾讯汽车讯 北京时间12月12日消息,据国外媒体报道,在《广告时代》(Advertising Age)杂志推出的全球前100位广告投放大客户2016年排行榜中,大众集团在汽车类企业中排名第一。
>
> 据报道,全球一共有15家汽车制造商和1家轮胎制造商(普利司通公司)构成了《广告时代》汽车类企业广告支出的排行榜。《广告时代》杂志是一家隶属于Autonews的杂志社,根据其在本月公布的数据,上述汽车类企业中有7家企业位列排名最靠前的25位广告投放大客户之中。在这25家企业之中,大众集团名列第4,其在2015年的广告支出总额达到66亿美元;通用汽车排名第6,2015年该公司广告支出总额达51亿美元;戴姆勒集团位列第7,当年广告支出总额达到50亿美元;福特和丰田分别位列第11和12位,两家企业在2015年的广告支出分别达到43亿美元和41亿美元;菲亚特—克莱斯勒集团排名第14,2015年广告费总计39亿美元;宝马集团排名第25,同年广告费支出总额为31亿美元。
>
> 值得注意的是,汽车类企业在2015年的广告费支出高于进榜的其他行业企业。《广告时代》推出的2015年广告费支出前100名企业中,汽车类企业的广告费支出合计为470亿美元,占到进榜企业广告费支出总数(即2 405亿美元)的20%左右。
>
> 个人护理和家用产品生产企业的广告支出规模仅次于汽车类企业。前者在2015年广告费支出总额约为457亿美元。其中,两家企业巨头宝洁和联合利华分别摘得2015年广告费支出前100名企业排行榜状元和榜眼头衔。
>
> 就进榜企业地理分布来看,在前100家企业中美国企业有46家,2015年这部分企业广告费用支出合计1 152亿美元。第二集团来自德国,进榜企业中一共有10家德企,当年广告费支出总额达到289亿美元。值得一提的是,在前25家企业中有3/4的进榜德企来自汽车领域。
>
> (资料来源:腾讯汽车 http://auto.qq.com/a/20161213/012146.htm)

1.2.3 广告的基本特征

(1)广告有特定的广告主

广告主是为了推销商品或者服务,自行或委托他人设计、制作、发布广告的法人、其他经济组织或者个人。任何一个广告都是由一定的人或组织为了达到某个特定的目的而制作的,特定的广告主一方面能使消费者放心地购买商品和接受服务,并在受到广告欺诈等违法行为的侵害时有明确的索赔对象;另一方面特定的广告主有利于国家对广告的管理,当出现广告欺诈等违法行为时,也有利于追究广告主的法律责任。

(2)广告主支付一定的广告费

广告费是指开展广告活动所需要的广告调研、设计、制作费,广告媒体费,广告机构办公费和人员工资等。广告费由广告主承担并转移到商品或服务的价格上。有人便据此认为广告费用的增加会加大商品或服务的成本。而实际上,由于广告费具有不变费用的性质,即一次投入后,在一定时期内是不变的,并随着商品销售的增加和服务被广泛地接受而使单位成本下降,众多广告主选择广告这种促销手段都是从最有效、最经济的角度来考虑的。当然,随着经济的发展,商品和服务的成本会有所增加,但是这不是由于广告费的增加而引起的,而是以买方为主导的经济的必然要求。据统计,全世界工商业在经济广告上的费用约占国民生产总值的3%～5%,美国每年花在广告方面的费用达上千亿美元。

(3)广告是一种沟通过程

沟通,就是信息发出者与接收者之间进行信息传递与思想交流,以求达到某种共识。因此,沟通是一种双向活动,而不仅仅是一方对另一方的单向影响过程。广告是一种双向沟通,是因为广告主将广告信息通过大众媒体传递给目标消费者,以求说服、诱导消费者购买广告商品。只有当目标消费者接受了广告信息,即认为广告信息是真实和可信的,并同意广告所传递的观点时,广告信息才能发挥作用,从而实现广告沟通过程。见图1-2"脑清新"保健品广告,只有考生或家长认可广告文案中的信息,才能产生购买该商品的动机。

图1-2 "脑清新"保健品广告

(4)广告信息需借助一定传播媒体

广告媒体是广告信息得以传播的物质载体,具有传达性、吸引性、适应性的功能,能够把广告适时地、准确地传递到一定范围、一定时期内的消费者群中去,以满足他们的要求。世界上最早的广告是通过声音进行的,称口头广告或叫卖广告,现代广告信息传播主要是靠电视、广播、报纸、杂志、书籍、邮寄、互联网、传单散发等媒体进行的。

(5)广告传达一定信息

任何一个广告都是有目的地向公众介绍一定的信息,包括商品、劳务、观念的信息。商品信息包括商品的性能、质量、用途、购买时间和地点以及价格等。劳务信息包括文娱、旅游、饮食等服务性活动的信息。观念信息是指通过广告倡导某种意识,使消费者树立一种有利于广告主推销商品或劳务的消费观念。例如,旅游公司的广告,不是着重谈经营项目,而是介绍秀丽的山水风光、名胜古迹、风土人情,以激发人们旅游的欲望。广告必须与市场营销活动相结合,并以说服消费者购买所宣传的商品或享用所宣传的服务产品为最终目的。简言之,广告是一种推销商品,以获得盈利为最终目标的商业行为。

(6)广告的传播对象具有选择性

广告的信息不是传播给某一个人,而是传播给社会公众或某个特定的人群。广告提供的所有信息,对公众来说应该是有价值的,即能起到传播信息、引导消费、满足消费者需求的作用。广告是解决把"什么"向"谁"传达的问题。这是广告活动中极为重要的问题。没有对象,就是无的放矢。但一个广告不可能打动所有的人,而应当找准具有共同消费需求的消费者群。比如社会职业层,有知识分子阶层、工人阶层、农民阶层、学生阶层、国家干部阶层、个体户阶层、企业家阶层等;比如个人情况,有年龄、性别、职业、文化程度、业余爱好、婚姻状况等。见图1—3,"动感地带"的广告针对的就是年轻人。

图1—3 中国移动"动感地带"广告

1.3 广告的类别

1.3.1 按照广告的性质进行划分

按照广告性质进行划分,可以分为商业广告与非商业广告两大类。
(1)商业广告
商业广告即经济广告,它是以宣传推销商品或劳务为主要内容、以营利为目的所开展的广告活动。商业广告在我们日常生活中随处可见,它是广告中最主要的种类,也最能显示广告本质特征。因而也是广告学主要的研究对象。
(2)非商业广告
非商业广告则不以经济利益为直接目的,而是为了表达某种观念、意愿或主张,实现某种宣传目标,从而通过一定的媒体所发布的广告,也称为非经济广告。非商业广告目前在社会中有着越来越重要的作用和地位,其中还可将其细分为政治广告、公益广告以及个人广告三种类别。
①政治广告。政治广告是指政府、政党、候选人以及各种政治团体和利益集团,为了向公众传输自身的意愿和主张,通过各种媒体所发布的、带有政治信息的广告,并以此来影响公众的政治态度、信念及行为,为自身的政治利益所服务。例如,美国总统大选中候选人的竞选广告、政见广告等。

②公益广告。公益,即公众利益。公益广告是指通过倡导有关公众利益的、环境、道德、教育、健康、公共服务等方面的观念或主张,引起公众对某一社会性问题的关注,呼吁,鼓动公众去执行或支持有益的社会事业,以维护社会公德,帮助改善社会公共问题的广告活动。一般来说,公益广告具有非营利性、观念性、受众广泛性、利他主义的自觉性等特征。早在20世纪40年代美国就成立战时广告理事会(War Advertising Council),开展战时广告宣传。第二次世界大战后,美国广告理事会正式成立,并把注意力转向社会问题,成为承担公益广告活动的主要机构,具有现代意义的公益广告也由此开端。

日本的公益广告事业也发展得比较好,它借鉴了美国模式,但与美国又有所不同。目前,日本公共广告机构(Japan Advance Council,AC)是日本最大的、不以营利为目的的社会义务服务广告团体,其前身是成立于1971年的"关西公共广告机构",由三个部分组成:一是作为广告主的厂商、流通、服务等企业;二是各种报纸、杂志、广播、电视、铁道公司(在列车内张贴广告画)等媒介公司;三是从事广告创作的专业广告公司。这三个领域的会员公司密切联系、各司其职、相互合作。在AC的操作模式中,活动的经费全部来自其会员所缴纳的会费和赞助费,广告创意和制作费用由会员广告公司和制作公司承担,广告作品则由会员媒体免费提供版面和时段刊发。

知识链接 1-2

央视开创中国公益广告的先河

中国电视公益广告作为公益广告的一个重要组成部分,其发展最早可以追溯到1978年,到现在已经走过了近40年的发展历程。1978年,中央电视台开始以文字或画面的形式播出类似今天公益广告的节目。1987年10月26日,中央电视台开播了"广而告之"栏目,每天1～2次,每次30秒或1分钟。这是中国公益广告史上第一个电视公益广告栏目,大手笔地开创了中国大陆公益广告的先河,具有里程碑式的意义。从此,公益广告走进了国人的视线,日益受到公众关注,并逐渐发挥了公益广告应有的影响力,成为我国广告行业与公共事业中不可或缺的一部分。中央电视台在公益广告方面所做出的努力和取得的成绩,已使其成为中国公益广告的主力军,并在海内外产生了广泛而深远的影响,美国CNN、英国BBC等境外主流媒体都进行了相关报道。

(资料来源:读览天下网站 http://www.dooland.com/magazine/article_188408.html)

③个人广告。个人广告是指为了满足个体单元的各种利益和目的,运用各种媒介以启事形式发布的广告,包括寻人、招聘、征婚、挂失、招租等方面的内容。例如,我们平时在街边路旁经常看到的寻人广告和招租广告。它们的内容及形式一般简单明了,表达非常直接。

1.3.2 按照广告的媒体进行划分

按照广告所利用的媒介载体的性质划分,广告可分为传统媒体广告和新媒体广告。

(1)传统媒体广告

顾名思义,这是指通过传统媒体所发布的广告。传统媒体主要包括报纸、杂志、广播、电视等大众传播媒体,在这些媒体上发布的广告被称为大众传播媒体广告。此外,传统媒体广告还包括户外广告、促销广告、销售现场广告等小众传播媒体广告。

(2)新媒体广告

新媒体广告是相对于传统媒体而言的,是一个不断变化的概念。在日新月异的高科技支撑下,新的媒体形态不断涌现,主要有互联网、卫星电视、卫星广播、有线电视,以及各种数字媒体、移动媒体、手机短信等。通过这些新媒体所进行的广告活动则被统称为新媒体广告。图1-4为拥有很多玩家的"阴阳师"游戏网络广告。

图1-4 "阴阳师"游戏广告

1.3.3 按照广告的功能划分

按广告功能划分,即从企业自身的整合营销传播战略角度出发,根据企业广告活动目标的不同,广告可分为产品广告、品牌广告和观念广告。

(1)产品广告又称为商品广告

这是以促进产品的销售为目的,通过向目标受众介绍有关商品信息,突出商品的特性,以引起目标受众和潜在消费者的关注。

(2)品牌广告

以树立产品的品牌形象,提高品牌的市场占有率为直接目的,突出传播品牌的个性,以塑造品牌的良好形象。

(3)观念广告

观念广告是品牌广告中的一种特殊形式。一种方式是企业通过媒体表达对社会问题的看法,由此表达企业的社会理念,从广阔的社会角度树立企业形象。例如,被微软收购的诺基亚的广告词"科技以人为本"依然让我们记忆犹新,广告词充分传达了诺基亚公司的核心经营理念,树立了公司的良好形象。另一种方式是企业通过广告媒体向消费者传达某种消费观念,这种观念刚好与企业的商业目的能得到很好的融合。例如,蒙牛的"每天一斤奶,强壮中国人"的广告(见图1-5)。

图1-5 蒙牛公司广告

1.3.4 按照广告的范围划分

按广告范围,即按照不同的营销区域划分,广告可分为全球性、全国性和地域性三种。

(1) 全球性广告

这是指利用具有国际跨国传播或国外目标市场的传播媒介实施的广告活动,目的是为了推销面向世界的出口商品、观念和服务。由于世界各国受众的文化背景、生活习惯等各有迥异,因此这种类型的广告在媒介选择和制作技巧上需要特别注意国外受众的特点和需求。而随着全球贸易的加速发展以及全球经济的一体化,全球性广告对于跨国企业以及一些国际名牌和各种奢侈品来说,已经成为广告中必不可少的一部分。

(2) 全国性广告

这类广告针对的是全国范围内的受众。简单地说,就是指通过全国性的大众传播媒介,如我国国内影响力最大、最广的中央电视台,在全国范围内实施,是为了向国内的受众传递广告信息,从而引起国内受众的普遍反响所进行的广告活动。这种广告覆盖区域大,受众人数多,影响范围广。但正因为受众区域跨度大,因此也要注意不同地区受众的接受特点。

中央电视台是目前国内最重要、最有影响力的国家级媒体。央视广告的招标早已从单纯的售卖广告资源,向培育中国品牌、促进经济发展、推动公益进步的方向发展。例如,力诺瑞特太阳能通过资质初审,并最终成功携手央视,参与"国家品牌计划",摘得黄金时段广告位,成为"行业领跑者"。

力诺瑞特登陆央视,不仅以大手笔传播品牌形象,领跑新能源行业品牌战,还向全社会传播绿色、低碳的新能源生活方式;与消费者一起,共同见证我国太阳能、新能源行业的稳定、健康发展,开启"阳光改变生活"之下的绿色中国。至此,力诺瑞特品牌通过黄金时段的广告传播成长为货真价实的全国性品牌。

知识链接 1-3

央视正式发布 2017 年黄金资源暨国家品牌计划

2016 年 9 月 20 日,中央电视台 2017 年黄金资源暨国家品牌计划发布会在京举行,国家新闻出版广电总局党组副书记、副局长兼中央电视台分党组书记、台长聂辰席,全体在京台领导,以及国内外知名企业、广告公司等 1 000 余人参加发布会。

发布会首度揭晓央视 2017 年新闻、综艺、体育、财经、电视剧以及新媒体六大板块的优质节目资源及传播价值,详细解读 2017 年广告招标预售政策,现场举行大客户及承包资源签约仪式,并正式发布"国家品牌计划",标志着央视 2017 年黄金资源招标预售工作正式启动。一是以"国家品牌计划"为依托,实现整体创新。"国家品牌计划"分为公益和商业两个部分。公益部分包括"广告精准扶贫"项目和"重型装备制造业品牌传播"项目;商业部分则由"国家品牌计划 TOP 合作伙伴"与"国家品牌计划行业领跑者"构成,为入选企业提供全方位资源、权益和增值服务。二是创新会场设计,互动形式新颖。首次设置"聚焦之眼""缤纷之炫""融合之魅"等新闻、综艺、新媒体展区和机器人互动展区,在专业频道与企业客户之间搭建沟通传播平台。三是各行业企业高度关注。推介会吸引了 500 余家各行业一线企业,许多企业均对央视的传播价值和效果表示高度认可。

(资料来源：央视网 http://www.cctv.com/2016/09/22/ARTIxJm8qBLhLP4NLHPIjzJH160922.shtml)

(3)地域性广告

这是以特定的区域和地方为传播范围的广告。它的受众目标一般限定于某个地区，所运用的媒介一般也是只在某个地区发行或播放的，如各省市的电视台、报纸、电台等。这类广告一般是生产经营地域性产品的企业使用，或者是在开拓某一特定地区的市场时使用。地域性广告还可细分为区域性广告和地方性广告。例如，绝大多数房地产广告都属于地域性广告，这与房地产行业的特殊性质密不可分。

1.3.5 按照产品的生命周期划分

按产品生命周期划分，产品从进入市场到退出市场经历四个阶段，即导入期、成长期、成熟期、衰退期，在不同的产品生命周期，广告活动的目的和方式是不一样的，可分为认知广告、竞争广告、形象广告、转换广告四类。

(1)认知广告

这是新产品刚进入市场，需要获得知名度及认知度，即让尽可能多的目标消费者知道该商品的存在，并且知道该品牌商品与其他商品的差异在哪里。此时的广告，传播要尽可能地广泛，而且要突出"异"。

(2)竞争广告

这是产品进入成长期时，会遭遇各类竞争对手，企业此时的广告活动要配合整体市场竞争策略进行防守和攻击，作为营销传播的广告活动要突出产品的"好"。

(3)形象广告

这是产品进入成熟期后，已获得较为稳定的市场份额，此时需要提高产品的忠诚度，广告要从品牌核心价值的构筑和激活上入手，广告活动突出"稳"。图1—6是某公司企业形象广告，传达企业用"科技点亮生活"的理念，企业理念是企业形象的重要组成部分。

图1—6 企业形象广告

(4)转换广告

这是产品不可避免地进入衰退期后，在产品的核心层、附加层或延伸层遇到问题，竞争力下降，面临被市场淘汰的危险。此时，需要针对具体的问题进行解决，以便获得新的竞争力。此时产品可更换包装、延伸产品线、增加产品品类、改良产品、更换形象代言人、更换广告等，目的都是为了激活品牌、焕新产品，广告活动突出一个"转"字。

1.3.6 按照广告的诉求方式划分

按广告诉求方式划分有感性广告和理性广告。

(1)感性广告

感性广告又称感性诉求广告,是指在广告中融入亲情、爱情、友情等情感,通过赋予商品生命力和人性化的特点,激起消费者的怀旧或向往的情感共鸣,从而诱发消费者对商品的购买动机的广告。

感性广告并不完全从商品本身固有的特点出发,而是更多地研究消费者的心理需求,运用合理的艺术表现手法进行广告创作,寻求最能够引发消费者情感共鸣的出发点,从而促使消费者在动情之中接受广告,激发购买欲望。

知识链接 1-4

一则具有争议性的感性广告

最近有网友发帖称,在轻轨循礼门站看到某楼盘广告,上面的文案涉嫌歧视租房者。

该网友在帖子上发了一张照片,上面是绿地集团某楼盘的宣传海报,主要文案只有一行字:不忍心让宝贝在出租屋叫我爸爸(见图1-7)。该网友称:刚走入社会的年轻人租房住再正常不过了。不坑爹,不啃老,靠着自己在城市里拼搏奋斗并不可耻。但这个广告给这类人贴上了"耻辱"的标签,涉嫌歧视租房者。

图 1-7 某房地产企业广告

帖子引起 3 000 多人浏览、评论。支持者表示:这只是一个广告,比满大街呆板的房地产广告接地气;反对者则表示:为了营销,故意刺激买不起房而租房的人。

昨天上午,记者在循礼门轻轨站随机采访了一些围观者。来自孝感的肖女士认为,这条广告触动了像她这样的即将考虑成家、生孩子的打拼一族,确实能让人心里一动,考虑买房子的事,但让人心里很不舒服。

昨天下午,该楼盘策划部解释称:"我们一共发布了三条文案,核心意思都是针对来武汉打拼的人、租房生活的人,这只是其中一条。文案的意思是告诉客户,与其每个月花一两千元租房,不如到绿地买房,并没有歧视租房者的意思。"关于质疑,他认为这是"不同人有不同的理解"。

(资料来源:《武汉晚报》2015年8月18日)

(2)理性广告

理性广告是指广告诉求定位于受众的理智动机,通过真实、准确、公正地传达企业、产品、服务的客观情况,使受众经过概念、判断、推理等思维过程,理智地做出决定,诱发消费者购买动机的广告。这种广告策略可以作正面表现,即在广告中告诉受众如果购买某种产品或接受某种服务会获得什么样的利益;也可以作反面表现,即在广告中告诉消费者不购买产品或不接受服务会对自身产生什么样的影响。

理性广告说理性强,有材料、有理论,虚实结合,有深度,能够全面论证企业的优势或产品的特点。理性广告是展现现代化社会的重要标志,它既能给顾客传授一定的商品知识,提高其判断商品的能力,促进购买,又会激起顾客对广告的兴趣,从而提高广告活动的经济效益。

1.4 广告的功能与作用

1.4.1 广告的功能

(1)广告的信息功能

广告传递的主要是商品信息,是沟通企业、经营者和消费者三者之间的桥梁。广告信息可以方便广大群众,指导社会消费。广告实事求是地介绍商品的性能、特点、使用和保养方法,不仅为消费者提供了信息,能够恰当地选购自己所需的商品,而且可以提高消费者对商品的鉴别能力,唤起消费者潜在的需求欲望。广告信息可以提高服务质量,促进相互竞争。通过广告信息的宣传,可以使消费者了解商品,并且更加了解企业的服务质量等,取得消费者的信任,从而增强企业的竞争能力。

知识链接 1-5

信息广告范例

×××五香豆

×××五香豆厂是一家专业生产各类炒货的国有厂家,独家生产的×××奶油五香豆是家喻户晓、脍炙人口的地方风味土特产,已有50多年历史,闻名远近。本厂生产的系列蜜饯型瓜子,品种齐全,畅销全国。

豆类:×××奶油五香豆225克/袋,售价0.70元;怪味豆180克/袋,0.60元;葱油豆180克/袋,0.50元。

黑瓜子类:话梅瓜子、陈皮瓜子、柠檬瓜子、巧克力瓜子、上海瓜子等,大包售价1.00元,小包售价 0.50 元。

炒货类：奶油小核桃 182 克/袋，售价 1.00 元；雪白南瓜子，大包售价 1.00 元；鸡汁香瓜子 142.5 克/袋，售价 0.50 元。

本厂敬请广大消费者在购买时认准我厂"×××"牌注册商标，谨防假冒，并热忱欢迎各地客商来人洽谈业务。厂址：××××路××号，网址：http://www.×××，电话：××××××，联系人：姚先生。

门市部：×××五香豆商店，电话：××××××转××，联系人：王先生

（资料来源：MBA 智库百科 http://wiki.mbalib.com/wiki/Informative_advertising）

(2) 广告的经济功能

广告的经济功能体现于在沟通产供销的整体经济活动中所起的作用与效能上，广告的信息流通时刻与经济活动联系在一起，促进产品销售和经济发展，有助于社会生产与商品流通的良性循环，加速商品流通和资金周转，提高社会生产活动的效率，为社会创造更多的财富。广告能有效地促进产品销售，指导消费，同时又能指导生产，对企业发展有不可估量的作用。例如，衡水老白干酒的广告词："衡水老白干喝出男人味。"这句广告词说到了男人的心里，甘冽挺拔喝出男子汉的气概来，勾起了消费者想买的欲望。

(3) 广告的社会功能

广告具有一定的新知识与新技术的实惠教育功能，向社会大众传播科技领域的新知识、新发明和新创造，有利于开拓社会大众的视野，活跃人们的思想，丰富物质和文化生活，如为人们提供社会福利、社会服务、社会保险的公益广告以及征婚、寻人、招生、挂失、行医、征文、换房等分类广告等。

例如一些广告语："做环保就是无声的奉献，把掌声送给无声的奉献者"（出自日立冷气广告）；还有濮存昕出演的关于奥运时的一则公益广告："我们每个人迈出一小步 就会使社会迈出一大步，所以我发现，文明是一种力量，就像奥运火炬传递一样在每个人手中传递，也能够汇聚所有人的热情，我相信你，相信屏幕前的你，更多地来发现，来释放自己文明的热情……迎奥运、讲文明、树新风。"这是一则关于树立正确社会风气的广告，耐人寻味。

(4) 广告的宣传功能

广告是传播经济信息的工具，又是社会宣传的一种形式，涉及思想、意识、信念、道德等内容。

我国央视有一则公益广告，内容大致是这样的：妈妈给儿子洗完脚，又去给轮椅上的老人洗脚，慈祥的老人爱怜地说："你也忙了一天啦？""妈，我不累。"妈妈微笑答道。这一幕被儿子看到，年幼的儿子跑到了卫生间，端了满满一盆水，跟跟跄跄地走着到了里屋，边走边说："妈妈，洗脚。"接着，孩子边洗脚边用幼稚的声音说道："妈妈，我也给你讲小鸭子的故事。"看似生活中的平凡琐事，却演绎了一番人间最为美好的真实情感，看后久久回味，起到了尊老爱幼的宣传教育作用。

(5) 广告的心理功能

引起消费者注意，诱发消费者的兴趣与欲望，促进消费行为的产生，是现代广告的主要心理功能。感情成分在态度的改变上起主要作用。消费者购买某一产品，往往并不一定都是从认识上先了解它的功能特性，而是从感情上对它有好感，看着它顺眼，有愉快的体验。因而，广告如果能从消费者的感情入手，往往能取得意想不到的效果。

曾经有个电视广告：画面上妈妈在溪边用手搓洗衣服，白发飘乱；镜头转换，是我给妈妈带来的威力洗衣机，急切的神情；接下去是妈妈的笑脸，画外音是："妈妈，我又梦见了村边的小溪，梦见了奶奶，梦见了您。妈妈，我给您捎去了一个好东西——威力洗衣机。献给母亲的爱！"画面与语言的配合，烘托出一个感人的主题：献给母亲的爱。虽然整个广告只字未提洗衣机的优点，但却给人以强烈的情感体验。谁能不爱自己的母亲呢！这个广告巧妙地把对母亲的爱与洗衣机相连，诱发了消费者爱的需要，产生了感情上的共鸣，在心中留下深刻美好的印象，对此洗衣机有了肯定接纳的态度。

知识链接 1-6

"钻石恒久远，一颗永流传"广告语背后的"阴谋"

钻石在被发现以后很长一段时间只是皇家和贵族炫耀财富的饰品，产地固定而且产量稀缺。19世纪后期这种状况发生改变，因为南非居然神奇地发现了一座钻石矿，产量有几千万克拉。

这一下不得了，那些投资钻石的商人彻底懵了。如果这些钻石进入市场，钻石的价值将大打折扣。于是，一个叫罗兹的英国商人在1888年创建了大名鼎鼎的戴比尔斯公司，从此钻石营销拉开了它的世纪大幕。

戴比尔斯一咬牙买下了整座钻石矿，之后小心翼翼地控制钻石产量，垄断了整个钻石的供货市场。最高时候戴比尔斯掌控着市场上90%的交易量。

如果买了钻石的人要出售掉，钻石的价格，体系也会崩溃，所以要想稳定价格除了让别人买，还得不让他卖钻石。这怎么可能呢？可是神通广大的戴比尔斯就做到了，这个超级难题的解决方案催生了这个世界最不要脸的组合，那就是把爱情同钻石紧紧结合在一起。

因为钻石＝美好＋永恒，而爱情＝美好＋永恒，所以，钻石＝爱情。

1938年以后，戴比尔斯的实际控制者奥本海默家族花费了巨额的广告费用开始打造所谓的钻石文化，宣称坚硬的钻石象征的正是忠贞不渝的爱情，而只有钻石才是各地都接受的订婚礼物。通过各种手段铺天盖地的广告，强化钻石和美好爱情的联系。婚纱照上新娘身着美丽的婚纱，一脸幸福的微笑，手上的钻戒闪瞎大家的眼。

1950年，戴比尔斯更提出了丧心病狂的广告语，"A DIAMOND IS FOREVER"，钻石恒久远，一颗永流传。通过这个营销，戴比尔斯一石三鸟。

(1)男人都认为只有更大更美的钻石才能表达最强烈的爱意，恋爱中的男人为了女人什么事都做得出来，买钻石比送命门槛低得多！

(2)女人都认为钻石是求爱的必需，你连钻石都不舍得买，你还好意思说你爱我；什么，你以为我看中的是钻石，我看中的是你舍不舍得！

(3)钻石都代表着永恒的爱情，拿来出售简直是对神圣爱情的最大亵渎。除非你跟前夫不共戴天，否则很少会卖掉他给你的钻戒，而且就算卖，也不会有人接手，因为那是你的爱情，那不是我的！

(资料来源：简书网 http://www.jianshu.com/p/012976289205)

(6)广告的美学功能

广告作为一种特殊的精神产品,要使消费大众接受,必须具有一定的审美价值,在一定程度上满足消费者的审美需要。比如看见漂亮的姑娘、英俊的小伙、俊秀的山峰、艳丽的花朵、蔚蓝浩淼的大海、繁星满天的夜空以及各种动人心弦的艺术作品等,我们的心中会不由自主地产生愉悦的感觉,这就是审美现象。同样的道理,当人们看见《立邦漆——"处处放光彩"》路牌广告上那一群胖嘟嘟的小屁股上涂着五颜六色油漆的小孩形象时,也会不由自主地发出会心的一笑——这种欣赏广告的情形就是广告中的审美现象。

1.4.2 广告的作用

广告作为商品经济的产物,无疑在经济全球化舞台上,扮演着越来越重要的角色,其作用集中表现为以下几个方面:

(1)传递信息,沟通产需

广告的最基本功能就是认识功能。通过广告,能帮助消费者认识和了解各种商品的商标、性能、用途、使用和保养方法、购买地点和购买方法、价格等内容,从而起到传递信息、沟通产销的作用。

生产者的产品与消费者的购买及消费之间,在时间上、空间上都存在着距离,广告作为一种信息传播手段,能缩短这种距离,即传播产销信息,引导购买消费。广告可以降低寻求消费者的成本,它借助一定的媒体,把商品和服务等信息及时地传达给目标消费者;广告传播,可以多次重复,"强迫"消费者注意和接受信息;广告能有针对性地对消费者的消费兴趣与欲求进行不断刺激,以引发购买行为。

(2)激发需求,增加销售

一则好的广告,能起到诱导消费者的兴趣和感情,引起消费者购买该商品的欲望,直至促进消费者的购买行动。

知识链接 1-7

示范型广告促销

示范型广告促销大致可分为名人示范广告和现场表演示范广告。

名人示范广告。让社会名人替商品做广告。例如,上海蓓英时装店有一天挂出两条特大号牛仔裤,打出"欢迎试穿,合身者本店免费奉赠以作纪念"的广告词。消息传出,观者如潮。当天下午两位巨人光顾,试穿结果恰好合身,老板欣然奉赠。这两位巨人并非别人,乃是我国篮坛名将穆铁柱和郑海霞。这个精心设计的名人示范广告,产生轰动效应。

现场表演示范广告。选择特定时间和地点,结合人们的生活习惯,突出商品的时尚功效,作公开场合示范表演。例如,日本索尼公司于1979年开发出带立体声耳机的超小型放音机的新产品,起名为"步行者"(Walkman)。当时日本盛行散步、穿旱冰鞋锻炼等室外健身活动。为了增强宣传效果,索尼公司利用这种流行的生活习惯,特地作现场表演。公司请来模特,每人发一台"步行者"。模特头戴耳机,脚蹬旱冰鞋,一边愉快地听着音乐,一边悠闲地在公园里往来穿行,模特的现场表演给公园里的游客留下了深刻印象。此后"步行者"销售量直线上升,起到了特殊的广告效应。

(资料来源:百度百科 http://baike.baidu.com/item/促销广告)

(3) 造就竞争强势,帮助企业良性发展

竞争实际上是一种实力的较量,广告能增加竞争的声势、激发企业竞争活力,造就竞争强势,推动企业发展。大规模的广告是企业的一项重要竞争策略。当一种新商品上市后,如果消费者不了解它的名称、用途、购买地点、购买方法,就很难打开销路,特别是在市场竞争激烈、产品更新换代大大加快的情况下,企业需通过大规模的广告宣传,使消费者对本企业的产品产生吸引力,这对于企业开拓市场是十分必要的。

提高商品的知名度是企业竞争的重要内容之一,而广告则是提高商品知名度不可缺少的武器。精明的企业家,总是善于利用广告,提高企业和产品的"名声",从而抬高"身价",推动竞争,开拓市场。

(4) 介绍知识,指导消费

现代化生产门类众多,新产品层出不穷,由于分散销售,人们很难及时买到自己所需要的东西,而广告通过商品知识介绍,就能起到指导消费的作用。有些产品消费者购买以后,由于对产品的性能和结构不十分了解,在使用和保养方面往往会发生问题。通过广告对商品知识的介绍,可以更好地指导消费者做好产品的维修和保养工作,从而延长产品的使用时间。

(5) 促进品牌忠诚,增加弹性价格空间

广告对利益和附加价值的强调和挖掘、塑造,可以加深消费者购买后的满足感,从而形成重复性购买。广告能够把品牌的形象、意义和消费者的社会环境及文化背景联系起来,从而使品牌富于个性,使消费者产生品牌忠诚。而当消费者建立对某种品牌的忠诚度后,他们通常不会对该品牌产品价格浮动过分敏感。这在经济学上被称为无弹性需求。在这种情况下,企业就有了提价的弹性空间。

(6) 丰富生活,陶冶情操

好的广告,实际上就是一件精美的艺术品,不仅真实、具体地向人们介绍了商品,而且让人们通过对作品形象的观摩、欣赏,引起丰富的生活联想,树立新的消费观念,增加精神上美的享受,并在艺术的潜移默化之中,产生购买欲望。

良好的广告还可以帮助消费者树立正确的道德观、人生观,培养人们的精神文明,并且给消费者以科学技术方面的知识,陶冶人们的情操。

广告本身就是一种大众文化的形式。广告必须在紧追时尚的文化背景下进行创作,才能赢得消费者的认同。就此而言,广告是流行文化的施展舞台,如:利用名人效应、权威效应所做的广告宣传,表现了当代文化的特征;许多商家往往会借助名人在消费者心目中的影响力,树立商品或品牌的良好形象,很快使商品流行起来。总之,在广告信息大爆炸的今天,广告已日益成为人们文化生活不可缺少的一部分,对企业和社会大众都至关重要。

1.5 广告学与其他学科的关系

广告学是从 20 世纪初开始出现的一门边缘科学,是一门既含有社会科学性质,又含有自然科学性质和心理科学性质的综合性的独立学科。在对广告学与市场营销学、传播学、社会学、心理学、美学、文学艺术、公共关系学等的既联系又独立的分析中,可以勾画出广告学性质的轮廓。

1.5.1　广告学与市场营销学

广告学是市场经济发展到一定阶段的产物,广告学随着市场经济的发展而不断完善与成熟。市场营销学中揭示的许多规律,广告活动照样适用,也必须遵守。广告现象又是市场经济中存在的重要现象,它服务于市场经济,推动着市场经济的发展。广告活动和市场营销都是商品经济发展到了一定程度的产物。作为一门学科,广告学的建立,也是市场经济孕育的结果。市场营销学是在19世纪末20世纪初资本主义经济迅速发展时期创建的,广告学亦在这一时期兴起。从一开始,这两门学科就紧密地结合在一起,相互影响,密不可分。研究广告学,需要从市场营销的角度去审视、深入;研究市场营销学,又必须考虑广告的原理和运用。

从研究内容上看,它们同属于经济范畴。市场营销是个人和群体通过创造并同他人交换产品和价值,以满足需求和欲望的一种社会和管理过程。涉及需要、欲望和需求,产品、效用、交换、交易和关系,市场、市场营销和市场营销者等核心概念。而这些概念对于广告活动的理论和实务也是至关重要的。广告是一种信息传播活动,但它的起点和落点都是在经济领域,传递什么样的信息内容以及如何进行传播,需要研究市场,了解营销环境,研究消费者,从满足消费者的需要和欲望出发;也需要研究产品,以适应不同的市场环境,制定相应的广告策略,争取较好的传播效果。研究广告学,离不开对市场营销理论的应用。

广告和市场营销是企业经营管理的重要组成部分。由于市场竞争的加剧,企业需要有更多的发展机会,必须以消费者为中心,重视市场、重视销售。市场营销在现代化大生产中的地位越来越重要,而促进销售是市场营销组合中的重要环节。特别是整合营销传播理论的提出,要求各种促销策略的统合,进行综合信息交流,广告活动则是其中的重要手段和方式。对于企业来说,市场营销的中心任务是完成产品销售。广告是为了实现市场营销目标而开展的活动,通过信息传播,在目标市场内沟通企业与消费者之间的联系,改善企业形象,促进产品销售。广告策略要服从于市场营销策略,作为营销活动的先导,在市场营销的总体目标下发挥作用,实际上两者之间体现了一种整体与局部的关系。

从广告活动和市场营销活动的最终目的来看,两者也是一致的。市场营销可以理解为与市场有关的人类活动,即以满足人类的各种需要、欲望和需求为目的的,通过市场把潜在交换变为现实交换的活动。广告也可以看作针对消费者的需要和欲望,刺激消费热情,调动潜在消费意识,最终促成购买行动的传播活动。因此,市场营销的有关原理,对于把握认识广告的基本理论和运作方式是很有帮助的。我们学好广告学,有必要了解市场营销学方面的知识,特别是一些经典营销理论和最新理论的应用。

1.5.2　广告学与传播学

广告学与传播学的联系最为密切,甚至在许多研究成果中,都把广告学视为传播学的一个重要组成部分。但是,广告学不同于传播学。

(1)广告学以广告现象为自己研究的出发点,传播学以信息传播为自己研究的出发点。广告的目的是通过传播广告信息而诱导社会公众,传播学中信息传递的目的是与公众进行交流。

(2)广告的媒体是大众传播媒介;而传播的媒体既可以是大众传播媒介,也可以是自身传播媒介和组织传播媒介。

(3)广告讲究突出重点信息,强化形象,可以采用多种艺术形式进行形象塑造和文案设计;传播讲究的是信息的完整性、准确性。

(4) 广告追求广告效果,注重投入产出效应;而传播追求的是信息到位。

(5) 在约束机制上,广告信息传播受到广告法规的限制和保护,广告信息一旦失真、失误要受法律制裁;一般的信息传播大多不受什么约束,即使失真、失误也不负责任,法律也并不追究。

1.5.3 广告学与社会学

社会学是从变动着的社会系统的整体出发,通过人们的社会关系和社会行为来研究社会的结构、功能、发生、发展规律的一门综合性的社会科学。社会学研究的领域涉及社会生活的群体单位,如家庭、团体、城镇、民族等;涉及社会的各种制度,如政治制度、法律制度、经济制度、宗教制度、教育制度等;涉及社会各种活动变化的过程,如社会冲突,社会舆论的沟通,形成和变化,社会价值观念的变动,社会组合或社会一体化等;涉及各种现实的社会问题及其解决办法,如婚姻问题、就业问题、人口问题、移民问题、社会生态问题等。

广告活动是一种综合性信息的传播活动。它不仅传递商品信息,而且还搜集和传递各种政治信息、经济信息、社会信息与文化信息等。因此,如果从广义的广告活动来看,广告可以说是一种大众性的社会信息传播活动。作为研究广告活动及其发展变化规律的广告学,就必然与社会学产生不解之缘。如果从狭义的广告活动来看,商业广告和经济广告活动,也必须以广大的社会为背景,以特定的社会制度、社会文化、社会生活习惯与民族风俗等为依据,才能制作出符合社会条件的广告作品。因此,社会学的基本原理与规律,也必然是指导广告理论研究与实践活动的基本原理与依据。

社会学总是把它的研究对象作为一个整体来分析,它认为任何脱离整体的个体都是不存在的。社会学认为人是社会的基本构成因素,但是人与人总是通过相互关系而从事活动的,人的个性心理特征的形成与发展,也总是由他所处的社会环境及人们之间的相互关系所决定的。社会学研究的整体性原理,对广告活动的研究具有指导意义。经济广告的研究对象,尤其是生活资料商品的消费对象主要是个人。但是如果我们仅把广告宣传对象作为一个与社会环境毫无联系的个体来对待,那么就有许多消费心理与消费行为不可理解,因为消费心理是由其所处的社会团体、社会阶层、社会文化与民族习俗等决定的。只有运用社会学的整体原理,从社会这个整体角度出发来研究广告活动的现象,才能找到广告活动本质的特有规律。

社会学是讲求实证的学科,十分强调社会调查的研究和意义。它所总结出的社会调查的理论与方法,在广告研究中也具有十分重要的指导意义。社会调查的许多方法,诸如普遍调查、典型调查、抽样调查、个案调查、参与法、观察法、访问法、问卷法等,都对广告研究和广告调查具有十分重要的理论指导意义和实践应用价值。

1.5.4 广告学与心理学

心理学是一门古老的学科,广告学的形成离不开心理学的奠基。心理学是研究人的一般心理现象和心理规律的科学。广告作为说服社会公众的艺术,它与心理学有着密切的关系。心理学提供了人的心理构成的机理和心理活动的性质及特点,广告借助于心理学的理论和规律才能达到说服的目的。一则广告从确立主题、构思内容到选择媒介,无不体现广告学与心理学的结合。甚至一则广告的版面设计、文字语言多少、词义准确度、刊播媒体、背景材料等,都要求心理学理论体现于其中。人的心理活动可以概括为心理活动过程和个性心理两大方面。心理活动过程又分为认识活动过程与意向活动过程。各种心理活动在每个人身上表现又各有不同,因此又形成不同的兴趣爱好、气质能力和性格,这就是个性心理特征。广告活动是一种视听活动,就是通过视觉和听觉刺激引起人们的心理感应,而消费者的心理历程与广告活动的成功与否密切相关。要提高广告效果,实现广告目标,就要使广告符合人的心理活动规律。从这个角度来看,广告学可以说是研究消费者心理活动及其变化规律的科学。广告如何与消费者的心理活动发生交互作用,这是广告学与心理学的交互点。

广告学借鉴了大量心理学的研究方法和心理学的理论。20世纪50年代,在广告业发展的过程中,心理学家几乎被看作决定商品生存的主宰者,因为广告主认为,心理学可以帮助揭开消费者购买动机的秘密。于是各种心理学的方法与理论被用来分析消费者的需求与动机、注意与记忆、态度与决策,观察法、实验法、心理测评法等心理学的研究方法也大量运用到广告研究中。

心理学是一门渗透力极强的科学,目前它已广泛渗透到一切实用性或非实用性学科之中。广告学与心理学的交叉渗透形成了一门新的学科——广告心理学。广告心理学是广告学的一个组成部分,同时也是心理学所涉及的内容。它是运用心理学的一般理论来解决广告活动中的心理问题的科学。广告的传播者希望广告发挥效果,希望更多的人购买其商品或劳务,这正是广告心理学所要探讨的问题。广告心理学就是探索广告活动与消费者相互作用过程中产生的心理学现象及其存在的心理规律的科学。

广告学与心理学尽管是互相渗透和影响的学科,但它们作为不同领域与层次的学科,其区别也是十分明显的。就对心理活动的关注而言,尽管心理学和广告学都关注人的心理活动,但它们的关注有不同的角度和侧面。心理学研究的是人的最一般的带普遍性的心理特点,而广告学则只研究广告活动中的心理问题,因此两者在范围上有所不同。广告心理具有不同于一般心理的独特性。

广告学要真正成为一门独立学科,向纵深发展,将不得不借鉴更多的如心理学所提倡实证的研究方法。

1.5.5 广告学与美学、文学和艺术

广告要利用各种文学和艺术手段来达到广告的目的,它与文学和艺术有着不可分割的关系。文学、艺术可以通过其特有的形式去影响、传达、感染,甚至支配人们的感情,有时甚至改变着人的观念和行为。广告作为一种特殊意义的艺术形式,正在吸收美学、文学和艺术的理论方法,逐步形成自己独特的艺术方式和规律,不断推动广告美学理论、广告艺术和广告活动的发展。

1.5.6 广告学与公共关系学

在现代信息社会中,广告和公共关系都是运用一定的传播媒介,宣传自身、树立形象。广告学与公共关系学既相互联系又有一定区别,各自具有本学科存在的质的差异性和规定性。

(1)广告学与公共关系学的差异

首先,广告学与公共关系学出现的先后时间不同。广告学先于公共关系学而成熟和系统化。广告学产生于20世纪初,是随着商品经济的发展和心理学已由普通理论向实验阶段转变而产生的,并受到传播手段多样化和现代化趋势的直接推动。而公共关系学作为一门学科是在20世纪20年代后随着经济领域高度社会化和商品化,政治领域和文化传播手段现代化的发展而形成的。广告学的产生和发展推动了公共关系学的形成和发展。其次,广告以树立产

品形象为核心,目的在于促进产品销售;而公共关系学以树立组织形象,提高组织知名度和美誉度为核心,目的在于树立组织的整体形象。最后,广告一般是一种单向式的传递诉求信息,以影响人们的观念和行为;而公共关系活动是呈全方位和双向沟通模式,充分显示组织的宗旨、实力、信誉和社会责任,造成一种全面的社会舆论,影响公众,使其对组织产生良好的总体印象。

(2)广告学与公共关系学的联系

在现代社会中,广告学与公共关系学出现了诸多领域的融合与交叉。首先,公共关系必须在许多时候利用广告的形式来宣传自身,树立自己的形象,广告也在不断地吸收公共关系的思想来调整、修正、完善传统的广告活动。传统的广告往往直接诉求自己产品信息,而现代广告则开始以树立产品的形象为侧重点。其次,公共关系和广告在传播组织信息时,是从不同角度传递给公认有关组织的不同信息,但目的都是为组织整体目标服务,从而树立组织及产品服务的完整形象。最后,广告学与公共关系学出现融合趋势。

本章小结

本章首先介绍了与广告相关的一些基本概念。广告的含义随着时代的发展而不断发展变化,综合以往关于广告定义的观点,结合当今广告的发展现状,确定了广告的定义;围绕广告的定义,我们介绍了广告的基本功能和特征,从不同的角度区分广告的类型。

最后介绍了广告学与相关学科的关系。广告学是一门既含有社会科学性质,又含有自然科学性质和心理科学性质的综合性的独立学科。在对广告学与经济学、市场学、管理学、美学、心理学、公共关系学、文学艺术等的既联系又独立的分析中,可以勾画出广告学性质的轮廓。

练习题

1. 广告的定义是什么?其具有哪些基本特征?
2. 广告有哪些不同的分类方法?
3. 广告有哪些作用?针对广告的不同作用你能分别列举一例吗?
4. 简述广告与公共关系学科的区别和联系。

案例分析

奥运村里吃康师傅

里约奥运会时期,郎平吃方便面的事件火了一把,央视新闻、今日头条、腾讯新闻、微博、微信等各个平台都曾传播此事。

7月27日,中央电视台播出了一段郎平和队员们深夜备战的画面。晚上10点多,队员给郎平端上了一碗康师傅方便面,郎平很开心说看到方便面更饿了,网友看到后纷纷表示心疼。8月20日,身在里约的郎平又在微博上发出了一段吃方便面的视频,并称还是自家的方便面好吃。

不止郎平,其他运动员也都在吃康师傅方便面——刘国梁亲自给队员煮方便面庆功、傅园慧在比赛结束后表示要吃方便面、陈艾森夺冠后吃方便面,他们吃的都是康师傅方便面……

其实早在5月份,傅园慧去澳洲训练,就发过关于"康师傅"方便面的微博,从微博的内容中我们可以看到,家乡的方便面味道好又抢手,再后来的一段小咖秀视频中,也出现了"康师傅"。

8月4日,傅园慧在女子100米仰泳决赛后,自曝比赛太累没有零食,特别想吃方便面。

8月5日,康师傅里约面馆开业。

8月13日,央视主持人,田径、篮球解说员杨建发微博推荐康师傅里约面馆。

8月13日,郎平女儿在康师傅里约面馆亲自为妈妈下厨。

8月15日,万博宣伟公关中国区董事总经理刘希平在微博上宣传康师傅,而万博宣伟正是康师傅的公关公司。

8月19日,冠军主厨第三期邀请了世锦赛冠军、伦敦奥运会冠军、里约奥运会体操季军得主张成龙。节目中张成龙在康师傅里约面馆,亲手为大家烹饪。

8月20日,郎平发微博吃方便面的视频成为热门话题。

随着运动员的推广,粉丝们也追随着偶像的脚步吃起了方便面。大家在国外吃有家乡味道的康师傅,一系列的营销使得康师傅的形象更亲切自然,虽然是营销,但却是大家需要的,康师傅的营销贯穿着整个奥运会。

通过阅读上述案例材料,请思考以下问题:

1. 以上活动具备广告的基本特征吗?请详细说明。
2. 以上活动对产品的推广发挥哪些作用?

第2章 广告发展简史

本章主要教学内容

1. 导入案例:春秋战国时期伯乐开"出场费"先河
2. 古代广告的发展
3. 近代广告的发展
4. 西方现代广告的发展
5. 中国现代广告的发展

本章教学目的

通过本章的学习,了解古代广告的发展历程,掌握近代广告的发展历程,了解西方现代广告的发展现状,掌握中国现代广告的发展现状。

2.1 导入案例:春秋战国时期伯乐开"出场费"先河

伯乐,姓孙名阳,是春秋战国时期郜国(今山东菏泽境内)人,后服务于秦国。孙阳是当年的相马名人,擅长辨识马的优劣,伯乐是大家对他的习惯叫法,其事迹在《战国策》《淮南子》等古籍里均有记述。有关伯乐做商业促销一事,见于《战国策·燕策》里的"苏代为燕说齐"条。

苏代是当时著名的纵横家苏秦的弟弟,"伯乐相马"就是苏代为燕国到齐国游说时,给在齐威王面前说话很管用的淳于髡讲的一则故事(见图2—1)。其内容可谓众所周知:有一个卖骏马的人,接连三天守候在市场里,也无人问津。卖马人很着急,于是去见伯乐,说:"我有一匹骏马,想卖掉它,可是接连三天守候在集市里,也没有哪个人来问一下,希望先生能绕着我的马看一下,离开时还回头看它一下,这样我愿意奉送给您一天的费用。"伯乐答应了,真的来到集市,依言围绕着马转了几圈,离开时还回头再看了一眼。结果"一旦而马价十倍",马不仅卖了,马价还暴涨十倍。

从所述来看,卖马人颇有商业头脑,十分了解"名人效应"的作用,仅仅花费"一朝之贾",即一天的劳务费,便请到了当时的相马专家伯乐,实现了卖掉马的商业目的。卖马人给伯乐的

图 2—1 伯乐相马

"一朝之贾",在现代叫"出场费",这也开了中国名人参与商业行为拿"出场费"的先河。
（资料来源：中国广告网）
通过阅读上述材料,你能举出日常生活中利用名人效应取得商业成功的案例吗?

2.2 古代广告的发展

2.2.1 中国古代广告的历史

(1) 春秋战国时期的古代广告阶段——中国古代广告萌芽

中国古代广告萌芽于公元前 10 世纪左右,距今 3 000 多年。在商周时代,交易要以铭文形式铭刻于青铜器之上,这种铭文可称为最早的广告萌芽。随着战国时期商业的繁荣,中国早期的商业活动者开始采用广告形式来传播交换信息,出现了广告的最初形式。

《易经·系辞下》中记载:"日中为市,致天下之民,聚天下之货,交易而退,各得其所。"繁荣的交换促使各种吆喝、叫卖广告的产生。

① 声响广告。这是利用击打响声来传递独特销售信息的广告形式。这种广告实质是以人员推广为基础,把广告销售与人员推销相结合的产物。随着商业活动范围不断扩大,逐渐形成了不同声响代表不同广告信息内容,以叫喊为主的声音推销形式和以金属、实物撞击的声响宣传,构成了声响广告。

② 文物广告。这是古代社会在进行商品交换时经常采用的广告形式,其具体表现是在出售的物品上插上大家都认可的标记,主要是"草标",以明示该物品待售。作为出卖物品的物主,根据待售物品的特性,而采用不同的出售标志。

③ 幌子。幌子广告是古代社会经济发展到一定阶段的产物,是指以幌子来传递出售物品信息,从而使古代广告传播发展到了一个新的阶段,表现出明显的广告传播色彩。幌子是指特意制作的一种旗帜,当时称"望子",在周代幌子作为一种广告形式既在民间被采用,又在官方

管理活动中运用。

④烽火广告。烽火是古代边防军事通信的重要手段，烽火的燃起是表示国家战事的出现。古代在边境建造的烽火台，通常台上放置干柴，遇有敌情时则燃火以报警——通过山峰之间的烽火迅速传达讯息，这也是中国古代广告的一种形式。

(2) 中国封建社会时期广告的大发展

宋朝这一时期的中国文化和科学都达到一个前所未有的高度，成为中国封建社会的转折点。宋代广告主要有以下形式：

①灯笼广告。灯笼作为一种标志，常常悬挂于官府、宅第、酒肆、烟花之地以及特定场合，逐渐形成灯笼广告，这可谓是霓虹灯广告的初级形式。在灯笼上一般都标明主家名称、姓氏。灯笼在当时又称"杈子"或"栀子灯"。

②悬物广告。这种广告形式是由实物广告发展而来，是把商品悬挂起来作为广告的形式。

③幌子广告。宋代幌子广告主要存在于官员出行或审案、军事活动之时和酒肆茶馆之地。像官员出行，随行人员高举"回避"旗幌，审理案件时周围衙役高举"肃静"旗示；军事活动中旗进则进、旗退则退；酒肆茶馆门口斜插"酒"幌、"茶"幌。宋代出现的幌子广告已经超越了春秋战国时期形成的幌子广告，其含义更加明确，且运用领域也更加具体。

④招牌广告。这种广告，在形式的表现上既可仅用文字，也可图文并茂。店主可根据自己的性质确立招牌式样，也可以由招牌反映行业性质。

⑤招贴广告。这种广告形式在宋代以前已经出现，但是在宋代时被广泛运用。招贴广告是指把文字和图画写到纸上，然后贴到城中繁华地段或城门口，以告示人们的广告形式。这种广告形式主要为官府所用，像把通缉某人的画像图形四处张贴，就属于这种形式。

⑥印刷广告。这是把自己的商品名称、制作者姓名、商号、商品质地及销售办法制版印刷，以印制品做宣传的广告形式。印刷广告始于北宋。北宋时期济南刘家功夫针铺的广告，是迄今为止发现的世界上最早的印刷广告。

这则广告采用铜版印刷而成(见图2—2)。这张铜版广告刻版四寸见方，上面雕刻着"济南刘家功夫针铺"，中间是白兔儿抱铁杵捣药的图案，左右各有四字，即"认门前白""兔儿为记"，下面说明自己商品质地和销售办法："收买上等钢条，造功夫细针，不误宅院使用；客转为

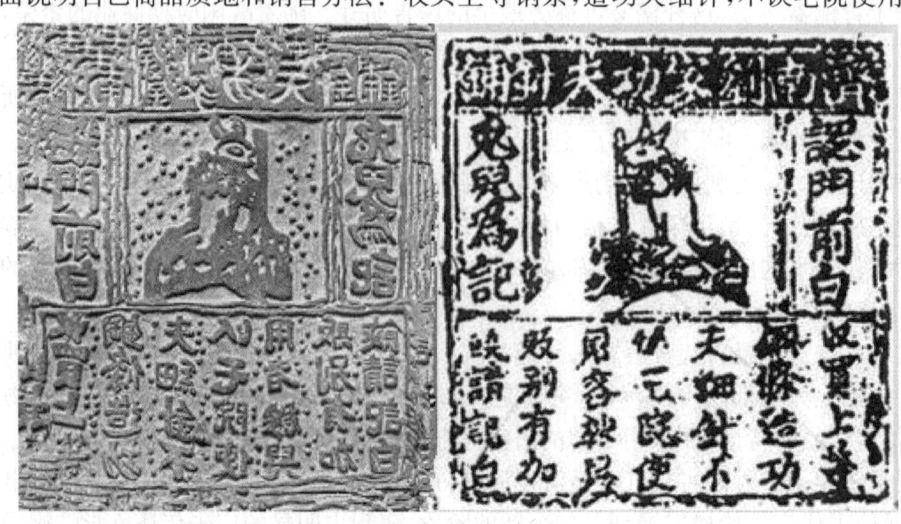

图2—2 北宋济南刘家功夫针铺广告

贩,别有加饶。请记白。"从这则广告,可以看到现代广告的轮廓。而这种印刷广告的出现,标志着当时广告已有较高的设计水平。该广告铜版现存于上海博物馆。

知识链接 2-1

从广告学视角分析刘家功夫针铺广告

从广告学角度对"济南刘家功夫针铺"进行解读,无疑可以读出意蕴极大的商业信息,触摸到当时古人的广告创意。试看整个铜版上部,"济南刘家功夫针铺"是店铺字号,并附有明确的商家所在地;白兔捣药图便是店铺标记,类似于现在广告的视觉识别系统,而白兔就相当于现在的产品商标;"认门前白兔儿为记",是告诉买家一定要认准本店的白兔捣药商标进行选购,这与现代的"请认准中国××商标",似乎有异曲同工之妙。铜版的下半部分文字为"收买上等钢条,造功夫细针,不误宅院使用,客转为贩,别有加饶,请记白",是说"我们家用最好的原材料,花费功夫造针,使用方便。如果有人批发购买,还可以优惠"。整个商标广告图文并茂,文字简练,包含构成商品广告设计的最基本要素:商标、标题、引导、正文,这不正是明明白白的广告文案吗?

整个上部最值得一提的是白兔捣药商标。它并未局限在静态的白兔形象上,而是将白兔拟人化、动态化、寓意化。当年这刘家针铺选择白兔捣药作为自己店铺的标记,想来是颇有深意的。这白兔应当是那只在月宫陪伴嫦娥的玉兔,它捣药使用铁杵(或玉杵)可谓家喻户晓;图片还会让人联想当年李白受"只要功夫深,铁杵磨成针"启发而发奋苦读成为诗仙的故事,就使得这一标志更加寓意深刻,情趣盎然,博得买家的喜爱。从更深的社会背景看,旧时,女红可以说是考量一名女子贤惠与否的重要指标,因此针这一工具的最终消费者几乎全部是妇女,但她们识字者寥寥,如果没有图,不仅是广告单调,可能商家的任何信息也无法传递给主要的目标顾客。而此广告不需看文字部分,只一幅美图就可引起顾客注意,产生兴趣,印象深刻。在这个意义上,这只兔子算是中国历史上第一位广告代言明星。

雕版中最为突出的则是针铺产品"针",在图中大概黄金分割线上,恰好是兔儿抱的铁杵。整个图有60%的空白,而"杵"结实挺拔,尤为醒目。白兔手持药杵,于钵中捣药,在这充满力度与耐心的动作中,人们自然会想到杵与针、针与杵之间的关联。针之耐磨、针之力度、针之质量,均为"功夫"所制,如此品牌魅力怎能不让人称道呢。

整体而言,这块出现于中国宋代的广告铜版,形象生动、简洁明了,从标题、图像到文案,一应俱全,特别是短短的几句广告语,就将产品的名称、原材料、质量交代得一清二楚;同时还言简意赅地介绍了济南刘家功夫针铺的经营理念、经销方式,还推出了特别优惠活动,可以说是相对完整的中国古代平面广告作品,从中我们可以看出现代平面广告的轮廓和雏形。

(资料来源:《大众日报》2012年10月9日,内容有删减)

⑦插图广告。宋代以后,广告的突出形式就是明代的插图广告。由于明代在文化上出现了小说热潮。为了有利于小说出售,书商同绘画者、雕刻者相结合,以书籍的插画作广告,推动书籍的销售。

2.2.2 世界古代广告发展历史

(1)视觉广告的发展

①方尖碑。方尖碑是在巨大的神庙前立着的方尖形的纪念碑。在古埃及的许多神庙前都有。它是神庙的一种标志物。其中最古老的是十二王朝(公元前1991～前1786年)时期的。古埃及的方尖碑上都有复杂的象形文字,因此有人认为这是最早的户外广告。

②世界上最早的文字广告。现存世界上最早的文字广告在古埃及古城底比斯发掘出来,时间为公元前1550～前1080年,内容为一名奴隶主悬赏捉拿逃亡奴隶的"寻人启事"。现存大英博物馆中,广告是用芦苇做成的"莎草纸"制造的(见图2-3)。

图 2-3 莎草纸残片

③"劳塞他石碑"为我们提供了古埃及的另一种广告载体。1799年8月,在拿破仑远征埃及期间,他手下一名叫布萨尔的炮兵士官在亚历山大附近靠近尼罗河口的劳塞他镇指挥修筑工事时,偶然发现了一块石碑。这块石碑高114.3厘米,宽72.4厘米,石碑上刻有三种文字,上面是古埃及象形文字,中间是古埃及俗语,下面是希腊文字。这块石碑因为它的发现地而被命名为"劳塞他石碑"(rosetta stone)。法国的埃及学者圣·弗朗索瓦·相宝霖(1790～1832年)将其破译。据研究,这块石碑刻于公元前196年(另说前136年),上刻有"太阳之真子、月亮之父、人类幸福的维护者"等字样。有的研究者认为这是古埃及的祭祀人员为赞扬当时继位的国王托勒密五世的丰功伟绩而篆刻的。因为当时国王托勒密五世减免了祭司们的一些税款。因此,这块古代的"告示牌"告诉人们:"托勒密是太阳的儿子,月亮的父亲,人类幸福的守护者"。也有人认为这块石碑记录的是当时议会的决议。图2-4是古巴比伦石碑上出现的楔形文字广告。

④招牌广告。招牌,即将商店名称或行业名称写在木板等材料上,立在屋前或店头的一种启示。

酒店的招牌是各种招牌中历史最悠久的。在古罗马时期,许多酒店就在屋檐上系上葡萄藤作为招牌。后来成为欧洲各国风俗。

中世纪,同一行业的大部分制造商或商人集中在一条街上,商店的柜台面向街道,大门敞开,里面卖什么一目了然。当四面八方的顾客来到商业街时,店主们就要想尽办法吸引顾客注

图2—4　古巴比伦出现了楔形文字广告

意。店门口的揽客者和招牌是最常用的方法。

欧洲早期的招牌多为实物,如铁器店用铁锅,金属加工店用茶壶,鞋店用木靴。随着时代发展,一些店铺逐渐把该行业的工具或与商品有关的信息绘成图画挂在屋檐下,如农具店画犁、锄,裁缝店画剪刀等。

随着商品种类的增多,店铺有了自己的特色,在招牌上写店名,方便顾客指名购买。但文字书写店名,有些顾客看不懂,便考虑用图画表现。

⑤其他视觉广告还有印章、旗帜等。

(2)听觉广告的发展

①吆喝。在古埃及,商人们就已经开始雇用所谓的"呐喊者"来做广告,又称叫喊人。其主要职责是告知船只的进港和出港以及船上运载货物的名称。运载杂货的船主让叫喊人告诉人们"东方风格的地毯刚刚到货",宣传新到商品的好处。叫喊人要用押韵、生动的语言将商品的名称、种类、产地等有关的商品信息说唱出来,适当的时候,还要用生动的语言把这些货物在路上经历的风险讲述出来,以增加趣味性。

在古希腊,叫喊人和布告是进行广泛告知的两种手段,发挥着类似今天报纸和广播的功能。叫喊人的挑选非常严格,他们要有洪亮的声音和朗诵才能,有时他们会和音乐家一同出行,对语音不正确的人予以纠正。

发布新的法律、传讯、公布政府活动是叫喊人的主要工作,但也可受雇于商人,以引起公众对商品的注意。

大约在公元900年左右,欧洲各国就盛行由传报员沿街传报新闻。

这种"传报员"也兼营广告业务。在市集上,传报员们也被商人雇用,招揽顾客,以告知顾客商品的优越性和价格。

在法国,12世纪时出现了叫喊人行会,该行会的作用是为了保护同行利益不受外人的侵犯,或者为了阻止外来的竞争或限制本地同行业之间的竞争而建立起来的组织。

②叫卖。从1545年出版的《巴黎每天的107种叫卖声》一书中,可以了解中世纪巴黎路上叫卖声的丰富及韵律。叫卖者是边唱边卖,简单的、稍加说明的、将商品的产地编进去,强调商品品质及新鲜度等,以承诺来诱导买主。

在伦敦街头,"热乎的"一直是叫卖中最常用的诉求。据说这种诉求从14世纪一直延续到18世纪。莎士比亚《冬天的故事》(1611)描写了脖子上挂着装满各种各样小百货的行商。

③音响。古罗马繁华的大街上也经常充斥着行商们的各种叫卖声和音响广告。串街走巷的游医用手中的响器四处招徕病人,有的甚至当众表演外科手术,并用响器的声音来掩盖病人痛苦的呻吟。

2.3 近代广告的发展

2.3.1 中国近代广告的历史

(1)鸦片战争前后的广告

①我国近代经济概况。

在鸦片战争后的近60年里,除英、法以外,其他如德国、葡萄牙、比利时、瑞典、挪威、荷兰、西班牙、丹麦、俄国以及日本等陆续侵入中国的领土。

外国列强通过签订不平等条约在中国获得了割地、赔款,开辟通商口岸,建立租界等特权,并得到了协定关税权、领事裁判权、沿海和内河航行权、传教士自由活动权等,这些特权为外国列强在中国倾销商品和掠夺原料创造了有利条件。外国商人的进出口货物在一个关口纳税后便可通行无阻,这大大便利了外国商人向中国倾销棉布、棉纱、煤油、钢铁等工业品,也为外国商人从中国大量运走生丝、棉花、豆类、茶叶及其他原料提供了方便。

由于中国人的购买热情与外国商人的期望相距甚远,外国商人便强迫清政府派钦差及地方官员进行行政干涉,并把清政府的文书和告示印在其年历广告的后面来推销商品。

外国列强在加强商品推销的同时,为了在华获取长远利益,陆续在中国设厂。1894年中日战争后签订了《马关条约》,条约给予外国列强在中国设厂的权利。

外商以洋货排挤国货、以机制商品打击我国手工产品、以精美印刷广告扼制中国传统手绘宣传,使我国封建自然经济结构逐渐解体。与此同时,也带来了报纸、杂志、路牌、霓虹灯、橱窗等新的广告形式,使得一些原本不太重视广告宣传的民族工商业者受到影响,也渐渐效仿使用新式广告媒介。

②中国近代民族工商业的发展。

从19世纪60年代开始,中国近代民族工业开始出现。清政府中的洋务派在沿海等地区相继创办了一些近代机器生产的军事工业。从70年代起,洋务派开始创办民用性质的近代企业,这些企业大多采取"官督商办"或"官商合办"的形式。上海轮船招商局、开平煤矿、汉阳铁厂,以及在上海等地设立的缫丝、纺织、制麻等工厂,都是中国最早出现的近代民族工业。

中国民族工商业者为了获利图存,一方面继承旧时的传统经商之道;另一方面吸取资本主义经营方式,结合本企业的实际情况,钻研经营技术,改善经营管理。随着外国企业在中国的发展及中国民族工业的兴起,外国企业之间、中外企业之间、中国企业之间的竞争日益激烈,广告在这种激烈的竞争中扮演着重要角色。

③鸦片战争前后的广告概况。

1833年8月,传教士郭士立在广州出版了《东西洋考每月统计传》,其宗旨是"为在广州和澳门的外国公众的权利进行辩护"。这份刊物有鲜明的维护在华外国人利益的倾向性,采用雕版印刷和中国线装书款式,以宣传基督教教义、传播自然科学和社会科学为主要内容。它是中国内地出版的第一份中文近代杂志,也是最早刊登"行情物价表"的近代中文刊物。从第8期开始增加"市价篇"专栏,专门登载广州"省城洋商与各国远商相交买卖各货现时市价表"。

1853年8月,英国传教士在香港创办《遐迩贯珍》中文杂志,首开中文刊物登载广告之先河,辟"布告篇"专栏专门刊登商业信息、船期货价和各种商品广告。在1854年所刊登的文章和启事中分别对招贴和广告的重要作用及优越性作了充分的肯定,如:

"西方各国,狃卖招贴,商客及货丝等皆借此而白其货物于众,是以尽沾其利。苟中华能效此法,其获益必矣。"

"若行商租船者等,得借此书以表事项,较之遍贴街衢,传闻更远,则获益至多。从本月起,《遐迩贯珍》各号,将有数轶附之卷尾,以载报贴。"

"五十字以下,取银一元。五十字以上,每字多取一先士。一次之后,若贴再出,择取上数之半。至所取之银,非以求利,实为取每月《遐迩贯珍》三千本之费用而已。"

由传教士创办、面向社会公开发行的近代化报刊,在鸦片战争前约有六七种。鸦片战争后,外国人获得了在中国任意办报的权利,从19世纪40年代到90年代,外国人先后在中国开办了170多种中、外文报刊,约占同期报刊总数的95%,几乎垄断了中国的报业。

这一时期广告的特点:洋货广告占据主要地位,广告水平的地区差异越来越大,先进广告媒介与传统广告媒介并存。

(2)戊戌维新前后的广告

①报刊广告的蓬勃发展。

在外国人办报影响下,自1873年起,中国人自办的报刊相继创刊,打破了外报垄断的局面。

一方面,报刊是新兴民族资产阶级传播新思想,宣传改良主张的平台;另一方面,懂得报纸的商业媒介价值,利用广告与列强进行经济竞争,如《昭文新报》《汇报》《循环日报》及改良派办的《苏报》《湘报》等。

这些中国人自办的报纸多刊登广告,但广告形式十分拘谨,方法幼稚,一般排在不太显著的位置,对读者吸引力不大。

②广告代理商萌芽。

报刊及广告的蓬勃发展,使广告主与广告经营者逐渐分离,催生出一种新的社会职业即广告代理商。

早期形式:报馆广告代理人、版面买卖人逐步转变为广告社、广告公司。

③官方报刊开始刊登广告。

1907年,朝廷创办了《政治官报》,其在章程中对刊登广告做了规定:"如官办银行、钱局、工艺陈列各所、铁路矿物各公司及农工商部注册各实业,均准进馆代登广告,酌照东西各国官报广告办法办理。"

到了1911年,《政治官报》改为《内阁官报》,制定了更为详细的刊登广告的章程及价格,并见于报端。

(3)辛亥革命前后的广告概况

①广告受到重视,广告效果开始被关注。

②"中国广告公会"——广告行业组织出现。

1911年,世界广告学会在美国成立,万国函授学堂上海办事处曾与我国广告界人士联合发起组织过"中国广告公会",它是我国广告历史上最早与世界广协有联系的唯一的全国性广告机构。

(4) 五四运动至20世纪30年代的广告

外国列强侵略的加剧,民族工商业的发展,经济竞争的激烈,使这一时期成为旧中国广告发展的兴盛时期,广告在一定程度上推动了商业经济的发展。

① 媒介的多样化。

报纸逐渐成为最普遍的一种大众媒介,也由此成为最廉价、传播效果最好的广告媒介。这一时期的代表性报纸有《申报》《新闻报》等。

知识链接 2-2

五四运动至20世纪30年代的两大报纸——《申报》《新闻报》

《申报》是我国近现代影响最大、历史最悠久的商办报纸。1872年4月在上海由英国商人美查创办,1909年为买办席裕福所收买,1912年转让给史量才,一直办到1934年。上海沦陷后,该报在日伪控制下出版。抗战胜利后被国民党接收。1949年5月上海解放停刊。

在创刊号出现的最早的广告:全泰盛信局、恒隆洋货号、缦云阁。

《申报》特色:广告题材与时代相结合,设立了《申报》广告推广科,广告比重大,广告收入多。

史量才是旧中国最大的最有成就的报业资本家,他聘请的经理张竹平对广告学素有研究。他们致力于广告部的改进,设立了《申报》广告推广科。在大家的努力下,广告业务迅速发展。

从1921年起,到全面抗战前夕止,《申报》经常出版3~6大张,还加上"本埠增刊""汽车增刊""常识增刊"和"每周画报"等。在这样多的篇幅和版面中,广告常常要占7/10左右,而且往往头版就登广告。广告内容包括医药、烟草、汽车、化妆品、日用百货、布匹绸缎、衣帽服饰、细毛皮货、影剧剧目,以及各种公私启事、告白等。其中影剧广告和医药广告占大宗。另外如"新新""永安""先施""丽华"等大百货公司"大减价"之类的广告也屡见于报端。有时整版刊一幅广告,也不足为奇。

据统计,到1934年,《申报》的固定资产达200万银元,每年的营业额也达200万银元。其中,广告收入约150万银元,占75%;发行收入约50万银元,只占25%。

冠生园食品以《冠生园在抗日运动中》为大标题,"敬以国货糖果"广告的右上角有"打倒日本帝国义"口号,激发了中国人民的抗战热情,并引导中国人要有精忠报国之心。这则广告向我们展示的不只是对商品的宣传,也体现出一种爱国热情。1931年10月5日,华成烟公司的"美丽牌香烟"广告将东北三省地图及铁路干线大幅画面刊登在《申报》头版,意在提醒注意东北形势,并提出"国人爱国,请用国货"的广告语。

《新闻报》,上海地区另一大报纸。该报由英国商人丹福士等于1893年2月17日(光绪十九年正月初一日)创刊。1899年由美国人福开森出资购买,特聘华人汪汉溪为总经理。汪氏主持《新闻报》后,以"经济自立,无党无偏,力崇正谊;不为威胁,不为利诱"为办报宗旨。经过24年的苦心经营,到1923年,《新闻报》已是和《申报》相抗争的第一流大报了。该报以报道经济新闻、商业行情准确迅速为主要特色,在商业界、实业界和市民中有广泛读者。《新闻报》对发行和广告尤其重视,将两者视为"经济命脉"和"养命之源"。

《新闻报》创刊时,仅销300份,到1928年突破15万份大关,创当时中国大型日报发行的最高纪录。甚至一度突破20万份大关,远远超过《申报》。

"根据汪氏父子的经验,该报广告与新闻必须经常保持六与四的对比,即广告占六成,新闻占四成;该报每日所出张数的多少,不取决于新闻,而取决于广告。准备科的任务就在于每晚齐稿时统计当天收入广告有多少,以决定次日所出的张数,所以,准备科事实上就是'广告的编辑部',而其重要性则在新闻编辑部之上。"另外,准备科有时还可以"商请编辑部抽去某些可登可不登的新闻,腾出版面来多登广告"。发展到后来,《新闻报》广告篇幅更多。《新闻报》平时出版四五大张,星期日往往发行8大张,每逢节日甚至出10大张,最多时出过16大张,而所登广告几占全部篇幅的2/3,且报上不少显著版面被财力雄厚的外商包定。

由于《新闻报》广告的信息量大,所以,不论是封面巨幅广告,还是报尾分类广告栏,都很受人欢迎。上海大小商家店铺,一般都订一份《新闻报》放在柜台上,以了解商情信息,所以《新闻报》又被称为"柜台报"。其每年广告收入,早在1922年即达百万银元。

②其他新兴广告媒介:广播、路牌、橱窗、霓虹灯、月份牌、电影等。

A. 广播广告。中国的广播电台几乎和世界广播电台同步诞生。

1922年12月,美国人奥斯邦利用旅日华侨的资本,把一套无线电广播发送设备由美国运到上海,在中国境内建立了第一座广播电台,1923年1月23日正式播音,每晚播音1小时,节目内容有新闻、音乐、演说及商业信息,当时上海约有收音机500台,人们称广播为"空中传音"。随后,外国人办的电台相继在上海、北京、天津、东北等地出现,到抗日战争全面爆发前已达20多座。影响较大的是1924年5月在上海播音的美商开洛电话材料公司广播电台,为了吸引听众,它允许中外听众点播节目。中国人自己设立的第一家电台是新新公司创办的,于1927年3月18日正式开播,每天播音6个多小时。

广播电台的出现是近代广告史上的一件大事,它标志着广告在更广阔的空间,向更众多的消费者传播商品信息。早期的广播电台发射功率小,传播范围窄,加上收听工具少(到1928年,全国约有1万台收音机),所以影响不是很大。但随着收音机在大城市中逐渐增多、普及,广播广告的影响也越来越大,到1934年前后,我国出现了最早的专门承揽广播广告业务的专业广告社。

B. 路牌广告。路牌广告一般竖立在繁华街边要道口、房屋墙上及屋顶、铁路沿线及车站周围和风景区。早在辛亥革命以前,我国就出现了路牌广告,内容大多为香烟、药品及日用百货等。其中,最早出现的路牌广告是车站路牌广告。民国成立前,铁路沿线每一车站周围都有路牌广告,宣传、推销诸如狮子牙粉、仁丹、大学眼药、美孚煤油、白礼氏洋烛之类的商品。这些路牌广告大都由外商广告公司承包装置。

制作路牌广告后来成为广告公司的一项重要业务,在整个广告业务中占有相当份额,同时也培养出一批专作路牌广告的技术人员。

C. 橱窗广告。橱窗广告是商品竞争的产物,又与玻璃制造工艺及声、光、电学的进步有密切的关系,是运用艺术手法与现代科技以实现其广告职能。橱窗广告是随着大百货公司的诞生而出现的一种广告形式,我国最早运用现代大橱窗广告的是开设在上海南京路一带的四大百货公司,即先施、永安、新新、大新。

这四大百货公司先后开业后,都在店面及门前设置大型橱窗广告。四家大百货公司的老板都是广东人,思想开放,观念新潮,经营手段灵活新颖,都不惜重金从港澳等地聘请专门人才来负责橱窗设计和商品陈列。同时,还把自己的一部分橱窗供厂商陈列商品,收取租金。20世纪 30 年代后,一些中、小商店也纷纷仿效,改装门面,扩大橱窗,使商品透过明净的大玻璃,在明亮灯光的照射和反衬下琳琅满目。

设计精巧、装饰新潮的橱窗广告使商品可以直接亮相给消费者,是企业展示产品、树立企业形象的一个重要手段,不但可以给人以美的享受,而且还可以给人一种直接、生动的感官刺激,从而诱发其潜在的购买欲望,促进消费。

D. 霓虹灯广告。

1910 年在法国巴黎出现了世界上第一具霓虹灯广告。

1923 年,美国也出现了霓虹灯广告。

1926 年,上海南京路伊文斯图书公司橱窗内,开始装置了一副"皇家牌打字机"英文霓虹灯吊灯广告。

1927 年,上海"中央大旅社"安装了第一具霓虹灯招牌——红锡包牌香烟广告。

E. 月份牌广告。月份牌年画广告简称"月份牌",是由中国特有的民间传统美术形式年画演变而成。它是一种结合绘画、广告与年历三位一体的商业文化产物,是先进的广告创意思维本土化的典型代表。

月份牌的一般形式是中间画画(多为美女),画的两边有日历表,画的上方或下方印上商号、洋行的名称或商品(商品有时也画在画的两旁)。其上下边缘一般镶有铜边条,间或有仿照国画的装裱形式,上下各有一轴,方便悬挂之用。月份牌大量出现是在 20 世纪初及二三十年代。20 世纪初,在上海、广州、香港、重庆等地的洋行和商号,如烟草公司、火油行、银行、保险公司、酒家、药房、布匹店、化妆品店、五金商店及电筒、电池厂等,为了在中国打开庞大的市场,推销产品,就利用国人喜爱的传统年画形式,附上商品的广告。年画用传统国画技法画成,再用彩色石印技术印制,这就成了月份牌画。商家往往在年终岁尾的时候随商品赠送客户,这就是中国最早出现的商品海报。

F. 广告连环画广告。20 世纪 30 年代,北京老字号"聚顺和"果脯店为了招徕顾客,请人将果脯蜜饯的选料、冲洗、晾晒的整个过程捏成泥塑,然后拍成照片,标上简洁的说明,出重金在《北平旅行指南》一书中作了一个 8 幅照片的连环画广告。由于图文并茂,很有风趣,一下吸引了不少读者,扩大了影响。

老上海也有商家以连环画的形式大做广告宣传。其中有一个灯泡厂家作了一则"王先生买灯泡上当记"的连环画广告,用王先生捡便宜买杂牌灯泡反而上当的故事,生动地说明了自家灯泡的优越性。

(5)广告公司、行业和组织的发展

①大工商企业的内部出现了广告部。英美烟草公司设立了广告公司和图画间,请来英美日德的画家和中国画家为他们的广告绘画。民族工业开始向广告事业投资,在企业内部设立广告部。商务印书馆成立中国商务广告公司,承接各种广告印件,如商标贴头、纱布牌子、广告传单、招贴等。没有条件设立广告部的企业,转而依靠广告代理商设计和制作广告,促进了早期广告社和广告公司的产生。

②广告社、广告公司应运而生。当年的广告社,主要承揽厂家和商品广告,除印刷、张贴广告标语,散发传单外,还有电汽车广告、树立广告牌等。上海规模较大的广告社公司是成立于 1926 年的华商广告公司和成立于 1930 年的联合广告公司;北京最早的广告社是 1921 年创办的杨本贤广告社,其经营业务是为在京的各类报刊招揽广告;20 年代上海广告代理业发展很

快,广告公司和广告社有 30 多家,如荣昌祥广告公司、好华广告社、闵泰油漆广告社、捷登广告社、耀南广告社等。

③20 世纪 30 年代是上海广告业的全盛时期,广告运作日趋专业化。30 年代上海四大广告公司:华商、联合、美商克劳和英商美灵登。荣昌祥广告公司的兼并发展,将克劳、麦克、彼美等外商广告社收买,规模扩大。广告公司业务:以报纸为主,兼营路牌、橱窗、霓虹灯、电影幻灯等,也有专营绘画、油漆等单项的广告业务。广告经营思路:重视画稿设计和文字撰写。

④我国广告界最早和最大的行业组织都出现在广告公司、广告社众多的上海。1919 年,成立"中国广告公会"——中国广告业最早的行业组织,成员多为媒介和广告主。1927 年,上海 6 家广告社成立"中华广告公会",这是广告同业最早的组织,创办人是维罗广告社的王梓濂和耀南广告社的郑耀南;1930 年改为"上海市广告业同业公会",抗战胜利后,改为"上海市广告商同业公会"。会员分为三类,即报纸、路牌和其他,以报纸类实力最强。其"以维持增进同业之公共利益及矫正弊害为宗旨"。公会成立后,建议不再用"捐客"名称,改为广告"代理商"。

(6)旧中国的广告管理

中国古代没有广告行会,更没有广告管理机构,因此对广告活动的管理和制约,只是局限于传统道德规范。

广告管理是指对广告活动和广告业的计划、协调、控制和监督,一般包括行政与法规的监管、行业自律、社会监督等。

①行政法规。1904 年清政府颁布的《商标注册试办章程》,从法律角度对商标广告进行了规定。我国现代意义的广告管理发端于 20 世纪 20 年代的《民律法案》,其中对广告的解释、效力、撤销、悬赏等作了具体规定。

②行业自律。1912 年"中华民国报馆俱进会"通过"设立广告社案",造成一种社会舆论,对不良影响的广告具有一定程度的抑制作用。

③社会监督。旧中国在广告管理的几个方面均刚刚起步,未形成较为完善的社会监督管理体制。

2.3.2 世界近代广告的历史

1450～1850 年是西方近代广告的发展时期。随着资本主义经济的发展,西方社会产生了新的社会阶级和阶层,资产阶级依靠与无产阶级联盟,通过社会革命和改良,确立了在西欧的统治。随着文艺复兴的兴起,资产阶级文化逐渐成为社会的统治文化。从全球来看,政治、军事广告等社会广告形式依然占据着统治地位,而西方的商业广告随着印刷术的出现而逐渐发展起来。

各国学者大多认为现代印刷术的创始人是 15 世纪德国的古登堡。他创造的铅活字版印刷术在活字材料的改进、脂肪性油墨的运用以及印刷机的改造方面,都便于大量地生产印刷品,由此揭开了印刷业空前发展的序幕。

印刷术的发明和应用是人类传播史上的重要里程碑,印刷可以大量而迅速地复制信息,以便向广大公众传播,这就深刻地影响了人类的精神和文化发展历程。

虽然在 1814 年《泰晤士报》即开始采用新的高速印刷机印刷报纸,但整个印刷业的工业化却经过了一个艰辛的历程。

除了统治阶级为了实施思想控制而严厉管制印刷出版业之外,印前、印中、印后各个环节的机械化过程都不同程度地遭到传统手工印刷业者的抵制。但印刷机器带来的低成本、规模化符合当时文化与思想水平日益提高的社会公众对信息的大量需求,历史的车轮将报刊媒介从精英消费推向大众消费。

纸质媒介是现代广告赖以存在和传播的主要媒介,而在此阶段受到印刷术进步驱动的报刊的发展对商业广告的成长至关重要。从此,广告传播的附着形式经历了从"载体"到"媒体"的转变,成为广告发展史上的第一座里程碑。印刷媒体与具有现代意义广告的出现是这一时期的主要特点。

标志性事件有:

(1)1450年,德国人古登堡发明了金属活字印刷,大大提高了印刷的质量和速度,成为近代广告变革中最重要的因素。

(2)1472年,英国出版商人威廉·坎克斯顿印制了推销宗教书籍的广告。

(3)13、14世纪欧洲出现了最早的报纸雏形"新闻信"。

(4)1609年,德国出版了世界上最早的定期印刷报纸《报道式新闻报》。1631年,"法国报业之父"雷诺道特创办了法国最早的印刷周报《报纸》。

(5)1666年,《伦敦报》正式在报纸上开辟了广告专栏,这是第一个报纸广告专栏。从此,广告占据了报纸的一角,并迅速扩大,逐渐成为报纸的主要经济来源。

知识链接 2-3

近代西方报纸杂志的繁荣时代

1622年,第一份英文报纸在伦敦出版,这就是《每周新闻》。在这一年的报纸里,载有一份书籍广告。1704年,美国的第一份报纸《波士顿新闻报》创刊,在其创刊号上刊发了一份广告,这是美国的第一份报纸广告。到1830年,美国已有报纸1 200种,其中65种为日报。英国在1837年有报纸400多种,刊出广告8万余条。但是,在这一时期,由于经济原因,报纸的发行量很小,作为传播媒介,远远未达到大众化,因而,报纸广告的影响面很小。

在发行报纸的同时,杂志也陆续出现。世界上最早的杂志是创刊于1731年的英国杂志《绅士杂志》。10年后,美国的费城有两种杂志创刊。1830年,海尔夫人在费城创办《哥台妇女书》杂志,成为美国妇女杂志的先驱。在此杂志出版前,1741年美国出版过两本杂志《美国杂志》和《大众杂志和历史记事》,分别在出版3个月和6个月后就夭折了,但毕竟开创了杂志的新纪元。同一时期的1706年,德国人阿洛依斯·重菲尔德发明了石印,开创了印制五彩缤纷的招贴广告的历史。

2.4 西方现代广告的发展

2.4.1 工业革命对社会及广告带来的巨大影响(1840~1914年)

工业革命以技术革新大发展为先导,推动社会经济的迅猛发展,使西欧成为世界的经济中心,并促使各国完成资本主义政治体制的改革,确立了资本主义在全世界的统治地位。

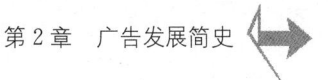

工业革命促使大工业的普及,促进了经济的迅速发展和新产品大量出现,市场经济转入激烈的市场竞争时期,商业竞争成为资本主义的重要特点。

工业革命时期,随着印刷业和"廉价报纸"的兴起,报纸走进平民生活,成为这一时期广告的主要载体。

当时的广告多以白描手法,平铺直叙地介绍产品特性,风格朴素而率真。随着印刷术的飞跃发展,平版印刷的出现使得印刷画面更精美,色泽更真实。海报开始充斥大街小巷,是海报的黄金时代,搜集海报成为时尚。其他的广告形式还有贴画和路牌广告。广告设计多由画家兼任,几乎没有专业的广告设计师。如英国著名插图画家奥布里·比尔兹利、法国著名画家亨利图卢兹·劳特里克等人都曾画过大量招贴画及海报。广告的构思基本是绘画型,看上去就是一幅美术作品,不过画中人物手上捧着某种商品而已,显得牵强附会。独特的广告语言尚未形成,由于彩印技术比较落后,费用昂贵,所以这一阶段的招贴广告中石印画占了较大比例。

2.4.2　第一次世界大战期间西方广告业的发展(1914～1918年)

在战争的刺激下,交通事业迅速发展,报纸发行量激增,广告收入成为报纸收入的主要来源。美术领域在该时期十分活跃,大批现代主义的艺术派别纷纷出现,导致商业广告的多元表现手法。

广告表现形式仍以招贴、路牌为主,但杂志广告和报纸分类广告也随着这些新闻媒介在消费者中影响力的提高而发展起来。

广告内容中出现了较多社会广告,如英美等国出现不少招募兵员的宣传海报以及一些战争宣传广告,广告的构思和表现手法依旧以艺术型为主,比较讲究绘画效果和技法。

2.4.3　两次大战期间西方广告业的发展

第一次世界大战后,经济短暂繁荣,汽车普及、爵士乐流行、分期付款出现,使人们消费热情高涨,市场竞争趋于白热化。

1929～1933年,西方国家爆发经济危机,商品过剩,大量积压。资本家为了推销商品在推销型广告上下功夫,企业开始注重产品宣传前的市场调研及整体规划,广告社内部分工逐步细化。

危机过后的20世纪30年代,经济的回暖和发展,使许多高档消费品涌现市场,新的消费方式的出现使整个广告宣传的结构发生了变化。

这一时期,艺术型广告仍是主导;同时,市场调研手段的应用,使得广告商对商品信息的传达空前重视。明星广告在这一时期得到充分发展。

2.4.4　第二次世界大战期间西方广告业的发展

社会广告得到空前发展,广告中充满政治色彩。
广告主都试图把自己的商品与爱国主义联系起来,引起关联性购买。

2.4.5　冷战期间西方广告业的发展

第二次世界大战后初期,经济衰退,广告大多以宁静、和平的氛围为主题,迎合遭受战争创伤的世界人民渴望和平的心态。

20世纪50年代,欧美经济复苏,进入增长的"黄金时代"。中产阶级成为社会的主体,大众流行文化快速发展。这一时期的广告呈现如下特色:营销观念兴起,广告主和广告公司更加注重市场调查的作用,而且利用市场调查分析消费者心理行为的研究越来越多;艺术型广告仍然占有很大比例,专业的广告创作队伍正在形成,同时出现许多新的广告手法;50年代后期,摄影开始成为一种重要的广告表现手法;50年代,传播学、营销学形成,使现代广告学的理论框架及学科体系更加牢固及完善。

60年代,随着第三次科技革命的兴起,欧美国家迎来经济发展的黄金时期。政治民主化与社会平民化进一步推动大众文化的迅猛发展,使广告在传递信息方面的工具化特征更加突出。这一时期是广告的重要变革时期,伯恩巴克提出革命性广告理念:只有与众不同的广告,才有与众不同的产品。

70年代是广告业发展的巩固与充实期,广告人加强了对人们消费行为、消费心理的研究和预测。这时期的代表事件有:广告人概括出了现代广告最本质的两条法则——可信性和新奇性。

80年代,科技得到日新月异的发展,电脑的出现,使平面广告设计队伍高度专业化,广告语言日益国际化,不再充斥繁复的信息,自然、朴实之风重新回归。

2.4.6　网络广告时代广告业的发展

随着互联网的兴起,网络化和信息交流互动化成为广告媒介发展的主要趋势。

广告主与广告对象之间的界限越来越模糊,广告逐渐走向平民化。

广告公司集团化、专业化和国际化,成为这个时期的主题;广告的表现手法更加多元化。

大众传播时代的多步传播模式、高级网络传播模式;洛兰德·霍尔提出 AIDMA 模式;AISAS 模式 2004 年由日本电通公司提出,2005 年在日本广告界进行商标注册。

2.5　中国现代广告的发展

2.5.1　新中国成立之初到改革开放之前中国广告业的发展

新中国成立以后,我国广告业走过一个曲折的过程。新中国成立初期,党和政府采取了科学而有力的措施,逐步对旧的广告行业进行了彻底改造,并开始建设新中国的广告事业。

(1)颁布施行了一些新的广告管理法律规范。如1949年4月,天津市人民政府发布了《广告管理规则》,随后各地也先后发布广告管理规则,并逐步修改完善管理办法。

(2)随着国家对私营企业进行利用、限制和改造的进程,整顿私营广告业,并将旧广告业逐步改造成为具有社会主义性质的广告公司。

(3)报纸、广播媒体刊播商业广告,橱窗、路牌及传统的广告形式都在不同程度上服务于经济发展。

(4)同时积极开展与国外广告界的业务交流,电视台开播。1957年春,广交会首次举办,出口商品对外广告宣传也随之出现。1958年5月1日,我国第一座电视台——北京电视台试播,9月2日正式开播。同年10月1日,上海电视台建成,标志着电视广告媒体在我国出现。

(5)"文化大革命"期间,我国正常的社会秩序被打乱,国民经济无法顺利运行,广告事业也遭到了毁灭性的破坏。由于社会对广告的认识逐渐出现偏差,广告被认为是资本主义的产物,甚至视为政治运动的工具,加之政策失误造成商品供应短缺,广告已逐步失去存在的空间,许多广告信息被取缔,广告媒体被取消,广告管理机构被撤销,商业广告基本绝迹。

2.5.2 改革开放后中国广告业的发展

我国广告业重新恢复和发展始于1979年。同年11月,中共中央宣传部发出《关于报刊、广播、电视台刊播外国商品广告的通知》。此后,我国广告业务大幅度增加,广告从业人员队伍迅速扩大,广告管理不断完善。中国广告业进入新的历史发展时期。其特征如下:

(1)恢复和建立广告管理机构

随着广告业的快速发展,对广告业的规范化管理成为当务之急。设置广告管理机构,实行机构管理,建立、健全广告管理法规,这是科学地进行广告管理的基本条件。1980年,国务院明确由国家工商行政管理局负责广告管理工作。1982年,国家工商行政管理局设立了广告司,各地工商行政管理局成立了广告处、广告科或广告股,逐步建立了广告管理机构网络体系。

(2)建立健全广告管理法律法规

1982年,国务院颁布了我国第一部全国性广告管理法规——《广告管理暂行条例》,同年4月还制定了《实施细则》,对于调整和规范广告经营活动起到了很好的作用。1987年,正式颁布了《广告管理条例》,进一步明确了广告管理范围。1994年10月,颁布了《广告法》,并于1995年正式实施,标志着我国广告工作进入了新的时期。2003年9月15日,国家广播电影电视总局第一次以总局令的形式公布了《广播电视广告播放管理暂行办法》,对广播、电视广告的内容、播放总量、广告插播、播放监管等进行全面的规范,于2004年1月1日正式实施。目前我国已出台广告法律法规近20个,各种行政规章条例近百个,基本上形成了以《广告法》为核心的广告法律体系,为广告管理工作提供了坚实的法律保障。与此同时,广告自律管理也在向纵深发展。自20世纪80年代初,全国性及地方性的广告协会相继成立。其中,最高机构是1983年成立的中国广告协会,协会制定并通过了广告自律规则和守则,以加强行业自律,优化竞争环境。这标志着中国的广告业正朝着法制化、专业化及符合国际惯例的经营方向迈进。

(3)积极开展与国外广告业的交流与合作

为促进我国广告事业的快速健康发展,必须引进国外先进的管理方法与传播技术。1981年12月,中央电视台播映了美国威斯汀·豪斯电器公司的广告,开来华广告之先河。随后,国外广告公司相继在中国开设办事处,合资、独资开办广告公司,外国商品广告日趋增多。可以说国外广告机构的进入,为我国本土专业广告机构在专业水准和先进的管理模式方面起到了借鉴和示范作用,但也加剧了行业竞争。1987年6月,中国对外贸易广告协会与中国广告协会在北京协作成功举办了第三世界广告大会。1988年9月,中国参加了在澳大利亚召开的第三十一届世界广告大会。至此,中国广告发展的国际互动机制开始形成并日趋健全。

(4)开始进行广告科学理论研究和学科建设

重新恢复广告业以来,广告实践的发展促进了广告理论的探索。20世纪80年代初,我国先后翻译出版了日本、美国广告方面的著作,又将大批台湾地区广告论著介绍到大陆,我国业内学者专家也开始了广告理论研究,出版了大量颇有学术价值的广告专著、教材等。20世纪90年代后,广告研究的范围向纵深发展。广告学术研讨活动也从无到有,广告报刊也应运而生。与此同时,全国诸多高等院校纷纷开设广告学专业。据国家教育部高教司统计,从1983年建立的第一个广告学专业算起,至2005年,我国开设广告学专业的高校已发展到232所。

一些高校还设有广告硕士和博士研究方向。除正规教育外,还采取了其他多种广告教育和培训形式,形成了全方位、多层次、多类别地培养广告人才的格局。可以说,广告理论研究和广告教育的发展,为全面提高广告人员的素质,高水准地开展广告宣传活动奠定了良好的基础。

(5) 广告从业人员队伍迅速发展壮大,广告业呈现快速发展的态势

广告投入不断增加,广告经营单位和广告从业人员不断发展壮大。1981 年我国广告经营单位 1 160 户,广告从业人员 16 160 人,广告营业额 1.18 亿元;而到 2000 年广告经营单位已发展到 70 747 户,广告从业人员 641 116 人,广告营业额已达 712.6 亿元。广告业发展之迅猛,令人瞩目。

(6) 广泛采用新技术,广告整体质量明显提高

改革开放以来,新技术被广泛采用,广告媒体日益繁荣,广告设计制作水平及广告发布质量明显提高。

我国广告业刚恢复时,全国仅有报纸 180 种、杂志 948 种,广播电台 93 座、电视台 32 座,而 1998 年已有 2 000 多家报纸经营广告业务,报纸的种类增加,版面增多,内容覆盖面广,信息含量大,到 2000 年,成立了 15 家报业集团,使资源得到更有效的配置。各级广播电台已发展到 900 座,各具特色的专业台纷纷建立。20 世纪 90 年代中期以来,媒介日趋多元化。我国 1998 年拥有 800 多家电视台,电视栏目、频道不断增加,各地有线电视网的普及,使广告信息传递更加便利,而广告市场竞争日益激烈。杂志媒体发展迅速,2000 年全国约有各类杂志 8 000 多种,随着广告经营单位对杂志媒体重要性的认识的提高,杂志广告收入呈不断增长之势。除此之外,其他类型广告媒体也有较大的发展。1995 年,ChinaNet 正式对国内开放,标志着我国互联网络进入商业化阶段。而网络广告的出现,使广告市场进一步拓宽。

由于新技术的广泛采用,广告设计、制作和发布的质量明显提高,路牌广告、霓虹灯广告、灯箱广告等得到充分的开发利用,各类交通广告形式多样,不断出新。国内外新的广告制作发布技术、设备、材料、工艺及新的媒体被引进和广泛运用,使平面和影视广告制作经历了一场革命。先进的桌面系统和印刷设备的使用,使报纸、刊物、招贴及其他印刷品广告更加精美,也为创意的表现提供更大的空间;影视广告前期和后期特技制作的一流设备和技术已在一些大城市使用,大大改变了我国影视广告的落后面貌;户外广告广泛采用电子喷绘、丝网印刷、静电仿真技术,使那些手绘广告渐渐退出城市。许多大城市因为许多精美的户外广告变得更加亮丽。这些都为传递广告信息提供了良好的前提条件。

2.5.3 进入 21 世纪以来,中国广告业呈现持续快速发展态势

(1) 广告业务与从业人员继续稳步增长

据中商产业研究院统计数据显示,"十二五"时期,全国广告经营额年均增长 17.6%。截至 2015 年底,全国广告经营额 5 973 亿元,比 2010 年增长了 1.5 倍,跃升为世界第二大广告市场。

中商产业研究院发布《2017~2022 年中国广告业市场分析及发展战略咨询报告》显示:2016 年中国广告经营额达到 6 489 亿元,同比增长率为 8.6%,2011~2016 年中国广告业年均复合增长率高达 15.7%。目前全国广告业从业人员已超过了 300 万人。

(2) 专业广告公司主旋律地位加强,传媒广告霸主地位弱化

从全国广告市场经营情况看,报纸、期刊(杂志)、电视、广播、户外广告等传媒和专业广告公司是中国广告业六大支柱,支撑着中国广告业。中国广告恢复发展初期,专业广告公司基础

薄弱,少有代理业务。而报纸、电视等传媒拥有广告发布手段,一方面发布广告,另一方面又承揽广告,顺理成章地占据广告市场的垄断地位。这种情况既限制广告公司的中枢作用,更不利于与国际接轨。1992年,国家对广告经营放开,废除对广告经营的"限制、引导、管理"三原则和"总量控制"政策,凡符合"资质"条件者均可经营广告。随后,又推行"广告发布前审查制"与"广告代理制",使广告公司得到突破性长足发展。广告公司主旋律地位凸显,传媒广告霸主地位弱化。1995年《广告法》实施,对广告经营者、广告发布进行科学界定,更为广告公司提供了发展的外部空间,加快了专业广告公司的发展。

(3) 各地区广告成绩显著,发展不平衡现象依然存在

广告业是经济和社会发展的一面镜子,折射着其发展情况。据统计2003年广告营业额(依序)有北京、广东、上海3地区实现各超150亿元,江苏、浙江、山东3地区实现各超50亿元,全国已有22个地区实现超10亿元。全国各地区的广告经营单位,其广告从业人员与广告营业额,2003年除极个别地区在某一项外,呈现普遍的全面增长,反映了我国广告业新的发展态势。北京、广东、上海3地区强劲发展势头不减,综合完成555.51亿元,占全国总广告营业额的51.50%,继续保持为50%左右的份额,对全国广告业起着领衔拉动作用;沿海及中东部16地区综合完成404.27亿元,占全国总额37.48%;中西部包括内蒙古、广西等在内的12个地区,正在奋力追赶,取得了较好成绩,也保持全国10%左右份额。北京、上海、广东3个地区与28个地区呈现各占半壁江山的局面。

虽然非发达地区广告业在迅速追赶发达地区,但是广告行业结构和区域布局不合理、广告业发展不平衡现象依然存在,现阶段广告业的发展缺乏国家产业政策的指导。现有的三大广告业中心城市,除北京是首都,上海和广州都是沿海经济发达城市。改革开放以来,我国沿海地区经济发展较快,其发展程度明显高于中部和西部地区,广告的先进技术和人才也基本上集中在经济较发达的地区。

(4) 中国广告业整体发展水平、广告质量和从业人员素质明显提高,但总体发展水平仍较落后

进入21世纪以来,各地纷纷举办各种广告展示会、展览会、研讨会,数量之多、质量之高前所未有,优秀广告作品令人耳目一新。总之,我国现代广告业经过多年发展,取得了令人瞩目的成绩,但将其放在整个国际大格局里,总体发展水平仍较落后。因此,必须努力提高广告的国际化程度,进一步完善广告的规范化管理,不断转变广告观念,加快广告理论研究和广告人才的培养,努力提高广告整体服务质量,从而使我国广告事业的发展与世界先进水平保持同步。

本章小结

本章探讨了中国古代广告的发展,分别介绍了中国古代广告萌芽阶段和中国封建社会广告发展状况,在不同的阶段有不同的广告形式。世界古代广告的发展,分别介绍了视觉广告和听觉广告的发展。

本章还探讨了近代广告的发展,分别探讨了中国近代广告的发展和世界近代广告的发展。中国近代广告的发展主要阐述了从鸦片战争以后到新中国成立之前中国的广告业的发展状况。世界近代广告的发展主要阐述了从1450年德国工匠古登堡发明铅活字印刷开始,一直到1850年现代报纸创刊之前,世界广告的发展状况。

中国现代广告的发展主要阐述从新中国成立至今中国广告业的发展状况。世界现代广告的发展主要阐述从18世纪50年代工业技术革命后至今世界广告的发展状况。

通过本章的学习,有助于了解中国和世界广告业的发展脉络,为深入学习广告学相关基础理论和实务方面的知识打下基础。

练习题

1. 中国古代广告有哪些形式?
2. 阐述中国广告业的发展历程。
3. 阐述世界广告业的发展历程。

案例分析

2016年中国广告市场发展八大特点

实力传播针对中国市场发布了2016年八大广告趋势报告:人工智能在我们的消费决策中扮演着越来越重要的角色;大数据已成为广告行业的主流趋势;中国可能已经达到了足够多的消费者愿意付费购买内容的时代……

特点1:人工智能下的广告

近年来,我们目睹了人工智能产品作为交流界面的应用和普及,通常是像Siri、微软小娜一样的个人助理。尽管现在的人工智能与电影《她》中的萨曼莎(Samantha)还相去甚远,但其所取得的快速进步是有目共睹的。而且,人工智能也在我们的消费决策中扮演越来越重要的角色。

特点2:昂贵的大数据

对大数据的关注已成为广告行业的主流趋势。我们看到广告主和广告代理商纷纷与像百度、腾讯、阿里这样的数据巨头建立合作关系,而且程序化购买的发展也需要有更多的数据收集和分析。但是,越来越多的集团开始意识到大数据并不是免费的。在2016年,有用的数据可能会更多,但却不再那么容易得到。

特点3:付费内容成新趋势

尽管订阅模式在某些国家已经非常普遍了,但中国消费者还是更倾向选择免费的东西。但免费模式只有当有其他人愿意为之付费才能继续运营——通常都是广告主。随着广告拦截软件的普及,媒体面临着日益剧增的压力,因而寄希望于内容广告。中国可能已经达到了足够多的消费者愿意付费购买内容的时代。媒体将会从这个模式下发现有利商机。对于广告主而言,这意味着需要进一步寻找定制化的合作模式,不管以赞助的形式,还是产品植入,或是项目合作。

特点4:虚拟现实的实现

虚拟现实成为热门话题已经有一段时间了,也有相当多的品牌应用了此技术。老生常谈地说,这是未来的一个趋势。然而事实是,多数案例都集中在移动技术上,而且很少能够成功传递真正令人赞叹的效果。另外,虚拟现实(VR)的绝对主观性让它很难得到传播和分享。但在2016年,大众消费的高质量VR头戴式设备将会上市,如欧酷来(Oculus)、摩耳甫斯(Morpheus),这将有机会提供更好的内容和更好的传播渠道。

特点5：无缝对接的重要性

在数字媒体的世界，各种创新形式层出不穷但昙花一现，所以我们很难判断哪些是花哨、而哪些是有价值的。当然，有很多说法教我们如何把事情变得更简单，但是消费者最终想要的还是"好用"。消费者没有耐心来研究你的系统，所以让系统去适应消费者更显重要。

请准备好为更好的体验支付更多的钱。

特点6：一张好图胜过千言万语

近年来，语音搜索发展迅速，但我们也更兴奋地看到图片搜索的潜能。今年，中美两国的数字巨头们都已努力将图片搜索变为现实，根据谷歌和百度的报告，其错误率均在5%以下。明年，我们期待看到图片搜索可以帮助发现产品以影响品牌和广告行业。这将会进一步推动从线下到线上的消费者路径，并进一步为小品牌的曝光提供机会。

特点7：曝光时间至关重要

在过去的20年，我们都是以曝光量来购买数字媒体广告，不管这个曝光是持续20秒还是只是一眨眼的工夫。当然如果我们以点击作为指标，这种情况是可控制的，但考虑到只有不到1%的展示性广告被点击，所以更为明智的方法是想办法让那剩下的99%也能为品牌服务。在2015年，广告的可视性问题终于为人所重视，我们尝试把指标从单纯的曝光改变为真正的看到（opportunity to see, OTS）。尽管离解决问题还为时尚早，但这促使我们进一步思考，并开始以观众看到的时间而非曝光量为指标购买广告。

特点8：数字媒体开始终结

虽然该理论提出已经有一段时间了，但关于数字媒体已死的呼声也是越来越响。长期以来，这些专家的想法被视为前瞻性思维，但在一个一切都变得更加数字化的世界里，我们希望看到各行各业能认真采取行动，来消除数字媒体和传统媒体间那所谓的抽象意义上的隔阂。但这两者的分割是如此根深蒂固，以至于改变难以一蹴而就，但我们仍希望每一个人能采取措施建立更加整合的体系和损益模式。客户不再在其简报内容中对这两者区别对待，创意策划者可以同时规划品牌和活动，媒体代理商继续研发更多的整合型策划工具，媒介监测公司将以更有意义的方式来重新定义媒体渠道，等等。在2016年，整合数字媒体和传统媒体可能并非未来的一个趋势，但将两者分割且区别对待终将成为过去。

（资料来源：梅花网 http://www.meihua.info/a/65881）

通过阅读上述案例材料，针对2016年中国广告市场八大特点分别发表自己的看法。

第3章 广告基础理论

本章主要教学内容
1. 导入案例:艾维斯出租车广告"我们只是第二"
2. 广告定位理论
3. "USP"理论和整合营销传播理论
4. "4P"理论和"4C"理论
5. "5W"理论
6. "6W+6O"理论和认知理论

本章教学目的

通过本章的学习,理解广告定位理论的内涵,掌握"USP"理论和整合营销传播理论的要点,掌握"4P"理论和"4C"理论的基本内容,理解"5W"理论在广告中的应用,以及"6W+6O"理论在实践中的应用。学习认知理论,了解并深入研究消费心理。通过《艾维斯出租车广告:"我们只是第二"》这个导入案例引发对广告定位理论的思考,进而说明掌握广告定位理论的重要性。章末通过案例《南方黑芝麻糊的广告诉求》引导学生进一步思考认知理论在广告实践中的重要性。

3.1 导入案例:艾维斯出租车广告"我们只是第二"

艾维斯(Avis)汽车租赁公司,然而成立10多年来,一直处在经营亏损中。当时在美国出租车行业,领头的是工业排行榜第五位的赫茨(Hertz)公司,艾维斯和其他企业被抛在了后面。1962年,艾维斯把自己的广告业务交给了伯恩巴哈领导的著名的DDB公司。DDB接手之后,策划了一项新的商业活动,其核心就是"艾维斯在出租车业中只是第二,所以我们更加努力"。

艾维斯在出租车行业中仅排名第二。那么为什么还要和我们同行呢?答案是"因为我们更努力……我们只是难以接受那么脏的烟灰缸、半空的汽油桶、破旧的雨刷、总是瘪瘪的轮胎,还有该调整却不能调整的座位调节器,该加热却不能加热的热气机,该除霜却不能除霜的除霜器"。

任何能做得更好的他们都会去做。广告一遍一遍地重复着："当你处在第二位时，你就必须努力，否则的话……我们就会被吞并。"艾维斯所属1 800个营业所的工作人员都配合行动，收银小姐的胸前挂着"我们只是第二，我们应该更加努力"。当顾客嘲笑时，她们依然亲切地回答"我们只是第二，我们应该更加努力"。我们只是第二，成了当时美国的日常用语。

广告前，赫茨在出租车行业排名第一，艾维斯和耐什纳尔并列第二。广告后，艾维斯成了行业唯一第二。当赫茨决定做出反应后，更加增强艾维斯的竞争地位，承认为其竞争对手。一年后，扭转了13年连续亏损，市场份额增加28%，盈利120万美元；第二年盈利260万美元；第三年盈利500万美元。

通过阅读上述材料，请思考，曾经一直处在经营亏损中的艾维斯汽车租赁公司为什么能扭转亏损？你认为，"我们只是第二"运用了广告学中的什么理论？

3.2 广告定位理论

20世纪70年代早期，美国的杰克·特劳特和艾尔·里斯在《广告时代》杂志上发表题为《定位时代》的系列文章，引发了营销界的一场思想革命与实践革命。1996年，杰克·特劳特与合作者又出版了《新定位》一书，使定位理论成为完整的思想体系。

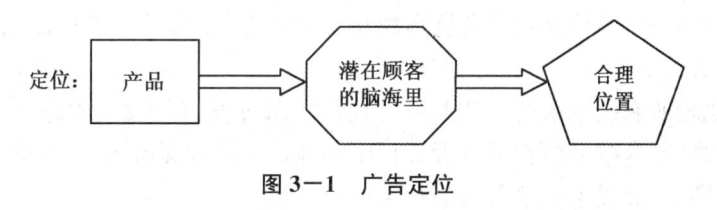

图3—1 广告定位

3.2.1 广告定位理论的概念及基本观点

广告定位是指广告主通过广告活动，使企业或品牌在消费者心目中确定位置的一种方法。定位，英文Positioning，艾尔·里斯和杰克·特劳特对定位下的定义为："定位并不是要您对产品做些什么，定位是您对未来的潜在顾客心智所下的功夫，也就是把产品定位在未来潜在顾客的心中。"即主张在广告策略中运用一种新的沟通方法，创造更有效的传播效果。广告定位论的基本主张是：

● 广告的目标是使某一品牌、公司或产品在消费者心目中获得一个据点，一个认定的区域位置，或者占有一席之地。

● 广告应将火力集中在一个狭窄的目标上，在消费者的心智上下功夫，是要创造出一个心理的位置。

● 应该运用广告创造出独有的位置，特别是"第一说法、第一事件、第一位置"。因为创造第一，才能在消费者心中形成难以忘怀的、不易混淆的优势效果。

● 广告表现出的差异性，并不是指出产品的具体的特殊的功能利益，而是要显示和实现品牌之间的类的区别。

● 这样的定位一旦建立，无论何时何地，只要消费者产生相关的需求，就会自动地首先想到广告中的这种品牌、这家公司或产品，达到"先入为主"的效果。

目前,定位论对营销的贡献超过了原来把它作为一种传播技巧的范畴,而演变为营销策略的一个基本步骤。这反映在科特勒对定位下的定义上:是对公司的提供物和形象的策划行为,目的是使它在目标消费者的心智中占据一个独特的价值的位置。科特勒把里斯和特劳特的定位归为"对现有产品的心理定位与再定位"。显然,除此之外,还有对潜在产品的定位。

(1)广告定位的目标

广告定位的目标是使一个产品、品牌或公司在消费者心目中获得一个认定的区域位置,或者占有一席独有之地。广告应将传播的效力集中在一个狭窄的目标上,在消费者心理上创造出一个位置。运用广告创造出的独有位置,特别是"第一说法、第一事件、第一位置"。广告创意表现出的差异性,并不是指产品的具体功能性利益,而是要显示和实现品牌之间的类的区别。定位一旦建立,无论何时何地,只要消费者产生了相关的需求,就会自动地想到广告宣传的这种品牌、公司或产品,达到"先入为主"的效果。

(2)广告定位的策略

①强势定位:就是要占据某一产品类别中第一或领导位置的定位策略。品牌知名度就是目标消费者对品牌名称及其所属产品类别的知晓程度。品牌知名度越高,表明消费者对其越熟悉,而熟悉的品牌总是令人感到安全、可靠,并使人产生好感。因此,品牌知名度越高,消费者对其喜欢程度越高,选购的可能性越大。在品牌喜欢程度相同的情况下,品牌知名度越高,其市场占有率越大。在同类产品中,知名度最高的品牌往往是市场上的领先品牌,即市场占有率最高的品牌。所以说,强势品牌具有极高的品牌知名度,常常是同类产品的代名词,同时也吸引了大量消费者购买。

例如,我们比较所有洗发水的认知度可见,飘柔、海飞丝、夏士莲、潘婷、沙宣、舒蕾等品牌的知名度是非常高的,这些品牌在消费者心目中的地位已经根深蒂固了,因此是当前洗发水行业的强势品牌。图3—2显示了茅台的强势定位。

正因为品牌知名度如此重要,提升品牌知名度已成为品牌管理的一项基本任务。然而,目前面临的问题是,随着大众媒体广告费用越来越高,市场进一步细分,利用大众媒体提高知名度的做法逐渐受到了挑战。越来越多的营销实践证明,只有针对目标消费者开展能凸显品牌特性的活动,才能使消费者在活动中亲身感受到品牌特性,从而将品牌铭刻在心中。这是提升品牌知名度的最佳途径。

图3—2 茅台强势定位

知识链接 3-1

公牛插座定位"专家与领导者"

从公开报道的数据显示,2015年,公牛集团实现了总营业收入56亿元。这对一个以插座、开关产品为主业的电工企业而言,成绩确实非常值得骄傲。在数十亿元的业绩光环下,公牛品牌在行业看来做得非常优秀,事实也的确如此。目前的电工企业还没有哪一家企业的"插座、开关"业绩能超过公牛。在公牛业务板块中,又以业绩占比最大的"插座"和"开关"两大业务最"牛",这也体现了公牛"专业专注"的企业文化。

近日,笔者通过对全国多地公牛商家采访得知,公牛的传统优势依然是起家的插座产品,在所有业务板块中份额最高。早在2001年,在一次全国插座品牌监测活动中,公牛插座以超过20%的市场占有率夺取了全国第一的桂冠。

据公开的数据显示,在2015年56亿元的总营业收入中,插座销售排名第一,拿下接近30亿元的业绩。正如公牛集团对插座的战略定位是"专家与领导者",充分彰显了公牛集团对其插座业务的满满自信与充分肯定。可以说,公牛插座不仅在公牛集团内部是"老大哥",在行业也拥有绝对的优势地位。

②跟随定位:就是在承认领导者地位的基础上,占据紧随其后的位置(导入案例:艾维斯出租车广告"我们只是第二")。齐白石对学生说:"学我者生,似我者死。"然而,很多企业一直在模仿大企业,做宣传册、做市场策略、做促销活动,甚至组织架构、营销方式都在模仿大企业的做法,而缺乏对自己目标市场、目标客户的分析,最终结果可能是马马虎虎地存活着,甚至死去。

对领导者有效的方法对跟随者不一定有效,效仿领导者的跟风行为只有在领导者没有及时建立定位的情况下才会发生。实际情况往往是在跟风的过程中浪费了时间,各方面的投入又少于领导者,难以取得竞争优势,更难以得到消费者认可,结果就掉进了不停跟风、不停失败的恶性循环中。这是一个致命陷阱。图3-3显示了蒙牛的跟随定位。

图3-3 蒙牛跟随定位

③空隙定位:就是寻找更小的细分市场,填补消费者心目中的空隙。一个企业无论多么强大,都不可能占领整个行业的全部需求市场,这就给了中小企业一定的生存空间。正如某相声中所讲的"在歌唱界我相声说得最好,在相声界我歌唱得最棒"一样,中小企业只有细分市场,

在更小的市场上建立自己的领先地位,才不会在与大象的共舞中被踩死。在广告创意中寻找市场空隙进行定位的方法很多,例如:产品质量比不过,就比价格;价格比不过,就比服务;如果还不行,就对有特别需求的顾客服务。图3-4显示了王老吉的空隙定位。

图3-4 王老吉空隙定位

④再定位:就是打破产品在消费者心目中所保持的原有位置与结构,使产品按照新的观念在消费者心目中重新排位。产品再定位是美国的瑞恩和特劳特于1972年首先提出来的。产品再定位与初次投放新产品有截然不同的内涵。产品再定位是赋予产品崭新生命的境界。它将企业原来的经营计划和目标,以及市场的现实状况之和构成产品再定位的基础。换句话说,企业须对原来的经营计划目标与市场现实进行检核,寻找其裂缝,然后重新给产品定位,找出弥合裂缝的最佳途径。因此,产品再定位是市场营销动态过程的第二周期,它包括了营销过程的每一个步骤,是第一轮营销过程的完善与升华。

企业的再定位策略,一般是在原产品定位的实施过程中发生了障碍的时候。常见的情形有:

一是新产品在投放市场之初,就发现原产品定位策略是错误的,表现在新产品市场反应冷淡,销售情况与预测差距太大。这时就要重新审视自己的定位策略,要进行产品再定位。最典型的是原先万宝路香烟的目标市场是女性消费者,结果在市场上严重受挫;之后,很快从产品包装到广告宣传,竭力改变原有的定位,将自己定位于一个剽悍的男子汉形象,从而取得了成功。

二是原产品定位策略正确,但是由于当初依赖的客观环境发生变化,例如,有竞争对手推出一个新的品牌,其市场定位侵犯了自己的目标市场,使本企业的产品销售量大幅度下降。比如,目前创维电视给自己的定位是"健康、不闪烁",这种定位的顾客群也是一定的。但假如再有电视厂家也紧随其后,以健康为诉求点,那么,创维就有必要进行广告的再定位。

三是原有的市场定位是正确的,但由于目标顾客群的偏好发生了变化。他们原本喜欢本企业的产品,由于款式、价格等方面的原因,现在又转而喜欢竞争对手的产品,这种情况下就需要进行再定位。比如,我国的牙膏市场上,国产牙膏一向以价格低廉取悦于顾客,随着人们收入水平的普遍提升和对牙齿健康的关注程度的提高,许多人把目光转向了高露洁、佳洁士等高档品牌。此时,中国的牙膏企业就应进行再定位。

四是随着企业实力的壮大,或者需要扩大市场范围,或者需要调整目标市场,这时也需要随着市场目标的变化调整自己原有定位。例如,海尔最初是以生产冰箱起家,自己的企业定位是高质量的冰箱生产企业;几年之后,海尔先后进入电视机、空调、洗衣机、手机等生产领域,并从国内市场大步进入国际市场。据此,就必须改变自己的原有定位,在广告宣传定位上以突出

"国际化的高质量的家电企业"为诉求点。

一旦再定位的决心下定,企业首先要针对自己进行再定位的原因和动机进行实施前的谋划。如果是由于竞争对手的原因,就要对竞争对手的情况进行深入调查、分析,做出正确的判断。如果是出于顾客的原因,就要针对顾客的消费心理、需求变化、情感变化、偏好的转移进行分析。例如,百事可乐为了调整公司的经营并使之更符合市场的需要,通过百事可乐规模较大的市场调查活动,得知顾客对可口可乐的评价是:具有明显的保守传统;不足之处是老成迟钝,自命不凡。根据调查结果,百事可乐推出了"百事可乐,新一代的选择"的宣传计划,将自己定位于"新潮"的化身,并借助美国最红火的流行音乐巨星迈克尔·杰克逊这位天王巨星的名气,一举获得了巨大的成功,迫使可口可乐拱手为百事可乐让出一杯羹。

知识链接 3-2

泰诺感冒药

如果你容易反胃,或者有溃疡,或者患有哮喘、过敏,或者因缺乏铁质而贫血……在你使用阿司匹林前,就有必要向你的医生请教。阿司匹林能侵蚀血管,引发气喘或过敏反应,并会导致隐藏性微量胃肠出血。很幸运的是现在有了泰诺……

万宝路的重新定位

万宝路刚进入市场时,是以女性作为目标市场,它的口味也特意为女性消费者而设计:淡而柔和。它推出的口号是:像五月的天气一样温和。从产品的包装设计到广告宣传,万宝路都致力于目标消费者——女性烟民。然而,尽管当时美国吸烟人数年年都在上升,万宝路的销路却始终平平。20世纪40年代初,莫里斯公司被迫停止生产万宝路香烟。后来,广告大师李奥·贝纳为其做广告策划时,做出一个重大的决定,万宝路的命运也发生了转折。李奥·贝纳决定沿用万宝路品牌名对其进行重新定位。他将万宝路重新定位为男子汉香烟,并将它与最具男子汉气概的西部牛仔形象联系起来,吸引所有喜爱、欣赏和追求这种气概的消费者。

通过这一重新定位,万宝路树立了自由、野性与冒险的形象,在众多的香烟品牌中脱颖而出。从20世纪80年代中期到现在,万宝路一直居世界各品牌香烟销量首位,成为全球香烟市场的领导品牌。

3.2.2 品牌定位的步骤

品牌定位的步骤如图3-5所示。

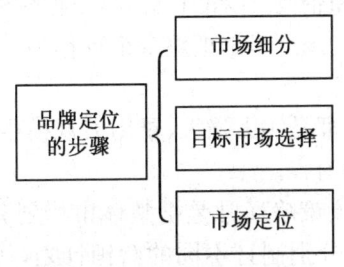

```
                  ┌─ 市场细分
品牌定位的步骤 ───┼─ 目标市场选择
                  └─ 市场定位
```

图 3-5 品牌定位的步骤

(1)市场细分

细分市场不是根据产品品种、产品系列来进行的,而是从消费者(指最终消费者和工业生产者)的角度进行划分的,是根据市场细分的理论基础,即消费者的需求、动机、购买行为的多元性和差异性来划分的。通过市场细分对企业的生产、营销起着极其重要的作用。

①有利于选择目标市场和制定市场营销策略。市场细分后的子市场比较具体,比较容易了解消费者的需求,企业可以根据自己的经营思想、方针及生产技术和营销力量,确定自己的服务对象,即目标市场。针对较小的目标市场,便于制定特殊的营销策略。同时,在细分市场上,信息容易了解和反馈,一旦消费者的需求发生变化,企业可迅速改变营销策略,制定相应的对策,以适应市场需求的变化,提高企业的应变能力和竞争力。

联想的产品细分策略,正是基于产品的明确区分。联想打破了传统的"一揽子"促销方案,围绕"天骄""锋行""家悦"三个品牌面向的不同用户群需求,推出不同的"细分"促销方案。选择"天骄"的用户,可优惠购买让数据随身移动的魔盘、可精彩打印数码照片的3110打印机、SOHO好伴侣的M700多功能机,以及让人尽享数码音乐的MP3;选择"锋行"的用户,可以优惠购买"数据特区"双启动魔盘、性格鲜明的打印机以及"新歌任我选"MP3播放器;钟情"家悦"的用户,则可以优惠购买"电子小书包"魔盘、完成学习打印的打印机、名师导学的网校卡,以及成就电脑高手的XP电脑教程。

②有利于发掘市场机会,开拓新市场。通过市场细分,企业可以对每一个细分市场的购买潜力、满足程度、竞争情况等进行分析对比,寻觅有利于本企业的市场机会,使企业及时做出投产、移地销售决策,或根据本企业的生产技术条件编制新产品开拓计划,进行必要的产品技术储备,掌握产品更新换代的主动权,开拓新市场,以更好地适应市场的需要。

③有利于集中资源投入目标市场。任何一个企业的资源即人力、物力、资金都是有限的。通过细分市场,选择了适合自己的目标市场,企业可以集中人力、物力及资金,去争取局部市场上的优势,然后再占领自己的目标市场。

④有利于企业提高经济效益。企业通过市场细分后,可以面对自己的目标市场,生产出适销对路的产品,既能满足市场需要,又可增加企业的收入;产品适销对路可以加速商品流转,加大生产批量,降低企业的生产销售成本,提高生产工人的劳动熟练程度,提高产品质量,全面提高企业的经济效益。

(2)目标市场选择

企业在划分好细分市场之后,可以进入既定市场中的一个或多个细分市场。目标市场选择是指估计每个细分市场的吸引力程度,并选择进入一个或多个细分市场。目标市场又叫目标消费群或目标顾客群,是企业为了实行预期的战略目标而选定的营销对象,是企业试图通过满足其需求实现盈利目的的消费群。

根据各细分市场的独特性和企业自身的目标,有三种目标市场战略可供选择。

①无差异性目标市场策略。该策略是把整个市场作为一个大目标开展营销,它们强调消费者的共同需要,忽视其差异性。

采用这一策略的企业,一般都是实力强大,录用大规模生产方式,有广泛而可靠的分销渠道,以及统一的广告宣传方式和内容。

②差异性目标市场策略。该策略通常是把整体市场划分为若干细分市场作为其目标市场。针对不同目标市场的特点,分别制订不同的营销计划,按计划生产目标市场所需要的商品,满足不同消费者的需要。

③集中性目标市场策略。该策略是选择一个或几个细分化的专门市场作为营销目标,集中企业的优势力量,对某细分市场采取攻势营销战略,以取得市场上的优势地位。一般来说,实力有限的中小企业多采用集中性市场策略。

(3)市场定位

市场定位是在20世纪70年代由美国营销学家艾尔·里斯和杰克·特劳特提出的,其含义是指企业根据竞争者现有产品在市场上所处的位置,针对顾客对该类产品某些特征或属性的重视程度,为本企业产品塑造与众不同的、给人印象鲜明的形象,并将这种形象生动地传递给顾客,从而使该产品在市场上确定适当的位置。

市场定位并不是你对一件产品本身做些什么,而是你在潜在消费者的心目中做些什么。市场定位的实质是使本企业与其他企业严格区分开来,使顾客明显感觉和认识到这种差别,从而在顾客心目中占有特殊的位置。

市场定位可分为对现有产品的再定位和对潜在产品的预定位。对现有产品的再定位可能导致产品名称、价格和包装的改变,但是这些外表变化的目的是为了保证产品在潜在消费者的心目中留下值得购买的形象。对潜在产品的预定位,要求营销者必须从零开始,使产品特色确实符合所选择的目标市场。公司在进行市场定位时,一方面要了解竞争对手的产品具有何种特色,另一方面要研究消费者对该产品的各种属性的重视程度,然后根据这两方面进行分析,再选定本公司产品的特色和独特形象。

3.3 "USP"理论和整合营销传播理论

罗瑟·瑞夫斯(Rosser Reeves,见图3—6),是广告界公认的大师,广告科学派的忠实卫道士,也是获得"纽约广告名人堂"荣誉的5位广告人之一(其他4位是威廉·伯恩巴克、李奥·贝纳、乔治·葛里宾、大卫·奥格威)。瑞夫斯曾任达彼思广告公司的董事长,并提出了著名的"USP"理论,即"独特销售主题"。这一理论对广告界产生了经久不衰的影响。他运用这一独特理论策划了经典广告案例M&M巧克力豆。

图3—6 罗瑟·瑞夫斯

知识链接 3-3

M&M 巧克力豆

1954年,美国玛氏公司苦于新开发的巧克力豆不能打开销路,而找到瑞夫斯。玛氏公司在美国是有些名气的私人企业,尤其在巧克力的生产上具有相当的优势。此次,公司新开发的巧克力豆,由于广告做得不成功,在销售上没有取得太大效果。公司希望瑞夫斯能构想出一个使 M&M 巧克力豆与众不同的广告,从而打开销路。

瑞夫斯认为,一个商品成功的因素就蕴藏在商品本身之中,而 M&M 巧克力豆是当时美国唯一用糖衣包裹的巧克力。有了这个与众不同的特点,又何愁写不出打动消费者的广告呢。瑞夫斯仅仅花了 10 分钟,便形成了广告的构想——M&M 巧克力豆"只溶在口,不溶在手"(见图 3-7)。广告语言简意赅,朗朗上口,特点鲜明。

瑞夫斯一直认为,广告的成功与否取决于商品是否过硬,是否有自己的特点。

图 3-7　M&M 巧克力豆"只溶在口,不溶在手"

3.3.1 "USP"理论

(1)"USP"理论简介

"USP"是"unique selling proposition"的英文简称,中文译为"独特的销售主张"。"USP"理论被称为广告诉求的理论经典,它解决的是关于广告诉求的问题。该理论是美国的罗瑟·瑞夫斯于 1961 年在其出版的《广告的现实》一书中正式提出。

"USP"理论的内容:

第一,每个广告都必须向消费者说明一个主张:"购买此产品你会得到哪种具体好处";

第二,这种主张必须是其他竞争者不会或不能提出的独特主张,该主张可以是品牌所独有的,也可以是在特定领域中所独有的;

第三,这种独特的销售主张必须具有足够吸引力,吸引新顾客购买和使用你的产品。

(2) 运用"USP"理论的注意点

①消费者只对与自己有关的产品感兴趣,所以在进行广告创意设计时,要说明产品与消费者有什么关系。

②消费者注意到某产品时,还要通过一定的产品独特特征来标记,便于消费者记忆。

③在买方市场环境下,同质产品很难引起消费者的特别注意,因此,只有将产品进行差异化营销,才会赢得消费者的青睐。

(3) "USP"理论的发展

进入品牌至上的20世纪90年代,广告环境产生了翻天覆地的变化。达彼斯公司重新审视USP,在继承和保留其精华思想的同时,发展出了一套完整的操作模型,并将USP重新定义为:USP创造力在于提示一个品牌的精髓,并强有力地、有说服力地证实它的独特性,使之变得所向披靡,势不可挡。并发展、重申了USP的三个要点:

①USP是一种独特性。它内含在一个品牌深处,或者尚未被提出的独特的承诺。它必须是其他品牌未能提供给消费者的最终利益。它必须能够建立一个品牌在消费者头脑中的位置,而使消费者坚信该品牌所提供的最终利益是该品牌独有的、独特的和最佳的。

②USP必须有销售力。它必须是对消费者的需求有实际重要的意义。它必须能够与消费者的需求直接相连,它必须导致消费者做出行动。它必须有说服力和感染力,从而能为该品牌引入新的消费群或从竞争对手中把消费者抢过来。

③每个USP必须对目标消费者做出一个主张,一个清楚的令人信服的品牌利益承诺,而且这个品牌承诺是独特的。

USP学说的基本前提是,视消费者为理性思维者,其倾向于注意并记住广告中的一件事、一个强有力的声称、一个强有力的概念。由此出发,广告则应建立在理性诉求上。具体地说,广告对准目标消费者的需要,提供可以带给他们实惠的许诺,而这种许诺必然要有理性的支持。因为理性思维者会在许诺上发问,为什么会有这样的实惠。USP的语法程序就是这样:特有的许诺加理由的支持。

达彼斯重新把USP当作是传播品牌独特承诺最有效的方法,USP意味着与一个品牌的精髓所独特相关的销售主张。当然,这一主张将被深深地印刻在消费者头脑之中;USP广告不仅只是传播产品信息,更主要的是要激发消费者的购买行为。

知识链接 3-4

USP可以诉诸以下卖点:

最低的价格:沃尔玛,"天天低价"

最高的质量:苹果的iMac电脑

最佳客户服务、最广泛的选择:亚马逊网上书店

最好的保障:"不满意就退还"是国美电器打出的一个旗号

3.3.2 整合营销传播理论

整合营销传播(integrated marketing communication,IMC)是20世纪90年代初首先在美国提出的,是在国际广告界衍生出的现代广告新概念,被公认为是新营销时代的主流,是企

业"21世纪的营销传播理论"。

(1)整合营销传播的概念

整合营销传播的理论提出,源于美国的市场营销、传播学和广告学者的研究,许多学者从不同的角度进行了思考和回答。其中,有代表性的是美国西北大学整合营销传播教授唐·舒尔茨和美国广告公司协会做出的定义。舒尔茨认为整合营销传播是一种适应于所有企业中信息传播及内部沟通的管理体制,而这种传播与沟通就是尽可能与其潜在的客户和其他一些公共群体(如员工、媒介、立法者等)保持一种良好的、积极的关系。美国广告协会对整合营销传播的定义为:"这是一个营销传播计划概念,要求充分认识用来制定综合计划时所使用的各种带来附加值的传播手段,如普通广告、直接反应广告、销售促进和公共关系,并将之结合,提供具有良好清晰度、连贯性的信息,使传播影响力最大化。"舒尔茨在定义中强调利用企业的一切信息源进行传播和沟通,从而吸引消费者。美国广告协会定义的关键则在于使用各种促进形式使传播的影响力最大化的过程。综上,我们认为整合营销传播是企业统筹运用各种传播方式并以最佳组合方式,以向特定的目标群体,传送基本一致的营销信息,促进传播和沟通的一种系统化传播活动。它是一种传播方法,追求对传播的充分利用和传播效益最大化。

(2)整合营销传播的主要特点

①以现有及潜在消费者为中心,重在与传播对象的沟通。整合营销传播强调应依消费者的需求,度身打造适合的沟通模式,营销传播要有消费者观点而非从行销者本身出发。

②整合多种传播方式,使受众更多地接触信息。整合营销传播强调各种传播手段的整合运用,对广告、公关、促销、企业形象(CI)、包装等传播工具,进行最佳组合,以求达到最有效的传播影响力。

③形象整合,信息传播突出声音一致。整合营销传播是将所有营销传播的技术和工具(广告、公关、促销活动和事件行销等),采取同一声音、同一做法、同一概念传播,与目标受众沟通,使受众接触到的信息单一、明晰,为建立强有力的企业或品牌形象服务。

④强调传播活动的系统性。整合营销传播是复杂的系统工程,强调营销信息传播的系统化,以及传播过程中各种要素的协同行动,发挥联合作用和统一作用,管理要求更加程序和层次化。

3.4 "4P"理论和"4C"理论

3.4.1 "4P"理论

杰罗姆·麦卡锡(McCarthy)于1960年在其《基础营销》(*Basic Marketing*)一书中将这些要素一般地概括为四类:产品(product)、价格(price)、渠道(place)、促销(promotion)。1967年,菲利普·科特勒在其《营销管理:分析、规划与控制》一书中,进一步确认以"4P"为核心的营销组合方法,奠定了管理营销的基础理论框架。

(1)产品(product):包括产品的设计和开发、品牌、包装、维修。产品既是广告宣传的主体,又是进行市场营销的原因,市场营销活动总是始于一系列关于产品的问题。这些问题的答案应该总是来自于消费者的感觉。消费者把产品看作满意的集合,而不是物理上的物品。

(2)定价(price):包括产品或服务的销售价格以及确定盈利水平。销售人员为产品制定的价格,不仅基于制造成本和市场营销费用,还基于销售人员期望的利润水平。价格取决于市场承受能力、竞争情况、消费者的经济状况、产品相应的价值和消费者估计价值的能力。

(3)渠道(place):包括产品从制造商到消费者的过程中运输和储存所使用的渠道。通常称为分销的组合,它主要包括分销渠道、储存设施、运输设施、存货控制。

(4)促销(promotion):包括人员推广、广告、公共关系、POS等在内的多种促销活动的总括性术语。促销组合是指企业利用各种信息载体与目标市场进行沟通的传播活动,包括广告、人员推销、媒体运用、营业推广与公共关系等。

3.4.2 "4C"理论

1990年,美国的罗伯特·劳朋特提出了与传统营销的"4P"相对应的"4C"理论,即"顾客是上帝",包括客户(consumer)、成本(cost)、便利(convenience)、沟通(communication)。

4C的思考基础是以消费者为中心,由经营企业转化为经营消费者:首先强调注意消费者的需求与欲望;其次要考虑对顾客的成本、便利和沟通。

4C营销有如下优点:

(1)瞄准消费者需求。只有探究到消费者真正的需求,并据此进行规划设计,才能确保项目的最终成功。由于消费者的生活经历、受教育程度、工作性质、家庭结构、个人审美情趣各不相同,每个人对商品品质需求的侧重点也大不相同,因此要了解并满足消费者的需求并非易事。4C理论认为了解并满足消费者的需求不能仅表现在一时一处的热情,而应始终贯穿于产品开发的全过程。

(2)消费者所愿意支付的成本。消费者为满足其需求所愿意支付的成本包括消费者因投资而必须承受的心理压力以及为化解或降低风险而耗费的时间、精力、金钱等诸多方面。

(3)消费者的便利性。咨询人员、销售人员是与消费者接触、沟通的一线主力。他们的服务心态、知识素养、信息掌握量、言语交流水平,对消费者的购买决策都有着重要影响,因此这批人要尽最大的可能为消费者提供方便。

(4)与消费者沟通。营销大战在很大程度上就是广告大战,广告与沟通的差别不只是说法不同,还有着创作思维基础上的本质区别。仔细审视各种广告就会发现,它们大多面貌相似,模式化、定式化趋势非常明显。不仅是广告文案、创意表现大同小异,就连报纸上的广告发布版面、日期选择都高度雷同。众所周知,广告的天职是创新,是树立个性,广告面貌雷同的结果必然是广告质量的低劣。造成这一现象的原因是厂商们都以"请消费者注意,而不是注意消费者"的4P模式为出发点的,广告创作的基础仍是对项目的简单认识和创作人员的瞬间灵感,而不是对目标消费者的了解和对消费者心理的深刻洞察。

4P与4C理论之间的关联:顾客需求——研发产品;顾客成本——定制价格;购买便利性——渠道的选择;顾客沟通——促销和推广方式。

3.4.3 4P与4C组合在广告中的应用

(1)产品+消费者,策划以消费者需求为导向的商品广告;
(2)价格+成本,在进行广告策划前,要充分进行成本效益评估;
(3)渠道+便利,选择能提高消费者购物便利的广告形式;
(4)促销+沟通,商品广告先沟通后促销。

3.5 "5W"理论

3.5.1 "5W"理论简介

1948年,美国的H.拉维斯尔在其发表的论文《传播在社会中的结构与功能》中,首次提出了构成传播过程的5个基本要素,并按照一定结构顺序将它们排列,形成了后来人们称之"5W模式"或"拉斯维尔程式"的过程模式。这五个W分别是英语中五个疑问代词的第一个字母,即:who(谁),says what(说了什么),in which channel(通过什么渠道),to whom(向谁说),with what effect(有什么效果),如图3-8所示。

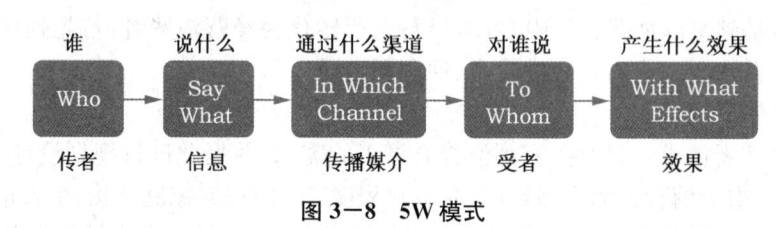

图3-8 5W模式

(1)传者

传播者是传播活动的起点,也是传播活动的中心之一。大众传播中传播者可以是个人,即编辑、记者、导演、主持人、制作人等,他们是组织化了的职业传播者,他们制作、传播信息。传播者也可以是媒介组织,如报社、电台、电视台、出版社、电影公司等。

传播者在传播过程中负责搜集、整理、选择、处理、加工与传播信息。他们被称为"把关人",他们的这种行为被称为"把关"。这一概念由传播学奠基人之一的库尔特·卢因在他于1947年发表的《群体生活渠道》一书中首先提出。卢因认为:信息的传播网络中布满了把关人,这些把关人负责把关,过滤信息的进出流通。把关人的把关并非个体行为,它要受政治、法律、经济、社会、文化、信息、组织、受众、技术以及个人因素的影响。这种观点集中强调了传播者在社会大众传播早期的主导地位。在传播者制作、传播信息的过程中,他们控制着传播内容,而他们又是社会大系统中的一个子系统,受到所在社会的基本制度对他们的控制,他们本身也是社会控制手段之一。因此,对传播者的研究又称为控制分析。

(2)信息

传播内容是传播活动的中心。它包括特定内容和传播方式两部分。传播内容是在过程中生产出来的。这种内容并不是普遍意义上的信息,而是指所有通过大众传播媒介传播给受众的信息。审视大众传播的内容,其共性有下面4点。

①综合性:无论是最初的大众化传播还是专业化转变之后,从整个媒介的内容体系而言,综合性一直都是其核心特征,且日渐强势,因为越是专业化分工,就越需要各专业媒介的社会整合。

②公开性:大众传播的内容是面向整个社会的,因而它必然是公开的,不具有隐蔽性;不过,传播目的的不同,有时可以通过特殊的传播方式与手段,对公开性进行调整,或强化或淡化。

③开放性:大众传播的内容是连续不断地进入与输出的,因而它是变化的、开放的系统,需要随着社会的发展变化而适时变化调整。

④大众性：大众传播内容以大众为自己的诉求对象，因而传播内容在诉求点、诉求方式、诉求时间与空间等方面要适应大众的接收。这在大众化传播时代较为明显，当大众传播向专业化、分众化方向转变时，大众概念的外延逐渐在缩小，此时的大众更多的是针对分众后的群体。

因此，要实现有效的信息传播，就要掌握传播内容的生产、流动与分析、研究，亦即相应的内容分析的环节。内容分析是为了调查与研究内容与传、受双方的关系，此中可以有不同的方法，但基本作用都是相同的。这对传播者把握传播内容及其社会意义有重要的价值。

(3) 传播媒介

传播媒介是传播过程的基本组成部分，是传播行为得以实现的物质手段。媒介即中介或中介物，存在于事物的运动过程中。传播意义上的媒介是指传播信息符号的物质实体。传播学者威尔伯·施拉姆在其经典著作《传播学概论》中提到："媒介就是插入传播过程之中，用以扩大并延伸信息传送的工具……"面向大众传播信息符号的物质实体，我们可以称之为大众传播媒介，它包括报纸、杂志、广播、电视、电影、书籍等。以传播新闻信息符号为主的物质实体是新闻媒介，它包括报纸、新闻性杂志、广播、电视等。

与此相对应的研究环节即媒介分析可以说一直以来都是传播研究领域的重点，并且具有极大的现实意义。其研究主要可以从微观和宏观两个角度进行：通过分析微观媒介个体的本体特征，以更好地驾驭和使用这种媒介；通过分析宏观媒介整体的生存环境，可以从中发现传播媒介如何满足社会政治、经济、文化等的需要，以实现其价值。这也是本书在研究互联网的相关问题时所采用的一个整体的脉络，即通过结构性的解析，既分析其本体的规律及特征，又从总体上看其对整个社会环境产生何种影响，并以此为出发点寻找其未来走向。

在传统的传播学研究领域中，对大众传播媒介的研究主要从以下几个角度展开：

①媒介的传播手段：是指媒介是用什么来传播信息的，即用什么传播符号。这是区别媒介的根本，也是认识媒介特点的出发点。

②媒介的时效性：不同的传播媒介在其信息传播速度上有着各自鲜明的特点。

③媒介的持久性：是指媒介保存信息以足够时间与受众接触的特性，与时效性呈反比，同时也因不同媒介而各不相同。

④受众参与媒介的程度：受众是带有目的和参与意识主动使用媒介的。受众对媒介的参与主要是指受众在接触和使用媒介的介入程度。受众参与程度不同，媒介也会有所不同。

从以上四个方面研究传播媒介可以比较全面地从本质上认识传播媒介的特点及规律。随着大众传播媒介的发展，尤其是进入网络时代之后，对传播媒介的研究角度也在不断调整，但对其基本特征的把握仍然是最关键的。

(4) 受者

接受者又称受众，是主动的信息接收者、信息再加工的传播者和传播活动的反馈源，是传播活动产生的动因之一和中心环节之一，在传播活动中占有重要的地位。

在人际传播和组织传播中，传播者和受传者相对存在，一定条件下，两者的位置可以互换，且两者主要在面对面的环境下完成传播行为，可以及时反馈并调整传播内容和方式。而在大众传播过程中的受众即受传者或阅听者，是对社会总媒介信息接受者的总称，具体可以包括报刊书籍的读者、广播的听众、电影戏剧的观众。他们能够决定一个传播内容、一个传播媒介，甚至传播者本身的生存前景。从这个角度来说，互联网的出现，改变的不仅是传播者与受传者的角色定位和相互关系，它也前所未有地使自我传播、人际传播、组织传播及大众传播这几种传播类型实现了完美的结合。

对受众问题的研究分析,主要围绕着受众的特点、受众的行为动机、受众的价值及其社会意义等方面展开。其中,有关传授关系的研究颇为关键,围绕着这一问题,传播模式中各环节的相互关系也在不断调整。

(5)效果

所谓传播效果,是指传播者发出的信息经媒介传至受众而引起受众思想观念、行为方式等的变化。效果研究主要集中在大众传播在改变受众固有立场、观点上有多大威力这一方面,但也涉及了大众传播对社会及文化所造成的影响。可以说,效果研究一直都是传播研究领域中历史最长、争议最大、最有现实意义的环节。

1981年,美国传播学家沃纳·塞佛林和小詹姆斯·坦卡德在综合前人研究的基础上对传播效果的研究轨迹作了概括性的总结,将其分为"枪弹论""有限效力论""适度效力论""强效力论"四个阶段,并指出其呈螺旋状前进的趋势。这些都是理论性概括总结,是侧重于对传播学研究历史进程的把握。这种宏观的研究为传播媒介的微观效果研究提供了诸多启示性的观点,如两极传播与舆论领袖的理论;使用与满足理论;创新与扩散理论;沉默的螺旋理论;等等。这些理论都是在总结传播现象之后建立理论模型并经过验证的,最重要的是它们对传播实践具有重要的指导意义。

从具体的传播效果来看,大众传播媒介的发展使个人可以方便快捷地了解身外的世界,受众所希望获得的国内国际范围内的政治、经济、军事、外交、文化、社会生活等方面的情况大多由大众传媒处获得。大众传播媒介在传播知识的同时,还将得到社会肯定的价值观传递给了受众,进一步加快了受众的社会化进程。此外,大众传播媒介还对群体、社会和文化发生作用。总而言之,这种效果是长期和潜在的效果,受众、传媒和社会相互作用,彼此独立而又统一、相互制约和促进着对方的发展。

3.5.2 "5W"理论在广告中的应用

(1)广告传播的主体"谁",即"广告主";
(2)广告传播的客体"说什么",即"信息";
(3)广告传播的中介"渠道",即媒体;
(4)广告传播的对象"向谁说",即"受众";
(5)广告传播的反馈"效果",即"广告评价"。

"5W"理论在广告中的应用如图3—9所示。

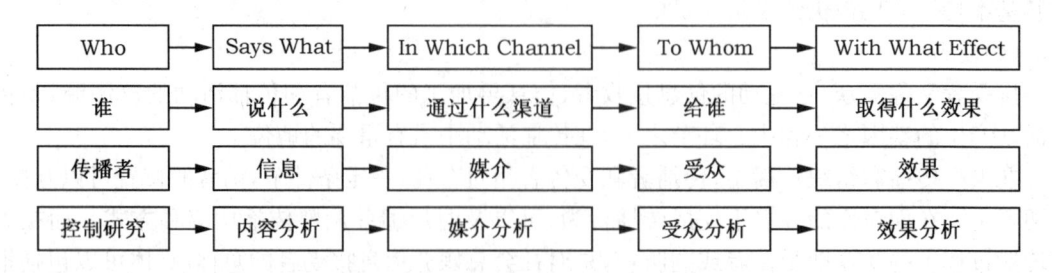

Who	Says What	In Which Channel	To Whom	With What Effect
谁	说什么	通过什么渠道	给谁	取得什么效果
传播者	信息	媒介	受众	效果
控制研究	内容分析	媒介分析	受众分析	效果分析

图3—9 "5W"理论在广告中的应用

3.6 "6W+6O"理论和认知理论

3.6.1 "6W"理论

营销学家将消费者的购买动机和购买行为概括为"6W"和"6O",从而形成消费者购买行为研究的基本框架。

(1)市场需要什么(What)——有关产品(Objects)是什么。通过分析消费者希望购买什么,为什么需要这种商品而不是需要那种商品,研究企业应如何提供适销对路的产品去满足消费者的需求。

(2)为何购买(Why)——购买目的(Objectives)是什么。通过分析购买动机的形成(生理的、自然的、经济的、社会的、心理因素的共同作用),了解消费者的购买目的,采取相应的市场策略。

(3)购买者是谁(Who)——购买组织(Organizations)是什么。分析购买者是个人、家庭还是集团,购买的产品供谁使用,谁是购买的决策者、执行者、影响者。根据分析,组合相应的产品、渠道、定价和促销。

(4)如何购买(How)——购买组织的作业行为(Operations)是什么。分析购买者对购买方式的不同要求,有针对性地提供不同的营销服务。在消费者市场,分析不同类型的消费者的特点,如经济型购买者对性能和廉价的追求,冲动性购买者对情趣和外观的喜好,手头拮据的购买者要求分期付款,工作繁忙的购买者重视购买方便和送货上门等。

(5)何时购买(When)——购买时机(Occasions)是什么。分析购买者对特定产品的购买时间的要求,把握时机,适时推出产品,如分析自然季节和传统节假日对市场购买的影响程度等。

(6)何处购买(Where)——购买场合(Outlets)是什么。分析购买者对不同产品的购买地点的要求,如消费品的方便品,顾客一般要求就近购买;而选购品则要求在商业区(地区中心或商业中心)购买,便于挑选对比;特殊品往往会要求直接到企业或专业商店购买;等等。

3.6.2 认知理论简介

一般认为,认知理论起源于格式塔心理学,形成于20世纪60年代末期。在广告中,消费者通过注意、知觉、表象、记忆、思维等一系列心理活动,对商品信息的处理过程就是认知。认知模式的理论基础是贝克等提出的情绪障碍认知理论。他认为:心理问题不一定都是由神秘的、不可抗拒的力量所产生;相反,它可以从平常的事件中产生,例如错误的学习,依据片面的或不正确的信息做出错误的推论,以及不能妥善地区分现实与理想之间的差别,等等。他提出,每个人的情感和行为在很大程度上是由自身认识世界、处世的方式和方法决定的,也就是说一个人的思想决定了他内心的体验和反应。

认知具有完整性、相对性、联想性、发展性、先占性、整合性等特点。

一个成功的广告,在于积极地利用有针对性的诉求,把广告主所需传播的信息进行加强,传递给广告受众,从而引起广告受众的注意,使广告受众对广告主的宣传发生兴趣,并进而刺激起广告受众的欲求,促使其产生相应的购买行为。

认知过程是广告受众对广告的各种感觉加以联系和综合的反映过程。

感情过程是广告受众对广告主观体验和感受的过程,这个心理活动过程形成了广告受众对广告的主观态度。

意志过程是广告受众的意志和行为过程,即广告受众确定行为目标并付诸实施的过程。

知识链接 3-5

广告认知心理

走在大街上,那些跳跃着闪着光的招牌总是更能引起人们的注意;那些"××元起"的字样也总能让人们觉得价格很便宜;而运用一些创造性的能引起人们思考的话语也总是吸引人们的眼球,为了吸引消费者,提高销量,人们总是花很大的工夫去设计自己的广告,因而也带来了一定的经济效益。

曾经不少次被这些广告所吸引,也很佩服这些设计广告的人,学习了心理学,才明白这不过是利用了知觉的原理。知觉的特性有选择性、整体性、恒常性和理解性。他们巧妙地运用了知觉的选择性,即在通常情况下,人们总是会选择知觉图形中的一部分作为对象,而另一部分作为背景,把自己的广告设计成大环境背景中的对象,因此吸引了消费者的目光。人们总是容易把静止环境中移动的刺激物选择为对象,于是那些跳跃着闪着光的招牌就成了消费者知觉中的对象;人们也容易把强度较大的刺激物选择为对象,于是对"××元起"的字样,人们大多只看到"××元"的字样,而忽略了那个小小的"起"字,因此觉得价格很便宜;而与周围事物形成对比的刺激物也总是容易引起人们的知觉,于是在周围都是通俗易懂的招牌的环境中,一些创造性的能引起人们思考的话语也总是吸引人们的眼球。

学习了认识心理学,对大街上形形色色的广告就该有了清醒的认识,不要再盲目地去消费了,努力做一个理智的消费者。

(资料来源:百度文库 http://baike.baidu.com/item/广告认知心理)

本章小结

本章详细探讨了广告基础理论的产生,是由于商品经济发展的需要,在广告实践的基础上融合心理学、营销学和传播学等学科而形成的。

定位理论由特劳特和里斯提出;USP即"独特的销售主张",由罗瑟·瑞夫斯提出。

"4P"即产品、价格、分销和促销,"4C"即顾客、成本、便利和沟通。

"5W"是构成传播过程的五种基本要素。

"6W+6O"理论构成消费者购买行为的基本框架。

受众接受广告的心理过程主要包括认知过程、感情过程和意志过程。

练习题

1. 你认为学习广告基础理论有何意义?
2. 广告定位理论分析包括哪些环境因素?分析的重点是什么?

3. "5W"理论构成的5要素是什么?
4. 以某一具体的企业为例,运用定位理论分析法分析该企业是如何进行市场定位的?
5. 如何提高广告的认知度?

案例分析

处处放光彩:立邦漆

立邦是世界著名的涂料制造商,成立于1881年,已有30年的历史,是世界上最早的涂料公司之一。1961年立时集团成立。1992年进入中国的立邦涂料,近年来在全球涂料厂家的排名一直名列前茅,是国内涂料行业的领导者。立邦一直以美化和保护人们的生活为己任,不断创造出品质优越的产品,立邦漆产品遍布世界各地,口号就是处处放光彩,支持其处处放光彩的基础就是种类多,共有100多种,按档次又分了几种,每一种漆又分为亚光、半光、全光好几种,这也是立邦漆的优点和优势所在。"我的产品色彩、品种齐全,只要有需求,就能满足你",这是它所营造的品牌形象。

立邦漆广告也做得非常好,可以把大楼变个颜色、汽车变个颜色,色彩缤纷,很好看。广告语言平和,信息也非常明确,不像其他企业一样称王称霸。中国许多企业认为自己的产品比较便宜,想分立邦漆一块市场蛋糕,但其与立邦漆做法类似,因此,直到今天也没有一家企业能与立邦漆平起平坐。

最初进入消费者视线的立邦形象广告是一个户外广告《宝宝篇》。这是立邦第一次在中国做户外路牌广告,它成功地运用了广告创意中常用的3B(Baby 宝宝、Beauty 美女、Beast 动物)原则,利用生动可爱的婴儿彰显立邦魅力。

这个广告的成功首先得益于强烈而生动的视觉元素。其次,在于广告整体格调的把握上轻松诙谐。广告的所有形象创意都是源于立邦漆一直以来的健康形象。最后,这个广告的创意是一反人们对于油漆类广告的印象。

立邦漆广告《新疆篇》。立邦漆的这个形象片为受众们展现了极具民族风情的一幅画卷。在早期立邦漆的形象广告中,我们可以看到的是一个普通的汉族家庭生活,而这里则通过对于少数民族生活的展现,告诉所有的人,其品牌在中国市场的精深程度,确实不愧于文案"处处放光彩"。

作品整体节奏把握得当,通过相同景物的前后对比,尤其是例如学堂、婚礼这些贯穿始终的场景,使得产品的作用愈加凸显;作品无时无刻不在提醒着人们,和上学、结婚一样,立邦已经是大家生活中不可或缺的一部分。

这个广告以音乐配合画面语言完成,没有出现一句台词,如果不是最后出现的"处处放光彩"的主题口号,活生生一部新疆风俗风光短片。立邦漆的广告恰恰做到了这一点,它渲染的那种田园式的生活色彩与牧歌式的生活情调,正是时下都市人所向往的。

随着时间的推移,国际化脚步的加速,以及竞争对手的增多,立邦品牌希望能够突破以前的品牌形象,创造出一个新的、能够与时代接轨的形象。作品以"我的灵感,我的色彩"为主题,通过对于色彩的张扬表现,注入了一种情感。作品的演绎较为单纯朴实,没有过于奇特夸张的创意表现和炫技的视觉处理,一切有关色彩意向的选择均源自普通百姓的生活经验。对色彩的演绎方式颇奏功效,整个广告片取景于阳光浓烈的南非,外景在制作后期鲜有改动,纯色天然。值得一提的是作品的音乐,开始的剧情伴随着电子琴缓缓进入,以淡色调和小范围的色彩为主,随着音乐的节奏感加强,一些大场面会融入,色彩也开始变得激烈起来,视觉语言和听觉接受嫁接得天衣无缝。

2008年,一个属于奥运、属于中国的一年,中国市场上的每个品牌都跃跃欲试地想在奥运商机中占得先机。在前一阶段品牌提升价值追求的品牌形象塑造后,作为几座北京奥运的重点体育场馆选为的指定涂料之一,立邦希望让消费者知道品牌对于奥运的参与。

首先,作品沿袭了品牌一贯的"色彩"主张,通过绚丽色彩的表现,采用强烈的视觉刺激,营造美的氛围,激发受众对美好生活的向往。

其次,在广告语的创作上,充分考虑到一个正在崛起的大国形象,宣言式的口吻足以体现来自中国的自豪与自信:"让世界瞧瞧中国的颜色!"

最后,视觉表现强烈而写意。沿用了上一个形象片泼漆手法所带出来难以意料的油漆表现,与各种运动员的力与美相结合。

现如今,广告已经成为人们生活中不可缺少的一部分,如果用一个简明的等式来表示即:广告＝科学＋艺术。科学是基础,艺术是表达。

我们都知道广告直接引导消费者行为,因此要准确了解和把握目标消费群体的心理和行为特征,可以通过研究认知理论,来引导消费者的购买行为。感觉是人脑对直接作用于感觉器官的外界事物的个别属性的反应;而知觉则是人脑对直接作用于感觉器官的客观事物的整体反应。利用人们的感知觉,对于广告宣传和创作来说,可以通过视觉、听觉和知觉这三种形式的刺激引导消费者。一个正常人从外界接受的信息中,80%～90%是通过视觉而获取的,广告活动可以通过对视觉器官的刺激使消费者产生兴奋而作为一种基本手段。视觉包括颜色、明暗、对比、视觉后像,在广告中尤其是颜色将对人的心理情绪和行为有着十分重要的影响。

(资料来源:张昊民:《营销策划》(第二版),电子工业出版社2010年版)

通过阅读上述案例材料,请思考以下问题:

(1)立邦漆如何通过广告认知理论的运用,让产品深入人心?
(2)请概括出案例中立邦漆运用了哪些广告基础理论?

第4章 广告主体

本章主要教学内容
1. 导入案例:"百年麦肯"
2. 广告组织
3. 广告代理制度
4. 广告人的教育培养

本章教学目的

通过本章的学习,掌握广告客户、广告公司和广告媒介是广告市场中的三个主体。广告组织具有不同于一般组织的行业特点,通过学习了解广告组织的主要类别,特别要熟悉广告公司的特点及其在广告活动中的重要作用。通过了解广告代理制的发展演变过程,掌握广告代理制的内容并深刻理解实施广告代理制的重要意义。对我国广告人才的培养状况有一个初步的了解。

4.1 导入案例:百年麦肯

麦肯世界成立于1902年,至今已有100多年历史。为了配合国际客户在国内的业务发展,于1991年底在北京成立了麦肯光明。10多年来,麦肯光明服务并保持长久合作关系的客户数不胜数,还发展了许多国内的大型客户,在国内的业务呈现良好的发展势头。

麦肯光明已经成为一个品牌。客户之所以选择麦肯,看中的是它的整合营销能力、高水平的创意、专业的客户服务与媒介服务能力和它庞大而又完善的服务网络。麦肯世界集团到目前为止,建立的广告公司遍布全球132个国家和地区,拥有205家分公司,保持着世界上最大、最完善的广告服务网络系统。而在这个网络中,麦肯与每家分公司都保持着密切联系,实现着集团化资源的全球共享。如果客户有朝着国际化发展的愿望和需求,通过麦肯的全球网络就可以办到。

与客户建立一种长期的合作关系,这就要求广告公司与广告主同时进步,不断丰富自己。

对广告公司而言,就是要求自己的员工更专业、更勤奋、更踏实、更有创意,公司管理更加完善、更具人性化、更与世界接轨、设备更先进;对广告主而言,就是要求其产品质量更好、产品或服务种类更加多样化、更具市场竞争力。这样才能促成广告公司与广告主之间的深度合作,使双方在品牌建立上达成共识,达到长久合作。"一切工作以客户为中心。"为此,麦肯光明的组织结构不再依据地域来区隔,而是开始实行客户小组制度,按客户需要来配置人员。有的客户总监,看似被降级使用了,但"给客户以最好的人才"这句话却从口号变成了现实。调整使效益显著提高,麦肯光明一举赢得了微软、统一和西门子等国际品牌的合约。

广告公司与客户的关系很微妙,既相辅相成又相互矛盾。随着市场的规范化发展,独资广告公司的进入和市场竞争的进一步加剧,两者之间相互依托的关系将更加紧密。麦肯通过与客户荣辱与共、长久合作,实现了共赢。雀巢、可口可乐、吉列、联合利华、强生、欧莱雅、美宝莲、固特异轮胎、朗讯科技……都是麦肯长期服务的客户。麦肯为其倾力打造的一系列经典广告,为这些企业长期的品牌建立和市场发展立下了汗马功劳。

在过去的若干年中,麦肯坚持致力于做有影响力的广告。这一原则具体体现在麦肯长期坚持的"Truth well told"的经营理念中,即:善诠涵意,巧传真实。以可口可乐公司为例,可口可乐公司是麦肯服务了60多年的客户,在这几十年间为了其品牌的建立,可口可乐公司与麦肯都付出了努力。从广告公司的角度来说,麦肯为可口可乐公司创作了许多经典广告,这些广告大都巧妙地与当时的时代背景、重大的历史事件及各个国家和地区的文化特点相结合。

麦肯重视广告人才的积聚和培养。作为国际广告业龙头之一的麦肯,积聚最富资质和培养最具潜力的优秀广告人才是其永无止境的工作。麦肯不仅鼓励而且要求员工做广告界名人、当广告界明星。只有广告人才充满个性活力,才有可能拿出不一样的广告,产生伟大的创意。麦肯正是以其卓越的创意水平闻名于世,经典的广告创意成就了许多世界名牌,也为企业带来了丰厚的市场回报。

为迎接中国广告业的光明未来,麦肯已经着手精心准备。这主要体现在三个方面:一是实施"人才管理计划",与哈佛大学商学院合作研发一套为麦肯公司量身定做的人才管理系统,它包含了培训方法和评估工具等许多专门工具,并争取在最快的周期内落实;二是制定"创造需求计划",一个对客户极具服务实效的系统,正在请专家评估中,也很快会投入运作;三是完善"全传播计划",通过购买重组包括"魔动行销"等多家活动行销和公关公司,丰富麦肯的"全传播服务网络"并使其更加灵动。颇富特色的品牌视觉管理公司也已经在操作中。

引述麦肯世界总裁约翰·J. 杜纳(John J. Dooner)的一段话来描述麦肯最为贴切:我们梦想要成为最好的,我们知道要达成这个梦想的关键建立于我们作业质量的基础上,我们的文化是基于我们要赢取及拒绝失败的决心,我们相信"白天"的责任是推动客户的传播营销工作,客户的成功就是我们的成功。

(根据麦肯中国地区首席执行官莫康孙和麦肯大中华区首席执行官彭德湘的有关材料、访谈记录整理)

思考:

1. 在广告公司、广告主与广告媒体这三个主体中,广告主拥有绝对的主动权,广告媒体享有媒体资源的独占权,而广告公司只有依靠专业服务能力才有立足的价值。我国加入WTO后,随着外资广告力量的不断加入,以及相关替代行业如公关、咨询业的兴起,面临更加激烈竞争的国内广告公司将如何寻求新的生存发展之道,找到适合自己的且具有竞争力的经营模式?

2."他山之石,可以攻玉"。跨国广告公司在长期经营中积累了雄厚的资金,建立起了规范的运作体系,拥有很强的品牌建设能力和经营管理能力。特别是它们在实施本土化策略和在市场扩张方面独具特色,本土广告公司可以从中汲取哪些经验教训?

4.2 广告组织

组织是通过协调活动来达到个人或集体目标的社会群体。它依靠自身的组织结构,在发挥组织功能的同时,实现组织的目标。组织具有结构性、功能性和目标性等特点。

作为行业组织之一,广告组织具有不同于一般组织的行业特点。广告组织是为了对广告工作实行有效管理,以便更好地完成各项广告业务而设立的对广告活动进行计划、实施和调节的经营机构。广告组织包括广告公司、媒介广告组织、企业广告部门和广告团体等。而目前在我国从事专业广告的组织主要有三类,即专营单位、兼营单位和代理单位。

4.2.1 广告公司

广告市场中存在着广告客户、广告公司和广告媒介这三个主体。而在以广告代理制为基础的广告经营机制中,广告公司处于广告市场的主导地位,它是实施广告代理制的中心环节。

广告公司就是专门从事广告代理与广告经营的商业性服务组织。广告公司按照服务功能与经营业务的不同,可以分为广告代理公司、广告制作公司和媒介购买公司。而不同类型的广告公司,也就相应地具有不同的组织形式和机构设置。

(1)广告代理公司

广告代理公司是为广告主提供广告代理服务的机构。它一般又可根据规模大小分为综合型广告代理公司和专项服务型广告代理公司。

综合型广告代理公司为广告客户提供全方位的广告代理服务,包括产品的市场调查和研究、广告战略的策划与执行、广告计划的具体设计与制作、广告媒介的选用与发布、广告效果的跟踪与反馈等一系列的活动。它还能为广告客户提供信息咨询、企业形象设计、大型公关活动等战略层面的服务和建议。随着信息技术的不断发展,全球市场竞争的日益加剧,综合型广告代理公司也开始由纯粹的广告代理越来越趋向于提供综合性的信息服务,日益集广告服务与信息服务于一体。

专项服务型广告代理公司的广告经营范围较狭窄,服务项目较单一,一般不承担广告运作的整体策划和实施。但它能满足特定广告客户的特殊需要,具有一定的专业优势,同时顺应了广告专业化分工的趋势,有利于广告专业水平的提高。一般来说,专项服务型广告代理公司又可分为三种:提供某一特定产业的广告代理专项服务,如房地产广告代理公司;提供广告活动中某一环节的广告服务,如广告创意公司、广告调查公司;提供特定媒介的广告服务,如户外广告、交通广告等。

综合型广告代理公司的组织机构通常既可以根据不同的职能来设置部门机构,也可以依照客户需要设置小组制的组织类型。职能型的广告代理公司大致由客户服务部、市场调研部、创作部、媒介部、行政部等几大职能部门组成。其中客户服务部是主导者和统筹者,它负有沟通、组织、推动、指引各部进行适当且有效的分工与合作的责任。而以个别客户服务为基础的小组制组织类型是将广告公司以个别客户或一组广告客户为服务对象,分成若干个专户小组。

每一专户小组就是一个功能齐全的独立的服务单位,为特定的客户提供系统的广告代理服务,包括调研、策划、创意、媒介、SP等各类人员,由一客户主管或客户监督协调工作,还可以根据具体情况下设若干品牌经理或客户执行人即AE(Account Executive)来具体负责一家客户或一组客户的不同品牌产品的广告宣传。专户小组服务制度比较适合较大的广告客户或较大的广告业务项目,运作较为协调、灵活,能适应各种不同广告客户的不同需要。

现代社会传播事业极为发达,广告客户需要广告公司提供全面服务,以满足其各方面的需要。只有具备一定规模和水准的广告公司,才有条件和能力为客户提供全面的广告策划和计划执行。广告公司的全面服务过程,一般可归纳为五个程序,即:研究—建议—提呈—执行—总结,按照"承揽业务—制定策略—设计制作—发布广告—效果调查"等几个环节来进行,有利于各部门围绕一个中心协同作战,形成一整套为客户提供全面服务的体制。它收集市场信息,分析消费趋势,把握流行动向,提出产品开发的意见;同时,对于企业形象建设、企业的发展战略、企业文化建设、售后信息收集与分析等提供咨询服务和建议。科技发展的日新月异,广播、电视、电影、录像、卫星通信、电子计算机等电子通信设备的发明,以及由此带来的信息技术革命,使广告作为一种行业得以成熟,广告公司也彻底摆脱了媒介掮客的角色,最终成为现代信息产业的重要组成部分。

(2)广告制作公司

广告制作公司,一般只提供广告设计与广告制作方面的服务。由于广告制作业务的专业性,广告制作从一开始就与广告代理分离,成为独立的广告业务服务机构,如平面广告制作公司、影视广告制作公司及路牌、霓虹灯、喷绘等专营或兼营制作机构等都属于这一类。它可以直接为广告客户提供广告设计和制作服务,也可以接受广告代理公司的委托,通过提供广告制作服务收取广告制作费用。广告制作公司最大的优势就在于它设备的精良和人员技术的专门化。随着科技和现代广告业的飞速发展,广告客户对广告制作的要求越来越高,广告制作设备和人员的投入也越来越大。所以,即使大型的广告代理公司,也日益倾向于委托专门的广告制作机构来完成其广告设计,而不再设置专门的广告制作部门。

(3)媒介购买公司

媒介购买公司的主要职能,是专门从事媒介研究、媒介购买、媒介策划与实施等与媒介相关的业务服务。它是早期广告代理中媒介代理职能的一种延续,又是适应现代广告业与广告市场变化的一种新发展。媒介购买公司一般设有媒介研究、媒介策划、媒介购买与媒介执行等几大业务部门,对媒介资讯有系统的掌握,能为选择媒介提供依据,能有效实施媒介资源的合理配置和利用,并有很强的媒介购买能力和价格优势。因此,媒介购买能力、媒介策划与实施能力以及巨额资本的支持是媒介购买公司生存和发展的必备条件。

从全球范围来看,独立的媒介公司及媒介购买公司呈现快速发展的趋势。而目前在我国,媒介集中购买是广告媒介业务发展的大势所趋,这一点也得到了业界的普遍认同。我国第一家专业媒介购买公司是1996年在北京由盛世长城(Sattchi & Sattchi)与达彼思广告公司合并成立的"实力媒体"(Zenith Media)。1997年智·威·汤逊与奥美广告公司在上海组建了"传立媒体"。中央电视台的未来广告公司、北京的海润国际、上海的兆力媒体和广州的大网与东升媒体等,都是国内较有影响的媒介购买公司。

知识链接 4-1

世界十大广告公司

1. 奥姆尼康(Omnicom)——全球规模最大的广告与传播集团

全球广告业收入排名：第一位。

下属主要公司：天联广告(BBDO)、恒美广告(DDB)、李岱艾、浩腾媒体。

2. Interpublic——美国第二大广告与传播集团

全球广告业收入排名：第二位。

下属主要公司：麦肯·光明、灵狮、博达大桥、盟诺、万博宣伟公关、高诚公关。

麦肯·光明：全球仅次于电通的第二大广告代理公司。

灵狮：源于联合利华广告部的"蓝色"。

3. WPP——英国最大的广告与传播集团

全球广告业收入排名：第三位。

下属主要公司：奥美(Ogilvy & Mather, O&M)、智威汤逊(J Walter Thompson, JWT)、电扬、传力媒体、尚扬媒介、博雅公关、伟达公关。

WPP 的广告客户：喜力啤酒、亨氏食品、诺基亚、罗氏制药、辉瑞、福特汽车、英美烟草、美国运通、AT&T、格兰素史克、IBM、雀巢、联合利华和菲利浦—莫利斯等超大型跨国公司的知名品牌。

智威汤逊：品牌创建为先。

奥美整合传播：业务众多的"360度品牌管家"。

奥美环球(Ogilvy & Mather Worldwide)于1948年由"现代广告之父"大卫·奥格威(David Ogilvy)在纽约始创。

目前，其在中国的客户包括 IBM、摩托罗拉、宝马、壳牌、中美史克、柯达、肯德基、上海大众、联合利华和统一食品等。

4. 阳狮(Publics)集团——法国最大的广告与传播集团

全球广告业收入排名：第四位。

下属主要公司：阳狮中国、盛世长城、李奥贝纳公司、实力传播、星传媒体。

实力传播：在华规模最大的媒体购买公司，是全球第4大媒体购买公司。

5. 电通——日本最大的广告与传播集团

全球广告业收入排名：第五位。

下属主要公司：电通传媒、电通公关、Beacon Communications。

6. 哈瓦斯——法国第二大广告与传播集团

全球广告业收入排名：第六位。

下属主要公司：灵智大洋、传媒企划集团、Arnold Worldwide Partners。

7. 精信环球——最具独立性的广告与传播集团

全球广告业收入排名：第七位。

下属主要公司：精信广告、Grey Direct、GCI、领先媒体、安可公关。

该公司为宝洁服务的时间超过40年。

8. 博报堂——日本最具创意的广告集团

全球广告业收入排名：第八位。

下属主要公司：博报堂广告，是日本排名第二的广告与传播集团，也是日本历史最悠久的广告公司。1996年9月与上海广告有限公司合资成立上海博报堂广告公司，并于1998年和2000年先后在北京和广州设分公司。

9. Cordiant——全球第九大广告集团

全球广告业收入排名：第九位。

下属主要公司：达比思广告。

2003年6月，广告界传出重要消息：全球第三大广告集团WPP在与第四大广告集团阳狮及主要债权人赛伯乐（Cerberus）的竞标中胜出，以4.45亿美元收购陷入财务危机的Cordiant。

10. 旭通——日本第三大广告与传播集团

全球广告业收入排名：第十位。

下属主要公司：旭通广告、ADK欧洲。

（资料来源：MBA智库 http://wiki.mbalib.com/wiki/世界十大广告公司）

4.2.2 媒介广告组织

在广告市场中扮演着极为重要角色的媒介是广告行为主体之一，其广告职能是通过媒介的广告部门来具体实现的。媒介最初的广告经营，是集承揽、发布等多种职能于一身。随着现代广告业的不断发展成熟和广告经营机制的确立，媒介广告经营的职能和角色也相应地转变为专司广告发布之职。但由于各个国家和地区的具体情况不同，广告经营运作方式也不同，媒介的广告机构也就根据媒介在广告经营中所实现的具体职能来设置。不同的国家和地区的媒介广告职能不同，决定了广告机构设置的不同。

在实行完全广告代理制的国家和地区，媒介在广告经营中一般只承担广告发布的职能，向广告代理公司和广告客户出售媒介版面和时间，是媒介广告版面和时间的销售部门。如在最先实现和完成媒介广告职能和角色转换的美国，其广告业高度发达，实行着完全广告代理制，媒介以不直接与广告主接洽为原则，除分类广告外，媒介只承担广告发布的职责。由于职能和业务内容单一，这类媒介的广告部门机构设置就较为简单，称为广告局或广告部，下设营业部门、编排部门、行政财务部门等几大部门。营业部门负责对外的业务联络和接洽，编排部门负责广告的刊播，行政财务部门负责行政财务方面的管理，督促广告费的及时回收。

而在没有推行广告代理制或没有实行完全广告代理制的国家或地区，媒介不仅负责广告的发布，还兼任广告承揽与广告代理之职，其媒介广告部门的机构设置就较为复杂。日本与我国媒介广告部门的机构设置大体相同。如在日本，其广告产业结构与美英等国截然不同，媒介的广告经营职能与广告公司并没有明确划分，几乎就与广告公司相同。日本的媒介不仅接受广告公司的广告代理，发布广告，也直接向广告主承揽广告，为广告主提供广告制作及市场调查等多种服务。在我国，广告代理制还处于逐步推行阶段，除规定外商来华做广告必须经由广告代理外，媒介的广告经营几乎与广告公司没有差别。实行严格意义上的广告代理制，即对媒介的广告经营实行广告承揽与广告发布职能的真正分离，使媒介专司广告发布，应是我国广告业今后发展的努力方向。

4.2.3 企业广告部门

企业广告部门作为现代企业营销组织的重要组成部分,在现代企业营销中所发挥的作用越来越大。企业的广告管理与组织,受制于企业对广告的认识,也从属于企业的整体管理与组织形式。从我国企业的广告管理现状来看,其广告管理组织大致可分为公关宣传型、销售配合型和营销管理型三类。

公关宣传型的广告管理模式是基于企业广告的宣传功能定位,将企业广告纳入企业的行政管理系统,是企业行政职能部门的一个分支机构。这种模式比较注重企业的形象推广和企业的内外信息沟通,但也存在着广告运作缺乏时效性和针对性、脱离市场等缺陷。

销售配合型的广告管理模式,是目前国内外较多采用的一种模式,企业的广告组织从属于企业的销售部门,其主要作用在于销售配合。也就是企业的广告组织在行销主管的管理下,与企业的其他行销部门一起,共同为企业行销服务。在实际操作中,又可以分为以市场或产品为基础的两种组织管理类型。

比如,在美国的大部分消费品行销组织实行的"品牌经理制"就是以产品为基础的组织管理类型,它最早始于1929年的美国宝洁(P&G)公司。而目前我国国内企业较多采用的是以市场为基础的广告管理组织模式。其广告的管理与执行,表现出明显的层级性,企业的广告部门,既是企业的广告管理部门,又是企业的广告执行与行销服务机构。销售配合型的广告管理模式能更好地发挥广告的直接销售效果,但因过分强调广告对销售的配合,影响了企业对广告的长期规划管理,并且由于管理与执行层次繁多,也影响了广告传播的整体效果。

营销管理型的广告管理模式将企业广告部门从具体的销售层次中分离出来,提升为与其他职能部门并列的独立机构,是企业营销的重要推广组织和企业实施整体发展战略的重要组成部分。它注重将企业广告的宏观决策、组织管理和具体实施结合起来,减少了企业广告的管理层次,加强了企业广告的统一管理和长远规划,有利于企业广告资源的充分开发与合理调配。

不管企业采取何种广告管理模式,其广告基本运作程序却是大体一致的,也就是企业广告运作一般都要经过广告决策—确立企业广告基本战略思想和总体战略目标、广告计划—确立并制定出切实可行的具体广告计划、广告执行—广告计划的具体实施四个阶段。

在具体运作中,我国企业广告主要有自我执行和委托代理执行两种方式。所谓自我执行,就是企业配置了功能齐全的广告部门组织,其广告部门承担了企业广告运作的一切工作和职责。这与我国的广告代理制度尚未完全成熟有关。而实际情况是,企业广告运作要达到完全自我执行,难度极大,有必要实行部分代理,把企业依靠自身力量难以完成的广告运作环节如广告策划与制作等委托广告代理公司代理,以减少不必要的资源消耗。相应地,委托代理执行的方式能极大提高企业广告效率,增强企业广告的投入产出比,是现代广告发展的需要,也符合企业发展的根本利益。

4.2.4 广告团体

广告团体主要是指广告行业组织,由从事广告业务、广告研究、广告教育或与广告业有密切关系的组织和人员自愿组成,对促进广告行业的业务交流、沟通协调及增强行业自律和管理具有重要的作用。

广告行业组织按照地域范围可分为国际性广告行业组织、地区性广告行业组织和国内广告行业组织。

　　国际性的广告行业组织主要有国际广告协会、世界广告行销公司等。它的出现，对于协调、促进各国广告界的交流与合作，提高广告业务水平做出了重要贡献。

　　创建于1938年的国际广告协会，简称IAA，是目前最大和最权威的国际广告组织，总部设在美国纽约。它是由个人会员和团体会员组成的非营利性组织，会员遍布世界近80个国家和地区。该协会每两年召开一次世界广告会议，交流广告经验并探讨有关广告理论与实务方面的问题。我国于1987年5月12日以"国际广告协会中国分会"的名义加入了国际广告协会。

　　世界广告行销公司，简称WAN，由世界各地著名的广告公司组成，总部设在英国伦敦。该组织主要为成员提供业务帮助，如培训人员、交流国际经济与市场动态的信息等。

　　地区性广告行业组织如亚洲广告协会联盟等。亚洲广告协会联盟，简称亚广联，成立于1978年，是由亚洲地区的广告公司协会、与广告有关的贸易协会和国际广告协会在亚洲各国、各地区的分会等联合组成的洲际广告行业组织，每两年召开一次广告会议。它是一个松散型的组织。我国于1987年6月14日以"亚洲广告联盟中国国家委员会"的名义加入亚广联。

　　我国最早的广告行业协会组织，是1927年由上海6家广告社成立的"中华广告公会"，后几经改名，在1933年定名为"上海市广告同业公会"，新中国成立后更名为"上海市广告商业同业公会"。

　　1979年我国的广告市场得以恢复和发展，广告行业组织也获得飞速发展。1981年，中国对外经济贸易广告协会成立；1983年，中国广告协会成立。随后，全国相继成立了省、市、地、县等各级广告协会，各地区的媒介也先后成立了广告协会组织。其中，中国广告协会是我国最大的全国性广告行业组织，会员为团体会员，由国内的广告经营单位联合组成，每两年举行一次会议。其最高权力机构是会员代表大会。它对我国的广告行业具有较强的指导力和监督力。

知识链接4-2

汉狮影视广告有限公司

　　汉狮一直专注于影视广告定位传播，基于对定位战略的实践研究，为企业提供专业的影视广告传播策略、受众研究、创意及制作服务。

　　10多年来，汉狮多次成功运用独有的"心智链接"方法，通过影视广告帮助众多强势品牌抢占和巩固了品类领导者的位置。

　　汉狮服务客户包括王老吉(现加多宝)、可口可乐、三星、AIA、蒙牛、唯品会、梦天木门、国美、苏宁易购、ABB、欧派、慕思、香飘飘、中国电信、绿瘦、黑人牙膏、南方航空、劲霸男装、特步、恒安、好想你枣、金龙鱼、羚锐制药、江中制药、广发银行、平安银行、韩国乐天集团、韩国现代银行等著名品牌。

　　同时，汉狮长期为国内、国际各大综合广告代理商提供创意咨询、拍摄制作服务，拥有中国最大的全球制作资源库，与世界顶尖导演、明星模特经纪公司、音乐公司、三维公司、后期公司、制作公司保持着紧密的合作关系。作为中国最大也是最早与韩国制作团队合作的影视广告公司，汉狮是韩国前三大制作公司的中国指定协拍公司、韩国影视广告中国协作基地。

　　(资料来源：百度百科 http://baike.baidu.com/item/促销广告)

4.3 广告代理制度

广告代理制是指广告代理方(广告经营者)在广告被代理方(广告客户)所授予的权限范围内开展一系列的广告活动,就是在广告客户、广告公司与广告媒介三者之间,确立广告公司为核心和中介的广告运作机制。它是国际通行的广告经营与运作机制。广告业现代化的主要标志之一就是在整个产业结构中,广告代理公司处于中心地位。而对于相对滞后的我国广告业而言,媒介处于中心和强势地位,有"强媒介弱公司"的说法。广告代理制的最终确立与实施仍是我国广告业今后发展的努力方向和基本趋势。

4.3.1 广告代理制度的产生与发展

伴随着社会经济的发展需求和广告业自身发展的内在要求,广告代理制从最初的萌芽——广告代理店演变成为现代的、能够为客户提供系统而又全面的综合服务,其间经历了漫长的岁月。

早期的广告代理,从属于报业。因为最早承揽并发布广告的大众传媒是报纸。此时的广告代理主要是报纸广告版面的销售代理,被称为"版面销售时代"。1841 年,美国人沃尔尼·B. 帕尔默在费城建立了第一家脱离媒体的、独立的广告代办处,专门为他所代理的各家报纸兜售广告版面,充当广告客户的代理人,并从报社收取 25%的佣金。它被视为现代广告代理的最早萌芽,也是美国和世界上最早的广告代理店。

1865 年,乔治·P. 罗威尔在波士顿创办了与今天的广告代理公司更为相似的媒介——掮客公司。他与百家报纸签订了版面代理合同,收取报社 25%的佣金,再把版面分成小的单位零售给广告主,获利丰厚。1869 年罗威尔又出版了《美国报纸导读》,公开发表美国和加拿大多家报纸的估计发行数量,并向广告代理商和广告客户提供各报的版面价格,为广告客户选择媒介提供参考依据。罗威尔所从事的广告版面的买卖业务虽然仍是单纯的媒介代理,但比早期的广告代理又进了一步。它正式摆脱了报社附庸的地位,减轻了媒介经营广告的风险,初步具备了真正意义上的广告代理性质。

1869 年,弗朗西斯·W. 艾尔在美国开设了艾尔父子广告公司,其经营重点从单纯为报纸推销广告版面,转向为客户提供专业化的服务。他站在客户的立场上,向报社讨价还价,帮助客户制定广告策略与计划,设计与撰写广告文案,建议与安排合适的广告媒介。同时,艾尔父子广告公司实行"公开合同制",规定广告代理店为广告客户和广告媒介提供服务,其代价是将真实的版面价格乘以一定的比率作为佣金,还进一步将广告代理佣金固定为 15%。这一制度于 1917 年在美国得到正式确认,并一直沿用至今成为国际惯例。广告历史学家称艾尔父子广告公司为"现代广告公司的先驱"。

这一时期独立的、服务专业化与多样化的广告代理公司的出现,广告客户与广告公司的代理关系以及广告代理佣金制度的建立与确认,标志着现代意义上的广告代理制度的真正确立。

自艾尔父子广告公司奠定广告代理制度的基本形态之后,经过约半个世纪的发展,到了20 世纪 30 年代以后,专业意义上的广告代理制在美国基本形成,并相继在广告业比较发达的日本、美国、法国等国家和地区普及,逐渐成为国际通行的广告经营机制。广告公司开始全面代理广告客户的广告活动,在广告客户授予的权限范围内,完成有关环节的各项工作,包括市场调查、广告策划、广告设计与制作、广告文案撰写、广告发布、广告效果测定等一系列服务项目。广告公司的广告代理方案获得广告客户的认可并付诸实施后,可以从所代理广告的媒介刊播费中获得15%的媒介代理佣金,在制作过程中各项支出总额的基础上获得17.65%的加成。

广告代理制的确立与实施,确立了广告公司在广告运作中的中心地位,对广告公司的实力与水平提出了更高的要求。随着经济全球化趋势的日益加强,广告经营的国际化、规模化成为必然。同时,现代高新科技特别是信息通信技术的不断发展,也使得全球性的广告媒介和全球性的广告运作有了可能。自20世纪70年代开始至90年代,西方许多大型广告公司相继实施了规模化经营的发展战略,走上了国际化发展的道路。国际化、规模化的广告经营,大大降低了广告成本,增强了广告公司的活力与实力。

进入21世纪,整合营销传播成为广告公司的努力方向,对广告公司的全面代理能力提出了更高的要求,广告代理的业务范围又进一步扩展。广告代理活动在变得更为精细的同时,又要求广告代理公司能够根据消费者的具体情况确立统一的传播目标,有效发挥各种不同的传播手段向消费者传达本质上一致的声音,为广告客户提供包括广告传播、公共关系、形象策划、包装与新媒介、直销、CI等内容的综合型服务,为企业的整体市场营销战略提供全面的、专业化的服务。这与广告代理兴起之初的简单的媒介代理已有了根本性的不同,对当今的广告代理公司无疑是巨大的新挑战。

4.3.2 广告代理制的内容

广告代理制主要包括广告公司的客户代理和媒介代理、代理服务的业务范围及代理佣金制等内容。客户代理和媒介代理,构成了广告公司代理业务的主要范畴。广告代理制突出了广告代理公司在广告运作中的中心地位和作用。

广告代理具有双重代理的性质:一方面,它全面代理广告客户的各项广告活动。在广告代理制度下,广告客户必须委托有广告代理权的广告公司代理其广告业务,不得与广告媒介单位直接联系发布广告(分类广告除外),这样可以有效保证广告客户的广告投入的效益。另一方面,它又代理媒介的广告时间与广告版面的销售,为媒介承揽广告业务。也就是说媒介单位不能直接面对广告客户承接广告的发布、设计和制作等业务,这些活动都应该归属于广告公司的业务范畴。

广告公司在双重代理、双向服务的过程中,其经营收入主要来自为媒介出售广告版面和广告时间而获取的佣金。按国际惯例,代理佣金的比率为:大众传播媒介的佣金比率是广告刊播费的15%,户外媒介的佣金比率为16.7%。在我国,承接国内广告业务的代理费为广告刊播费的10%,承办外商来华广告的代理费为广告刊播费的15%。

国际广告界在收取广告制作费方面也有一定的标准,即广告客户除了如数提供给广告公司各项广告制作支出外,还要给广告公司17.65%的加成,这是对广告公司代理其广告制作活动的报酬。而这也正好与媒介代理佣金一致。

虽然广告公司的代理佣金主要来自媒介,其15%的媒介佣金比例是固定的,但这容易引起广告客户的不满,因为对于广告公司而言,媒介传播广告的总费用越高,广告公司的代理收入就越多。为缓解双方矛盾,此后又出现了协商佣金制、实费制、议定收费制、效益分配制等收费制度。

协商佣金制,就是广告客户与广告公司经过协商确定一个小于15%的佣金比例,广告公司在得到媒介15%的佣金后,将超出协议佣金比例的部分退还给广告客户。这在一定程度上保护了广告客户的利益,主要适用于媒介支出费用较大的广告代理业务。

实费制,就是按照广告公司实际的成本支出和劳务支出计算其广告代理费。广告公司依据各项实际支出的凭证向广告客户如实报销,并根据各项业务所花费的时间获取相应的劳务报酬。同时,广告公司在获得媒介15%的代理佣金后,须向广告客户如实报告,并退出超过其劳务费用的部分。但如果其所获得的媒介代理佣金低于劳务费,则由广告客户补齐所缺部分。

议定收费制是实费制的补充形式,就是广告客户与广告公司针对具体个案,在对广告代理成本进行预估的基础上,共同商定一个包括代理酬金在内的总金额,由广告客户一次性付清给广告公司。此后在实际运行过程中,广告公司自负盈亏,与广告客户无关。议定收费制可以避免广告客户与广告公司之间可能引发的付费纠纷。

效益分配制,就是广告公司可以按一定的比例从它所代理广告的实际销售额中抽取相应的利润,但如果广告不能促进销售,则得不到利润回报。这就将广告代理的权利和责任紧紧捆绑在一起,使广告公司必须承担广告代理活动的风险。

4.3.3 实施广告代理制的条件及意义

一方面,全面实施广告代理制的必要条件是需要有与之相匹配的完善的市场经济环境和成熟的广告市场环境,没有经济的繁荣,没有发达的市场经济体制和良好的行业环境,广告代理制就不可能顺利推行;另一方面,广告公司自身的状况和能力又是能否成功实施广告代理制的决定性因素。

广告代理制的实施,牵涉到广告市场中广告客户、广告公司和广告媒介这三个主体。而在以广告代理制为基础的广告经营机制中,广告公司处于广告市场的主导地位,从本质上说,广告公司是实行广告代理制的中心环节。

广告公司要从事广告代理活动,首先必须获得有关政府管理部门的认可,并取得合法的代理资格,才能在规定的范围内从事相应的广告代理活动,即广告公司代理广告业务必须得到广告客户或广告媒介的认可与委托。其次,提高广告公司自身的代理能力是增强其竞争能力的唯一途径,而高水平的各类广告专业人才、精良的广告制作设备和先进有效的内部管理机制是实现这一途径的有力保障。再次,具备充足的流动资金和雄厚的经济实力是媒介代理的前提。

当前,我国正大力发展社会主义市场经济,这有利于广告业的长足发展,有利于广告代理制的全面实施;但同时我国的市场经济体制还未发育成熟,全面推行广告代理制的市场经济环境还不完全具备,在广告业高速发展的背后,也存在着一些阻碍广告业规范发展的消极因素。其中,最大问题就是广告客户、广告公司、广告媒介三者之间的关系还没有真正理顺,分工不明确、广告行为不规范、行业结构不合理等问题使得广告经营秩序显得颇为混乱。

广告代理制的实施,有利于促进广告行业的科学化、专业化建设,有利于提高广告业的整体水平和消除行业内的不正当竞争,明确广告客户、广告公司、广告媒介各自的权利和义务。只有真正全面推行国际通行的广告经营机制——广告代理制,才能使广告市场的三个主体各司其职,各就其位,充分发挥广告业对经济发展的巨大促进作用,使我国广告业朝着健康、规范的方向发展;而本土广告公司在我国加入世界贸易组织后,在面临跨国广告公司、国际性传播公司、营销顾问公司等业内、业界间的激烈竞争时,只有不断提高自身实力,改变服务观念和方式,从零散运作转向集约运作,从经验型服务转向专业化和科学化服务,才能在资本力量和专业化服务的新一轮洗牌中不被淘汰出局。只有这样,我国广告业才能迅速地适应并融入国际大市场中，顺利实现与国际市场的接轨，在激烈的国际竞争环境中求得生存与发展。

小资料：什么是 4A 广告公司

4A 的本意是美国广告公司协会 American Association of Advertising Agencies 的缩写，4A 协会对成员公司有很严格的标准，所有的 4A 广告公司均为规模较大的综合性跨国广告代理公司。它于 1917 年在美国的圣路易斯成立，可以说是全球最早的广告协会。从那时开始，广告公司逐渐发展成为"full service advertising agency"，人们将这样的广告公司称为全面广告代理服务公司。4A 的概念由美国迅速扩展至全球并获得广泛认同。之后，在中国的台湾、香港地区也套用了 4 个 A：the association of accredited advertising agents。在中国大陆，广州率先成立了 4A 协会，即"广州市综合性广告代理公司协会"，成员有本土公司，也有外资公司。随后上海和北京也先后成立了 4A 协会。

1979 年我国改革开放时，第一家外国广告代理商日本电通公司开始为日本家电产品在中国市场做广告。从 20 世纪 80 年代日本家电进入我国市场以来，越来越多的外国品牌进入中国市场，伴随着客户的市场开拓，跨国 4A 广告公司紧随而来。1998 年全球前 10 名广告公司都在中国设立了合资公司。由于大量国际品牌涌入中国市场，跨国 4A 广告公司在中国的发展非常迅速，1996 年开始，它们除了服务于跨国企业客户外，纷纷争取国内企业大品牌客户，开发国内市场，给本土广告公司带来较大的冲击。

4.4 广告人的教育培养

在现代高度发达的信息社会，国力竞争归根到底就是人才的竞争。而作为现代信息产业一部分的广告行业，更将成为知识、信息、技术密集型的新型产业，在未来社会中占有十分特殊的重要位置，也必将对社会经济体系和人们的生活方式产生深刻的影响。

21 世纪，人类社会又将进入一个加速发展时期，其发展速度和发展结果都难以预测。而全球化经济、全球化贸易对全球化广告传播的现实需求对 21 世纪的广告实践和广告人也提出了新要求。根据 WTO 广告服务承诺时间表确定的外商进入我国广告市场的条件和程序，外资广告公司和本土广告公司将在同样环境下公平竞争。全球市场一体化趋势的不断加强以及中国开放程度的不断提高，就更需要能够胜任国际市场营销、国际传播的人才。

调查资料显示，现代广告业急需的五类人才分别为：了解国际市场、通晓国际广告运作经验和具备较强沟通能力的人才，有敏锐洞察力和市场驾驭能力的高级管理人才，具有整合营销、传播、策划能力的复合型人才，能够自己进行创作、设计的人才，高层次的各类广告制作特别是擅长影视广告策划设计和制作的专门人才。

同发达国家广告业发展水平相比，我国的广告业明显落后于世界广告的发展水平，主要存在四个方面的欠缺与不足，即：尚未形成具有国际竞争力的民族广告企业集团；能够为企业提供全面品牌服务的广告公司为数甚少；广告创意、设计水平同国际先进水平差距明显；先进设备、技术、材料在广告业中的应用还不够广泛。许多跨国广告公司人员总体水平高、复合型人才多。而我国本土广告业缺乏高水平的广告人才，特别缺乏整合营销传播、广告策划、市场调研、创意整合制作方面的人才。

目前我国广告专业人才的匮乏，广告人才素质有待提高，是亟须解决的突出矛盾和问题。

而加快发展我国广告事业的关键是培养人才，培养人才的核心就是教育。

1993年7月，国家计委和国家工商局共同制定了《关于加快广告业发展的规划纲要》，把培养广告专业人才的任务提到了非常突出的地位，对广告行业培训和广告学历教育提出了具体目标和要求，提出了适合我国广告业发展现状的行业培训和学历教育并重、两条腿走路的基本方针。广告业对专门人才的巨大需求，有力推动了广告学历教育的发展。

中国经济的高速发展，造就了中国广告业，也推动了中国广告教育事业的迅猛发展。中国20多年广告教育发展的成绩令人振奋。这不仅表现为办学数量的增长和规模的扩张，还表现为办学规模的科学化以及办学质量的显著提升。我国的广告教育呈现如下特点：起步晚、发展快，由少到多、由低到高。1983年6月，厦门大学新闻传播系创办了我国第一个广告学专业，从而结束了我国高等教育中广告学专业空白的历史，开创了我国大专院校广告知识的正规教育。1993年，北京广播学院广告专业正式招收广告学方向的硕士研究生，标志着我国的广告教育开始向高层次迈进。从1983年到1992年，全国只有6所院校成立了广告学专业，而随后的10年，可谓是突飞猛进，至2003年底，全国已有约200所院校开设了广告学系或专业。

我国的广告教育在广告学专业设置发展过程中逐渐形成了专科生、本科生、研究生的多层次专业结构，以及导师专门指导、面授、函授、双学位的多样化办学模式，广告专业设置的体系在不断完善。广告教育正从高速走向高质，这是广告学科发展的内在需求和必然趋势。

广告学是在许多边缘学科的基础上发展起来的一门综合性的独立学科，广告作为一个充满竞争性的行业对人才的素质要求是很高的。同时，广告面临的是瞬息万变的国际、国内市场，对广告信息进行审定、检索、选择、组织、评价和交流的能力就成为衡量广告人才的一个很重要的因素。因此，在现代信息社会对广告人才的培养首先就要注重实际能力和创新精神的培养，使其能适应快速变化的社会环境。

广告学又是一门实践性很强的应用学科，因此要注重教学、科研与实践相结合，大力加强实践性教学环节，为业界培养和输送大批既熟悉中国传统文化、对现代社会消费时尚有着敏锐洞察力，又懂得国际市场营销、广告策划创意和媒介组合运作的创新型、复合型的高级广告专业人才。不仅培养学生的广告技能，而且培养他们对中国传统文化的深刻认识以及熟练运用新媒介技术、熟悉国际化背景下的营销策划、资本运作和广告信息传播的综合能力，做到知识的"广博"与"专门"的完美结合。这就要求学生不仅要有宽厚的专业基础知识、基本技能和创新意识，而且还要具有扎实的文化功底、艺术修养和开阔的眼界、富有激情的创作欲以及良好的团队合作精神。

总之，广告人才的培养必须加强系统性。继续坚持两条腿走路：一方面抓好行业培训和职业教育，区分不同的档次，除了一般的从业资格培训外，广告监督管理机关和行业组织还要注意抓好高级广告经营人才的培训和业务交流，为我国的民族广告业开辟国际市场做好人才储备；另一方面抓好学历教育，注意广告业内部专业人才的定向培养，各院校结合自己的学术和教学优势，各有侧重地办好广告专业。例如，新闻院系可以侧重于媒介经营人才的培养和传播学基础的教学；经济院系可以侧重于市场调查、品牌策划的人才培养和工商管理学基础的教学；艺术院系可以侧重于广告设计、制作人才的培养和美术基础的教学；而专门的广告院系要注重广告学基础理论的教学，注重有中国特色的广告市场环境、法制环境的教学，为广告企业管理、广告行政管理和广告学研究培养后备人才。

美国用了大约100年的时间来建立和完善广告学。同样地，建立符合中国国情的广告教育体系、建立中国的现代广告学也需要我们每一位广告管理者、广告从业者、广告教育者、广告研究者长期不懈的努力。

本章小结

广告组织具有不同于一般组织的行业特点。广告组织是为了对广告工作实行有效管理，以便更好地完成各项广告业务而设立的对广告活动进行计划、实施和调节的经营机构。广告组织包括广告公司、媒介广告组织、企业广告部门和广告团体等。

在广告市场中存在着广告客户、广告公司和广告媒介这三个主体。而在以广告代理制为基础的广告经营机制中，广告公司处于广告市场的主导地位，它是实施广告代理制的中心环节。广告公司就是专门从事广告代理与广告经营的商业性服务组织。广告公司按照服务功能与经营业务的不同，可以分为广告代理公司、广告制作公司和媒介购买公司。

信息技术革命的不断发展，使得广告作为一种行业得以成熟，广告公司也彻底摆脱了媒介掮客的角色，最终成为现代信息产业的重要组成部分。广告公司日益趋向于为广告客户提供全面的综合型服务，以满足其各方面的需要。

练习题

1. 广告组织主要有哪几种类型？请简要说明其中的一种。
2. 广告公司是广告市场主体之一，分别说明广告代理公司、广告制作公司和媒介购买公司等的不同特点与作用。
3. 了解媒介广告组织和企业广告部门的一般特点。
4. 列举国际、国内一些重要的广告团体。
5. 什么是广告代理制？简述广告代理制的发展过程。
6. 广告代理公司如何进行双重代理？了解广告代理佣金的内容。
7. 论述在我国全面推行广告代理制的必要性及其重要意义。
8. 广告人才的培养是加快我国广告事业发展的关键要素之一。作为广告后备人才的你，将如何架构自己的知识体系？

案例分析

跨国广告公司在中国的发展

在全球广告市场上，最著名的有六大集团：奥姆尼康、WPP、Interpublic(IPG)、阳狮、电通以及哈瓦斯(Havas)。各集团下面都有很多子公司，为客户提供广告、市场营销、公关、网络营销、客户关系管理和咨询等服务。2003年，这六大集团的业务量占全球广告市场总份额的66％。其中，WPP是目前中国最大的广告集团。

总的来说，跨国广告公司进入中国的步骤可分三个阶段。第一个阶段是1992年之前。主要事件是1980年日本电通公司在北京成立了第一个事务所，这是跨国广告集团进入中国的标志。此外，1986年电扬(WPP)与中国国际广告公司合资成立电扬广告公司，这是中国第一个合资广告公司。这期间，各广告公司在中国市场基本上都是在探路，没有大的发展。第二个阶段是1992～2001年。这期间，跨国广告公司开始大举进入中国市场，到1998年，全球主要广告集团和广告公司都已在中国落地。不过,在这个阶段,各公司的主要策略还是跑马圈地,进行战略布局。第三个阶段是2001年之后,各跨国广告集团把竞争重心向中国转移。如果说,过去中国只是一个小棋子,那么现在中国正成为全球广告业竞争的主战场。

在中国市场上,外资巨头的竞争策略有四大变化

随着竞争的加剧,各广告巨头在中国的竞争策略也有所变化。总的来说,变化主要体现在四个方面。

(1)以替国际客户服务为基础,迅速向本土企业扩张。一般来说,跨国广告公司本来就有长期服务的国际大企业,这些大企业进入中国市场后,广告公司也随之进入。这些广告巨头在为原有客户提供服务的同时,自然也会紧盯迅速成长的中国企业。从长远来看,只有获得足够的本土客户,这些国际广告巨头才能在中国市场立于不败之地。

与此同时,随着中国企业不断走向国际市场,它们对跨国广告公司的需求也越来越强烈。最新数据显示,本土企业和跨国广告公司的蜜月正在到来。典型的例子是,奥美宣布,它已获得新联想集团全球品牌广告以及联想"Think"系列产品的广告代理业务。

(2)以核心城市为基地,向其他区域辐射。以前,跨国广告公司的活动范围主要集中于京沪穗等核心城市。为提高竞争力,近年来,它们开始向二、三线城市渗透。奥美整合营销传播集团总经理范庆南曾表示,中国一线及沿海城市无论从媒体投放、渠道开发和促销活动等方面来看,都已经很拥挤,二、三线城市及城镇区域的消费新星已成为很多广告客户的新目标。

(3)以广告为主,提供整合传播的综合服务。由于市场环境和传播环境的变化,企业与消费者沟通的方式越来越多样化。广告一度是主要的营销推广工具,但目前的变化是,除广告外,必须更多地使用直效营销、公关、举办各种活动等其他方式。2003年,WPP集团宣布,希望在未来5~10年内,公关等非广告业务能占到公司业务总量的2/3。而本土的公关、直效营销等行业尚处于起步阶段,很不成熟,跨国公司在这些领域有长期的经验,专业化优势突出。因此,适应市场需要,跨国广告集团及广告公司通过提供整合传播综合服务,在市场竞争中具有强大的竞争力。比如,根据2003年的调查,在中国前10名广告公司排行榜上,WPP旗下的公司就占了3个。

(4)以独资公司为核心,大量收购本土广告公司。目前,跨国广告公司在中国主要以合资公司出现。2005年以后开始并购重组本土优秀广告公司。从现有的情况分析,一个可能的变化是,现有的合资广告公司努力追求独资化,与此同时大量并购本土广告公司。原因在于,现有的合资广告公司基本上都是"拉郎配"。因为跨国广告公司刚进入中国市场的时候,受政策限制只能合资,一旦法规允许,外方肯定急于"单干"。

与此同时,本土广告公司在竞争中不断发展、成熟,拥有庞大的国内企业客户群。对于跨国广告公司来说,如果能并购这些有价值的本土公司,就可以产生事半功倍的效果。很多优秀本土广告公司的老总都表示,2004年以来,不断有跨国广告集团与他们接触,探讨并购的意向。可以说,跨国广告集团并购中国本土广告公司的大戏已经拉开序幕。在这方面,WPP走在了前面。2003年以来,中国广告业中三次最主要的并购都是由WPP进行的。据保守估计,WPP目前在中国市场的占有率为15%左右。

外资广告公司注意的问题

必须正确运用中国文化要素,尊重消费者的文化心理

当然,跨国广告公司在中国市场的竞争中,还存在着一些困扰和问题。比如,如何适应中国本土广告市场的运作规律,在并购本土广告公司的同时,真正获得广告公司与客户的关系;

如何与本土客户打交道,习惯中国市场的潜规则;还有一个突出问题,即文化的问题。最近耐克的一则电视广告以及立邦漆的一则平面广告都引起很大争议。所以说,如何把握中国文化的精髓,在广告创意制作的过程中,正确运用中国文化的要素,尊重消费者的文化心理,是跨国广告公司必须重视的方面。

(作者系北京大学新闻与传播学院广告学系主任)

通过阅读上述案例材料,请思考以下问题:

(1)什么是外资广告公司的基本特征?请详细说明。

(2)外资广告公司进入中国市场最关注什么?

第5章 广告心理与受众

本章主要教学内容
1. 导入案例：康师傅陈坛酸菜牛肉面
2. 广告传播的心理过程
3. 广告引人注意的策略
4. 增强广告理解力的策略
5. 广告引发兴趣与需要的策略
6. 提高广告记忆效果的策略

本章教学目的

广告心理学研究消费者在产品购买和消费过程中的心理现象。它涉及商品和消费者两个方面。与前者有关的研究包括广告、商品特点、市场营销方法等；与后者有关的研究包括消费者的态度、动机、情感、爱好以及决策过程等。当今是信息化时代，广告正以"铺天盖地"之势涌向社会，每一个人每天都面临着数量繁多、品种多样的广告宣传。在这种情况下，每个生产厂商都希望自己的产品广告能够具有独创性、新颖性，以达到吸引消费者的注意，进而诱导消费者购买其商品或服务。生产厂商应设计什么样的广告？怎样才能使消费者对广告会做出他们所期望的反应？以及什么样的广告才能激起消费者的欲望，促使消费者能持久地购买该广告宣传的商品或提供的服务？在激烈的商品竞争时代，产品的成功与否，很大程度上依赖广告的宣传是否引起消费者的注意、兴趣以及消费者的购买动机和愿望，引起消费者的共鸣。

5.1 导入案例：康师傅陈坛酸菜牛肉面

1. 年龄差异

康师傅陈坛酸菜牛肉面的广告选用了四川本地导游、时尚杂志编辑、大学生和建筑工程师四个不同的身份，并都在广告中表现了年轻、朝气蓬勃的人物形象。广告所选用的形象基本涵盖了 19～28 岁（大学、工作初期）和 28～50 岁（工作中期）两个年龄段的人。中小学生和学龄前儿童较少有机会吃方便面，而上了年纪的人大多注重保健养生，所以康师傅的广告瞄准了年轻人。相比其他年龄段的人，他们身体健康，乐于接受新鲜事物，对于食物的选择注重口味，而对营养价值有所忽略。而且他们正忙于学习或在为事业打拼，并不十分富裕，有时候吃饭会为了节省时间、方便，以及价格便宜而选择方便面。

2. 性别差异

广告选择了两位男性形象（导游、建筑师）和两位女性形象（时尚编辑、大学生），明显是瞄准了整个市场，并无性别倾向。此外，广告着力强调酸菜的酸爽地道、脆嫩入味，以吸引女性消费者，使她们忽略方便面在营养价值方面的缺失，如：时尚女编辑提到酸菜加量 50%，"我喜欢这个大包酸菜，很脆！"；而女大学生则说"很香，很浓，很入味儿！"

3. 经济差异

从广告中四个人物形象的身份可以看出，康师傅陈坛酸菜牛肉面的目标销售群体主要为中低收入者，这也符合方便面的市场定位。方便面的优点除了方便可口外，更重要的是便宜实惠，这刚好迎合中低收入者的需求，他们经济实力不强，故注重合理消费，且较为节约，怕冒风险。

如大学生群体，可能会受到广告的吸引，在需要节约时间吃快餐时选择康师傅而非肯德基。而广告中的导游、编辑和建筑师则代表了中等收入者这一社会群体，他们大多年轻，处于事业上升的艰难时期，好吃又便宜的方便面很有可能成为他们的选择。

4. 文化差异

相对于文化程度，吃方便面更与经济水平和社会阶层有关。大多数吃方便面者还是以学生和老百姓居多，尤其是挤火车的老百姓。高等收入者较少选择方便面，而高等收入者的文化程度并不一定高于中低等收入者。大学生、普通白领、体力劳动者吃方便面并不在于文化程度是否相同，而是因其经济实力无差。

通过阅读上述材料，请思考康师傅产品为什么这么受欢迎？你在哪里还见过这种类型的广告？

5.2　广告传播的心理过程

成功的广告，能迅速吸引消费者的注意，引发其兴趣，使消费者正确地理解广告中的信息，从而影响其情感和态度，激发购买欲望，并使消费者在有意或无意之间进行记忆，最终在强烈的购买动机驱使下完成购买。这一过程就是广告传播的心理过程。

人们从接触广告到采取购买行为的一般心理过程，可以归纳为 AIDMAR 模式，即：吸引注意（attention）、引发兴趣（interest）、激起欲望（desire）、强化记忆（memory）、促成行动（action）、再次购买（repurchase）。

广告作用于消费者的一般心理过程是：首先引起注意，即从周围对象中指向和集中于某个特定广告，这是心理过程的起点，是一则广告成功的第一步；接着使消费者对引起注意的广告发生兴趣，产生一种肯定的情感体验；而后产生购买消费广告产品、服务的愿望；有了这种愿望后，会使他们加深对广告及产品的记忆和印象；最后采取行动，购买广告产品，或享受广告宣传的服务；如果消费者在使用或接受服务的过程中感觉物有所值，应会成为品牌的拥护者，再次购买。

在广告界流传着这样一句话：一则广告只要引起了公众的注意，就已经成功了一半。引起注意是广告传播的开始，也是广告产生效用的前提。而广告注意的产生与维持则依赖于广告的内容、广告表现形式等是否刺激消费者的兴趣和欲望，适应消费者的心理需要。广告的有效传播还应使人们从单纯的无意注意过渡到有意注意及对传播内容的必要记忆。因此，上述广告传播的一般心理过程的每一个环节都必不可少。要进行成功的广告传播，就必须深入研究广告信息传播的心理特点，以提高传播的效果。

5.2.1　消费者——引起注意

在这一阶段，要让消费者意识到品牌的存在，强烈的品牌个性与清楚的定位，尤其是让品牌产品脱颖而出的关键。相应地，高品质的形象广告、强势的公关活动，以及同伴和产品使用者的影响，都是让消费者形成品牌正面态度与行为倾向的重要手段。

5.2.2　有意顾客——引发兴趣

有意顾客会想要吸收更多的信息，以考虑是否将品牌作为选择的对象。不过他们仍是被动地接受。比较详细的产品广告、公关活动、媒体报道、新闻化广告以及直效营销等，都是本阶段恰当的传播工具。

5.2.3　潜在顾客——刺激欲望

消费者开始主动寻求有关信息，以便做出品牌之间的比较，同伴团体以及其他意见领袖的口语传播，产品手册、DM 和销售人员提供的信息，都会起到关键性的作用。

5.2.4　顾客——付诸行动

转变为实际顾客，他们的信息可能来自于实际的使用经验，也可能来源于传播。这一阶段，广告和公关的目的，在于再次提供保证，因此具有一定的重要性。促销活动也不可或缺，如果已有明确的顾客资料，通过人员销售与数据库营销，效果会更好。

5.2.5　品牌拥护者——再次购买

这一阶段的传播目标在于维持品牌与消费者的坚实关系，提供的信息用来减低购买后可能产生的认知不协调。协调一致、持续出现的广告和公关活动是这一时期的传播重点。另外，口碑、售后服务、直效营销也扮演着决定性的角色。所有的营销活动和传播信息，都应该用来刺激消费者重复购买，并鼓励他们向别人推荐。

广告传播的心理过程如图 5-1 所示。

```
                                                    品牌拥护者
                                    (advocates)  再次购买
                                    顾客        (repurchase)
                                    (customers)
                            潜在顾客   付诸行动
                            (prospects) (action)
                    有意顾客   刺激欲望
                    (suspects) (desire)                时间发展
          消费者    引发兴趣
          (customers) (interest)        AIDMAR模式
对品牌毫无印象 引起注意
          (attention)
```

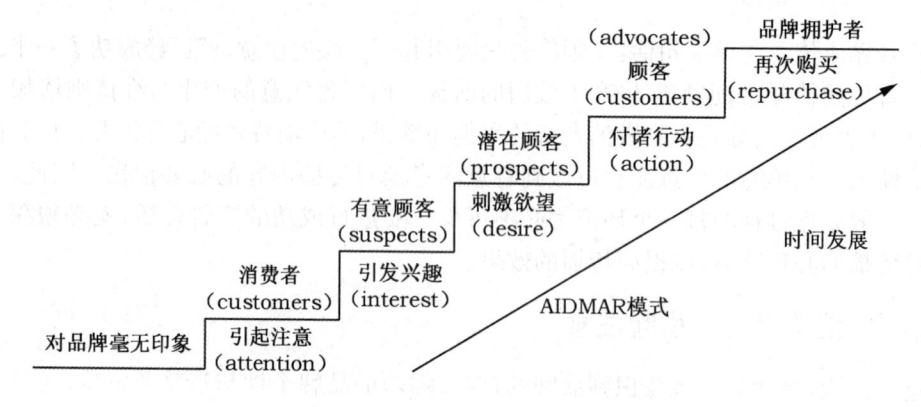

图 5-1　广告传播的心理过程

小思考 5-1

在与可口可乐的竞争中，百事可乐终于找到突破口。它们从年轻人身上发现市场，把自己定位为新生代的可乐，邀请新生代喜欢的超级歌星作为其品牌代言人，最终取得成功。百事采用名人做广告起源于 1983 年。为了使自己的广告计划更贴近消费者，使自己的品牌在年轻人心中建立有活力的形象，百事可乐组织了一次规模较大的市场调查活动。调查结果反映，被调查者对百事可乐的看法是：百事是一家年轻的企业，具有新的思想，员工富有朝气和创新精神；不足之处是鲁莽，也许还有点盛气凌人。根据调查结果，百事可乐决定采用名人广告，设计了新的广告方案，并请迈克尔·杰克逊作为形象代言人，推广百事的全新形象。最后，百事可乐与迈克尔·杰克逊以 500 万美元的惊人天价成交，迈克尔·杰克逊由此成为世人皆知的"百事巨星"。借助这位天王巨星的名头和以迈克尔·杰克逊为题材的流行歌曲及广告片，百事可乐推出了"百事可乐，新一代的选择"的宣传计划，并获得了巨大的成功。

百事可乐名人广告成功的案例，向全世界的广告人昭示了这样一个名人广告最基本的法则：名人的性格要和品牌个性相符合。名人广告中的名人要和品牌共生，相互依赖、相互依存，品牌个性是品牌的一项重要的资产。为了确保产品品牌个性资源不致流失，结合消费者年龄、习惯、性别、消费方式、收入等相关因素对品牌的目标消费者进行定位，有的放矢塑造设计品牌个性，使其最大限度地符合并且满足目标消费者的生理和心理需求，是十分必要的。而为产品选择一个恰当的形象代言人，正是满足目标消费者心理需求的重要环节。正是迈克尔·杰克逊健康和富有活力的形象，与百事可乐年轻冲动的品牌个性，在广告中形成天衣无缝的契合，进而产生了非同凡响的共鸣效果。结果是，借助这系列的广告，百事可乐与迈克尔·杰克逊本人相得益彰。此后与百事携手的珍妮·杰克逊、瑞奇·马丁、郭富城等流行巨星的结盟，无不是百事广告人遵循名人与品牌共生原则而精心运作的杰作。

如何使名人的"内涵"或者"个性"符合产品的品牌内涵或者品牌诉求点，从而实现名人、产品以及受众三方共赢局面呢？首先，为了避免投资成本过大，企业应以市场调查方式，调查消费者对于此名人的印象与感觉，看看是否与产品属性搭配，进行量化评估。其次，企业采用代言人的最终目标，根本是要让消费者喊得出产品名字，要对广告印象深刻。选择适合的名人，才能更好地突出产品这一最终的主角。第三，深入挖掘品牌联想的潜力，因为名人与产品的结合，是为了塑造产品的品牌个性。第四，企业与名人承受着广告的真实性风险，代言人最好是可以与消费者分享经验的使用者。第五,最大限度地发挥代言人的粉丝(fans)效应,打动他们是让产品的销售量快速上升的一种方式。针对趋势和目标价值进行规划,名人代言往往能发挥名人的能量,达到推动企业良好效益的目的。"注意力"经济凭借着"信息只有被注意才有价值"的论断风靡一时。在此基础上,利用名人迅速提升企业与产品的知名度,是短时间内获取消费者"注意力"的一条捷径。如今它又逐渐深化为"影响力"经济,可以说,影响力研究更明白受众所受到的影响是有差别的,三个等级为选择性注意、选择性理解以及选择性记忆。对于企业来讲,名人广告的传播效应最好的体现就是使受众完成从选择性注意到选择性记忆这个过程,并且角色转化为消费者,从而创造经济利益。

通过阅读上述材料,请思考百事可乐是如何影响消费者的消费心理的?

5.3 广告引人注意的策略

5.3.1 注意及其类型

(1)注意的心理学定义

注意是人的心理活动对一定对象的指向和集中。所谓指向,是指心理活动的对象和范围。人在注意时,心理活动总是有选择地反映一定的对象而离开其他的对象,这样才保证了注意的方向。所谓集中,是指心理活动倾注于被选择对象的稳定和深入程度。人在注意时,心理活动不仅指向一定的对象,而且还集中于该对象上。集中的前提不仅是使心理活动离开一些无关的东西,而且也是对多余活动的抑制。

(2)注意的类型

①无意注意。指没有预定目标,是不加任何意志努力而产生的注意。消费者在无目的地浏览、观光时,经常会在无意之中不由自主地对某些消费刺激产生注意。无意注意是一种定向反向,是由于环境中的变化所引起的有机体的一种应答性反应。引起无意注意的原因,既有客观刺激物本身的因素,也有主体的主观状态。

客观刺激物的因素包含以下几方面:

A. 刺激物的绝对强度和相对强度。人们受到强烈刺激时,都会引起注意,做出反应。强光、巨响、艳色、奇香等均属强烈刺激。非强烈刺激亦可引发人们的注意,关键在于相对强度,如寂静的教室里,一声轻咳都会引起人们的注意,而在嘈杂的广场,高音喇叭广播也未必人人听到。

B. 刺激物之间对比关系。刺激物之间的强度、形状、大小、颜色或持续时间等方面的差别特别显著、突出时,也会引起人们的无意注意,所谓鹤立鸡群、万绿丛中一点红均属此类。

C. 刺激物的活动和变化。活动、变化的刺激物与静止不变的刺激物相比,更易于引起人们的注意。夜空中的流星、花丛中飞舞的蝴蝶等,都因其在相对静止的背景下的动感而引人注目。

D. 刺激物的新异性。任何新异的东西都容易成为注意对象,而古板的、千篇一律的刺激就难以引起人们的注意。普遍存在好奇心,便是专指人们对新奇刺激物的注意。

人的主观状态对无意注意的影响包括以下几方面:

A. 人对事物的兴趣、需要和态度。无论是物质的需要还是精神文化的需要,凡符合一个人的兴趣、需要的产品,总能成为无意注意的对象。

不同的人经过同一个书刊亭时,所引起注意的书刊不同,如预备高考的学生注意复习指南、追求时髦的女性注意时装杂志、喜欢研究烹饪的人会注意菜谱书等。

B. 人的情绪和精神状态。能够激起人们某种情绪的刺激物容易引起人的注意。在中国,红色是喜庆、吉祥的象征,以红色为主色的商品在作为结婚用品时,备受注意。人们在精神愉快、心情开朗时,往往可能注意到许多平时注意不到的事情,而心情郁闷、精神状态不佳时,很容易引起注意的事物也往往被忽视。

C. 知识经验。一个人的知识经验对保持注意具有重大意义,尤其是对新异刺激的注意方面。人们容易接受新异刺激,但若对此刺激根本不能理解,则很难保持这种注意,很快会失去兴趣,转而顾他。若以往知识使人们对新异事物有些了解,却又没有完全弄懂,为求得进一步解释,人们会在较长时间内保持注意状态。

②有意注意。有意注意是指有预定目标,且需要经过意志努力而产生的注意。在这种情况下,消费者需要在意志的控制下,主动地把注意力集中起来,直接指向特定的营销刺激(或消费对象)。因此,有意注意通常发生在需求欲望强烈、购买目标明确的场合。例如,急需购买某名牌彩电的消费者,会刻意寻找、搜集有关信息,并在众多的同类商品中,把注意力集中于期望的品牌上。又比如,一个为了高考而要买书的学生,在书摊上会尽心尽力地寻找有关的复习资料。

③选择性注意。例如,在百货商店里与人谈话的时候,大家可能只注意到自己的谈话内容,而无视或没有感觉到其他刺激。这种注意就是选择性注意。

5.3.2 广告引人注意的策略

(1)突显广告刺激物的特点

在一定限度内,客体刺激的强度越大,人们对这种刺激物的注意就越强烈。但是,并不是任何刺激物所引起的注意都是一样的,也不是越强越好。最能引起人们注意的刺激是:

①相对强度的刺激。一般而言,刺激物在一定限度内的强度越大,它所引起的兴奋越强。这也是为什么一些企业明知道电视广告时间越长、报纸广告版面越大,费用也越贵,还是选择长时间和大版面的广告的原因。

刺激物的强度包括绝对强度与相对强度,在这两者之中,我们应特别注意相对强度的运用。

绝对强度的刺激如大幅标语、巨型气球、高大建筑物广告等。瑞士雷达表进军台湾地区市场时,台湾表业并不景气,为使雷达表一鸣惊人,雷达表的台湾地区代理商从增大广告刺激强度入手,在台湾地区12种报刊上同时刊登三连页的广告,雷达表广告大有无所不在之势,雷达表风行台湾地区的声势因而一次形成。

所谓相对强度,是指某一刺激物与其他刺激物的强度相比较而言,同一强度的刺激物在不同强度的背景上会产生不同的刺激效果。

一个强烈的刺激物在其他同样强烈的刺激物背景上出现时,有可能引不起注意;相反,在一个不甚强烈的刺激物背景上出现时,就可能引起注意。例如,在相对宁静的高级购物场所,一则广播广告可能会引起顾客注意;但同样强度的广告,在集市贸易中,就可能引不起顾客的注意。

②变化和运动的刺激。周围环境发生变化,或是活动的、多变的刺激物,都易引起消费者

的无意注意。刺激物的变化,包括突然变化和不断变化两种。例如,一亮一熄的霓虹灯广告,其不断变换字体与图案,比固定的不变的广告更能吸引消费者的无意注意;又如,活动的玩具,就比不活动的玩具更能引起儿童的注意。

③新异的刺激。广告作为对消费者的刺激物,如果新鲜奇异,会吸引消费者的无意注意。

求新求异是人类的本性。但一旦消费者对某类广告习以为常,熟视无睹时,对它的反应也是淡漠的,这里只有新奇的刺激才能引起他们的关注。如在街头发放宣传单,是许多企业采用的广告宣传手段,这种宣传单在该媒体开发初期确实能取得很好的效果,如我国前几年的三株口服液就是以宣传单为主要宣传媒体,在全国的各个角落,铺天盖地地发放,取得了很好的宣传效果。

但现在这种方式已显得十分过时了。许多消费者对此也很反感,根本不看。在美国,一家企业也是请人在大街上发放宣传单,但每位促销小姐都牵着一条非常可爱的狼狗。这种牵着狼狗发放宣传单的举措,引起广大路人的注意,从而使发传单这种老掉牙的宣传方法重新成为受众的焦点,起到很好的宣传效果,这就是新异刺激的效果。

知识链接 5-1

巴黎一位广告设计师在为超级三号胶(一种强力黏合剂)制作广告时,从马戏团找了一位杂技演员,在他的鞋底上滴了4滴超级三号胶,然后把他倒粘在天花板上,保持了10分钟。全过程自始至终有公证人当场监督。该广告在电视中播出后,不仅收视率高,促销效果也十分显著,仅1个月,这种胶就售出50万支,当年全年销售量达600万支。

④对比的刺激。在同一刺激物中突出部分特点,或者在不同刺激物背景上,刺激物之间的对比,都容易引起无意注意。广告中常常用这种对比的方法,达到吸引消费者无意注意的目的。这种对比有颜色对比、声音对比、大小对比、空间对比等。例如:20世纪90年代中期,中央电视台可谓"酒气冲天",黄金时段广告大部分是白酒广告,口号一家比一家叫得响,声音一个比一个大;但就在其他酒都在比谁的嗓门大的时候,"扳倒井"请了一位温柔、娇俏的古代侍女用非常温柔、缠绵的声音向广大消费者诉说"饮不尽的豪爽扳倒井",与其他白酒广告形成了鲜明的对比,因而备受消费者的注意。又如,在只有黑白两色报刊中刊登彩色广告,色彩上的对比使人们更容易将目光投向五彩缤纷的部分。

(2)恰当地进行广告的时空安排

广告的空间安排,以报刊广告为例,指广告所占整个报刊版面的比例,又指广告本身面积的大小。心理学家斯特朗研究的结果是:如以1/4版广告的注意值为100,那么1/2版的注意值为156,而整版广告的注意值为240。由此可见,广告的版面越大,注意值越大。

广告的时间安排,以电视、广播广告为例,通常在收视率、收听率较高的黄金时段中播出的广告,更容易被消费者注意。电视广告一般在正式节目前播放效果较好,节目结束后次之。

(3)增强广告的重复率

①将同一广告不断重复刊播。只要你连续一段时间收看电视,那么同一则广告看过多次是司空见惯的事。有的广告还将同样的画面,连续重复多次,如哈尔滨制药六厂的盖中盖口服液广告。

②将有关信息在多种媒体上不同的时间、地点呈现。就是将广告信息在多种媒体上呈现,

使受众分别在不同的时间、不同的地点、不同的活动中,用不同的感官接受同一品牌的广告信息。这种全方位、立体式广告宣传是很多品牌采用的。事实证明这是一种非常有效的广告宣传策略。

利用报纸、杂志、电视、广播、网络、路牌、灯箱、招贴等多种形式,可以让受众从多个侧面接触广告信息,从而增强较高的记忆度。

③在同一媒体上进行系列广告宣传。系列广告可以是每一则广告从不同的角度来介绍产品。这样,通过连续的系列广告,既可以加深消费者对品牌的印象,又可以让消费者对产品有一个全面的认识。例如,美的海岸花园的系列报纸广告分别从"观"水天一色、"听"清风入林、"享"生活之美三个方面,共同表达"美的生活每一天"这一主题。

④在一则广告中反复重复主题,以增强记忆效果。例如,中央电视台的康师傅"对辣"方便面的广告,选用《欢乐颂》的音乐背景,以《欢乐颂》的音乐旋律,利用"辣"与"啦"的谐音,不断重复"辣"的概念,最后用一句旁白点明主题"要吃辣,找康师傅'对辣'"。

但重复不一定就是一则广告在同一时空不断地重复,过度的重复会使消费者产生厌烦情绪。如哈药六厂的护彤口服液这则广告在同一频道接连播放10遍,重复可谓之多。试想消费者本身就对广告有一种抵触情绪,还要让他接连听10遍广告模特宋丹丹的"言传身教",其厌恶情绪可想而知,还谈什么广告的宣传效果。

所以,广告的重复应指在消费者接触到的任何媒体上的重复。如一则电视广告可在不同的频道播放,也可在同一频道的不同时段播出。另外,同一广告主题可以通过电视表达,也可运用报纸、路牌、POP 网络等其他媒体传播。

(4)增强广告的艺术性

美的东西会首先被人们注意,对美的追求是人类的一种本性。

广告的艺术性应是创意新颖、不落俗套,表现技巧精湛,声音、图像、文字配合得当,如动听的广告歌曲、富有趣味的故事情节、恰当的模特人物的表演等。

广告要吸引人的注意,除让观众看到物,还要让观众看到人,人对人总是有兴趣的。如果广告内容上尽是厂房、设备、产品包装是难以使人注意的。广告上出现的人,应该是与广告产品有关系的人。如果广告中人物模特与内容无关或关系很弱,那么,由它引起的注意,应会离开广告的产品和品牌,而集中指向于模特本身,其结果广告至多不过成为一幅供人欣赏的作品,根本起不到应有的作用。

(5)广告应符合消费者的兴趣

注意是认识广告的开始,兴趣是引起注意的重要原因。消费者的注意具有选择功能,而这种选择常常是依据消费者自己的兴趣爱好而定的。兴趣对人的心理活动起着积极的影响,人们对广告内容发生兴趣,不仅能引起对广告的注意,而且能提高注意的持久性,主动记忆商品的信息,为购买活动做好准备。因此了解消费者的个性倾向,尤其是广告具体对象共有的兴趣,并使广告符合他们的兴趣,就能提高他们对广告的注意力。

比如,上网的年轻人往往喜欢游戏和动画,由此可使网络广告有较好的动画效果或互动式游戏,使之更有趣味性,使上网者在玩游戏的同时不知不觉地接受了广告宣传。

(6)利用悬念吸引注意

广告中常常利用设置悬念的方法,让消费者对广告的接受从被动状态转为主动状态,吊起他们的胃口,让他们主动关注广告,关注悬念的结果。

悬念广告使广告信息在消费者头脑中得以延长,加深印象,同时由于消费者想象的作用,

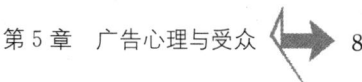

等于相对延伸扩大了广告的信息量。

(7)恰当运用口号和警句

广告中语言文字的选择对吸引注意也很重要。运用口号和警句,吸引人们的视听是广告设计中经常采用的方法。

早在20世纪60年代,台湾地区三丽化妆公司为打开新型祛斑霜的销路,在电视上做了这样一则广告,屏幕上先显示出7个醒目的大字:"只要青春不要痘";紧接着一位妙龄少女从人群中起来,用扇子遮住了面颊,举止显得十分忧伤;之后一段副标题点破寓意:"青春是美好的,但惊人的青春痘却令人十分扫兴,既遮不住又躲不掉。"一语道出了姑娘心中的苦恼,又说明了产品的特定功能和用途,紧紧抓住了消费者的心。又如,在广告中用较为响亮的口号可以起到吸引注意的作用。

5.4 增强广告理解力的策略

运用 AIDMAR 模式,使消费者对广告信息引起注意只是广告成功的第一步。但是,如果消费者对广告信息不能正确理解,那也是徒劳的,更不会引起他的兴趣和进一步激起购买欲望。因此,增强广告的理解力至关重要。

增强广告理解力的方法有以下几种:

5.4.1 与受众建立熟悉感

广告中熟悉感的建立,是通过使用消费者熟悉的言语、熟悉的人物类型、熟知的话题和熟悉的生活场景来实现的。

例如,雕牌洗衣粉就是用大家非常熟悉的一个老太太一边洗衣服一边向大家诉说雕牌透明皂的好处,场景为居家小院,口气平和,不带任何夸张色彩,使人感到熟悉、自然,就像与您聊天,使你在不知不觉中倾听她的诉说,接受她推荐的产品。

又如,宝洁的竞争产品,比如联合利华一直聘请国际女星做形象代言人,丝宝邀请香港巨星如郑伊健、谢霆锋做风影的广告代言人,而宝洁代言人通常是符合宝洁产品个性、气质定位的平民化广告新人。这类广告让广大消费者耳目一新,给他们带来了平和、亲近的感受。此外,平民化广告也起到了很好的暗示作用,使消费者对号入座,在不知不觉中成了宝洁产品的俘虏。

再如,飘柔广告代言人通常是公司的白领,而平常注重形象、愿意头发更柔顺的消费者也常是受过高等教育的白领阶层,自然飘柔广告深受他们的欢迎。

5.4.2 使用高频词

这是指在瞬间显示的情况下,字词频率的高低对字词辨认的影响表现在高频字词的辨认率要高于低频字词的辨认率,消费者对高频词的理解更为直接和容易,高频词能够更快地激活认知结构中相应的词条;同时,消费者见到高频词时,就像看到熟人的面孔,会立刻产生亲切感,从而更容易引起消费者的联想。

比如,雀巢咖啡的广告"味道好极了"中的"好极了"就是一个高频词。如果换成"口感卓越"恐怕不太容易传诵,达不到广而告之的目的。

又比如,在电器行业,以前都是用一些技术指标来表示不同规格、不同性能的产品,如"168B""175D"等。这种枯燥的技术数字不易被消费者理解,而海尔给其不同规格的电器加上"金元帅""小小神童""宝得龙"等消费者熟悉常用的品名,便于传播和理解,从而增强广告效果。

5.4.3 将问题视觉化

据研究,通常人们对外界信息的获取有80%来自视觉通道,因此把问题视觉化,是增强广告理解力的一个非常有力的手段。

比如:一些医药广告常常将药物杀死病毒、病人病愈的过程用动态仿真的形式表现出来,具有十分有效的说服力。这往往比单纯的理论介绍效果好得多。

又比如:日本麒麟全麦啤酒,给观众展示的酒瓶为麦穗构成,使人非常直观地理解该啤酒"全麦"这一特点。

知识链接 5-2

如何抓住消费者的心

在经济发达地区或文化程度较高的人群中,对于广告的关注和敏感度也较高。不同文化程度的人对创意的敏感度不同,随着文化程度的提高,认为"创意很吸引人"是他们"仔细观察或特意寻找过某一广告"的原因的人的比例有上升的趋势。理解力提高,文化品位提高,审美要求提高,必然对创意的质量提出要求,在充分传达广告信息的同时,创意的手法更能引起共鸣。因而,文化程度也会影响到对广告的敏感度和理解程度,利用和搜集信息的能力较强,对广告的接受就会更多。

那么仔细观看或者特意寻找过某一广告的原因是什么呢?答案是创意很重要!调查发现,选择"创意很吸引人"的达到了66%,大大超过了其他的原因。可见,提高广告创意水平不仅是业界的课题,也是受众的呼声,更是提高广告效果的一个有效途径。这似乎回到了广告的本原,广告卖的就是创意,不仅是电视广告,其他媒体的广告,多少年来吸引无数广告人前赴后继的就是一个个绝妙的创意。对于广告来说,由于媒体自身的特性,这个创意的舞台无疑更大了。

不容忽视的是,"色彩鲜艳或画面漂亮"以及"材质和形状奇特"也都是广告创意表现的内容,对于广告创意人员是个重要提示,即要注意颜色、画面、材质、形状,这些和媒体本身特质密切相关的元素的运用处理,需要一瞥之间抓住受众的眼球。

受众认为色彩鲜艳亮丽、冲击力、图像、地理位置的醒目程度是影响对广告记忆和注意的主要因素,同时广告要有新颖、有趣、幽默的内容更能吸引受众,最好给人想象的空间,并且在保持广告整体风格的基础上,随着时间不断变换一些元素,不断引入新的东西,同时将产品利益点传达得清楚明白。

(资料来源:百度百科 http://baike.baidu.com/item/广告心理)

5.5　广告引发兴趣与需要的策略

当消费者对广告有了一个正确的认识和理解后，如果没有激起他们的兴趣、购买欲望和需要，也不能算是成功的广告。

5.5.1　需要及其类型

(1)需要的含义

消费者需要是指消费者生理和心理上的匮乏状态，即感到缺少些什么，因而想获得它们的状态，如：饿的时候有吃饭的需要，渴的时候有喝水的需要，在与他人交往中有获得友爱、被人尊重的需要，等等。

(2)需要的类型

根据美国著名的心理学家马斯洛的理论，人类的需要由低到高分为五个层次或五种类型。

①生理需要。即维持个体生存和人类繁衍而产生的需要，如对食物、空气、水、睡眠等的需要。

②安全需要。即在生理及心理方面免受伤害，获得保护、照顾和安全感的需要，如要求人身的健康、安全、有序的环境、稳定的职业和有保障的生活等。

③社交的需要。即希望通过社会交往给予或接受他人的友谊、关怀和爱护，得到某些群体的承认、接纳和重视的需要，如乐于结识朋友、交流情感、表达和接受爱情、融入某些社会团体并参加他们的活动等。

④尊重的需要。即希望获得荣誉、受到尊重和尊敬，博得好评，得到一定的社会地位的需要。自尊的需要是与个人的荣辱感紧密联系在一起的。它涉及独立、自信、自由、地位名誉被人尊重等多方面内容。

⑤自我实现的需要。即希望充分发挥自己的潜能，实现自己的理想和抱负的需要。自我实现是人类最高级的需要，它涉及求知、审美创造、成就等内容。

美国达彼思广告公司董事长罗瑟·瑞夫斯曾说："一个广告信息强有力的公司，可以使信息灌入少数几个人的脑海而致富；相反地，一个广告信息软弱的公司，其信息可穿过所有人的脑袋，但最后却破产了。"造成这种结果的原因就在于，前者更能够在广告中传达强劲的商品信息，更具有说服力，更能够引发消费者兴趣，激发其购买需要。

5.5.2　广告引发消费者兴趣、激起购买需要的策略

(1)广告信息应符合消费者真正的兴趣和需要

作为个体的消费者，其需要是丰富多彩的。

针对儿童的广告，应侧重于自然的需要，即生理和安全的需要。他们对于高层次的心理需要是不易接受和感到乏味的，如：娃哈哈的"妈妈我要喝"，乐百氏的"今天你喝了没有"，旺旺牛奶的"再看我，我就把你吃掉"，及喜之郎的"果冻，我爱喜之郎"，等等，都是关于最基本的需要"吃"的。

而青年人的兴趣和需要就大大扩展了，心理需要，特别是发展需要、尊重需要和交往需要超过了生理需要和安全需要。因此，广告主题应适合他们的兴趣和需要，如：喜之郎针对青年

人的产品另外命名为"水晶之恋",康师傅绿茶为"绿色好心情"等,不再像针对儿童的广告那样强调"吃"这种最基本的需要。

(2) 说出消费者深层或潜藏的需要

有的时候,仅仅以产品的功能去宣传产品可能达不到很好的效果。这就需要挖掘消费者深层或潜藏的需要,触动他们心灵深处的东西。

例如,世界豪华车之王——英国"劳斯莱斯"汽车在20世纪80年代初曾一度跌入低谷,被讥为"附庸风雅的暴发户"的汽车。1986年,为扭转这种不良形象,在英国的广告强调:"买辆劳斯莱斯汽车犒赏自己多年来的辛勤工作。"一语击中了那些事业有成、家庭和睦、辛苦了半辈子以后欲享受生活、显示身份地位的成功者的心理。在美国广告则套用了亨利·詹姆士的名言:"尽情享受,这是一个不能不犯的错误。"恰与当时美国社会重享乐的风气符合。劳斯莱斯汽车广告的成功之处,就在于它抓住了上层阶层重面子,好显示自己的成功、地位和身份的深层次需要,触到了他们的心灵深处的东西。

(3) 诉诸特殊的需要

当一种产品或服务具有某种特殊的功效,而这种功效又正好是满足消费者某种特殊需要的唯一产品时,那么广告就应该以消费者的这种特殊需要和产品的这一选择性为诉求点。也就是说,在广告说什么问题上,就要突出该产品优点和满足消费者特殊需要的利益点。

例如,美国M&M糖果在了解到此种糖果是第一个使用糖衣包装后,广告宣传:"只溶于口,不溶于手。"这个独特的功能给消费者带来的好处立即被消费者接受,满足了消费者爱吃巧克力又怕被它弄脏手的需要。这一广告非常成功。

诉诸消费者特殊需要在药品广告中运用得非常普遍,如速立特"专治一年以上慢性肝炎"、红桃K"血健康专家"等。

(4) 突显商品的心理附加值

消费者购买某种商品,并非只出于一种需求,商品提供给消费者的也不仅仅是其使用功能,还有更多的附加心理功能,这正是商品满足了消费者的社会性和需要的多层性所致。

例如,金利来领带一直宣传它代表"成功男人"的形象;而商务通则宣传是"成功商业人士"的象征。这些都是在广告中突显商品的心理附加值的典型。

(5) 强调特定需要满足的重要性

某一种产品都有其长处和短处,然而商品的长处不一定是消费者最迫切需要的。在这种情况下,广告就要强调这种长处的重要性。

例如冰箱,如果你的产品的优点是省电,其对消费者来说也许并不重要,但是如果你在广告宣传中着力强调"节约省电"的重要性,那么消费者也可能对此重视起来。容声冰箱在中央电视台的一则广告,用形象化的画面告诉消费者,家里用一台耗电量大的冰箱犹如养了一头虎,容声节能型冰箱就像一只小猫,每天耗电一点点。

类似的还有哈尔滨制药六厂通过众多影视明星,告诉消费者身体中的各种症状都是因为缺钙,一时间全国人民好像都缺钙,它的广告产品盖中盖也因此畅销市场,取得了很好的销售业绩。

(6) 避免诱发负面需要

这一般是指广告不要违反社会道德、宗教信仰和社会责任等,以免对企业和产品产生消极影响。广告要重视诱发消费者的积极需要,克服它的消极作用。

例如,雕牌天然皂粉曾经播出一则广告:"你泡了吗?泡了。你漂了吗?漂了。"引发了诸多消费者的不满,有人认为这则广告打了色情广告的擦边球,让人联想到内容很不健康。

小燕子的"军旗装事件",让其老板厦新手机把成都市太升南路路边数十块印有赵薇形象的广告牌一夜间全都撤掉。红豆担任中国儿童基金会安康计划"形象大使"竟涉嫌猥亵男童,这对儿童基金会可是绝妙讽刺,安康计划恐怕也要安康不起来了!毛宁的同性恋丑闻,让其东家浙江开尔服饰不得不叫停一切赞助及广告活动,已运到王府井、西单的宣传单也紧急召回,开尔的老总怕是要一朝被蛇咬十年怕井绳。高枫突然去世,也让同处一隅的浩男西服有苦难言。米卢在中国队踢入世界杯后一段时间,风风光光做广告,告诉国人"运气就这么好",但在中国队灰不溜秋地回国后,米卢广告一夜间销声匿迹了。把品牌的宝押在靠运气出名的米卢身上,运气也不见得有多好。名人广告结果多样性使名人广告风险难以躲避。

5.6 提高广告记忆效果的策略

广告除了要满足消费者的兴趣和欲望,适应消费者的心理需要外,有效的广告传播还应使人们从单纯的无意注意过渡到有意注意及对传播内容的必要记忆,进而使他们做出购买的行动。也就是说,如果广告仅仅满足了消费者的兴趣和欲望,但消费者对产品没有形成记忆或没有留下深刻的印象,也不会在购买行为中选择广告产品。可见,强化消费者对广告信息的记忆是广告传播中非常重要的一环。

5.6.1 记忆及其类型

(1)记忆的含义

记忆是过去经历的事情在人们头脑中的反映。人们在社会生活实践中,对感知过的事物、思考过的问题、体验过的情感、进行过的行为与活动等,都会以经验的形式在头脑中保存下来,并能够在一定条件影响下再现出来。

(2)记忆的类型

①根据是否有预定的目的和任务分:

A. 有意记忆。有意记忆是指人们有目的、有意识地记住有关信息。消费者为了购买某种商品,会主动地搜集该商品信息,并努力记住这些商品信息的内容。比如,为了购买一套比较好的组合音响,消费者会多走几家音响商店,对每家出售的组合音响的价格、功能、音色、音质等,都有一个比较准确的记忆。

B. 无意记忆。这是人们并没有提出明确的记忆任务,自然而然地记住了所经历的信息。电视广告天天播,路牌广告天天见,大多数消费者不会有意识地去识记这些广告内容,但是等到他们购买某种商品时,却能回想起电视或路牌中对这一商品的广告。这就是无意记忆的结果。

广告表现形式等应刺激消费者的兴趣和欲望,适应消费者的心理需要。广告的有效传播还应使人们从单纯的无意注意过渡到有意注意及对传播内容的必要记忆。

②根据信息内容被保存时间的长短分:

A. 瞬时记忆。瞬时记忆保持的时间极短,通常为1秒钟左右。在瞬时记忆的条件下,人们一般能记住7～8个单位的信息。

B. 短时记忆。短时记忆所保持的时间大约在1分钟范围内,其记忆的内容大部分要遗忘消失,还能记住的信息,则进入长时记忆。

C. 长时记忆。长时记忆对信息内容保持的时间较长,可以保持几小时、几天、几个月,有的会保持几年、几十年甚至终生。

在消费活动中,消费者面对商店里有几千种甚至几万种商品。消费者眼光瞥过这些商品的包装、价格、外形、色彩时,对于绝大部分商品的注意只能形成瞬间记忆。令消费者感兴趣的一些商品,可能会在他们头脑中形成短时记忆,只有极少数引起消费者极大注意的商品才会形成长时记忆。

5.6.2 提高广告记忆效果的策略

(1)将广告信息进行适当的重复

要提高人们对广告信息的记忆效果,最重要的手段就是将广告信息不断地加以重复。重复不仅可以加深对广告内容的记忆,还可以使视听者对广告产生亲切感。

(2)广告信息数量恰当

广告要在有限的时间和空间内进行传播。心理学的研究表明,学习材料越多,遗忘的速度越快。广告是一种短时的记忆,而短时记忆的容量1秒钟在5～9个单位。因此广告所包含的信息只有简短、易懂才能取得成功。据此,在广告创作中应注意以下几个问题:

①广告目标应单一。现在许多广告宣传,犯有一个共同的毛病:目标要求过大。原意是想使广告受众扩大,从而扩大影响面。孰不知,现在是一个个性化的时代,消费者都在寻求一种适合自己个性的独特产品。满足所有人需要的产品,实际上什么人都不能满足。

另外,从记忆原理来讲,广告目标过大,信息量势必相应增多,这就违背了广告应简明易懂的原则,影响了广告效果。

例如,三株口服液与红桃K是同一时代的两大保健品,一个是针对所有人"有病就喝三株口服液",一个是针对贫血者所使用的"红桃K补血真快"。最终,三株只是风光一时而消失,而红桃K仍然是保健品市场上的一颗明珠。

②广告内容应简洁、易懂。在广告中,主题思想越明确、文字越简洁、画面越单一,记忆效果越好。一般而言:

A. 广告标题或广告宣传主句字数不宜太多。为了提高消费者对广告的记忆率,制作广告文案画面切忌庞杂,应简明扼要,将最重要的内容精练成最简洁的文字画面以便记忆。

国外广告心理学家的研究表明,少于6个字的广告标题,读者的记忆率为34%,而多于6个字的标题,读者记忆率只有13%。

B. 广告文案内容不宜过多。以广告的信息点多少而论,数量不能超出7个,以广告文案的语句或段落而言,其数量最好也不要超过5个。广告文案内容尽量简洁,删除无关的信息。

许多广告在提及生产企业名称时均以简称代替全称,诸如武汉健民、沈阳飞龙等就是这个道理。虽然用字不多,但已足以与其他企业相区别,而且比全称更容易记忆。

C. 广告画面内容宜单一。这样容易在短短的时间之内,将某一人物、情景突出地加以表现,因而记忆较为深刻。如:

金利来:男人的世界。

菲利浦:让我们做得更好。

诺基亚:科技以人为本。

海尔:真诚到永远。

海王:健康成就未来。

以上这些无不是简洁明了。

(3) 广告形式新颖独特

新颖独特的信息在记忆中不受其他信息的干扰,记忆比较牢固,提取也比较方便,因而容易回想起来。因此,选择创意新颖独特的广告形式是提高广告记忆度的一个有力手段。广告形式新颖独特应当包括以下三个方面:

①广告表现形式新颖独特。新颖独特的表现形式,有利于提高受众的记忆度。如晚安床垫利用压土机来压床垫,结果床垫丝毫未损的事实来说明其质量;并把这一事件作了电视广告的表现素材,配以一句非常富有震撼力的广告语:"晚安床垫,压出来的名牌。"给消费者留下了深刻印象。

②广告媒体形式独特。好的广告都要作用于一定的媒介发布出去,而新颖独特的媒体形式,本身就是一个好广告,能给消费者留下深刻的印象。例如,柯达用鸡蛋做广告的故事,还有的把整栋大楼都包起来做广告,等等,都能达到非常高的记忆度。

③广告编排形式新颖。心理学研究表明,一则材料的开头与结尾部分的记忆度最高,中间部分的记忆度最低。因此,广告必须把最重要的信息放在开头或结尾,如果一则广告能够首尾呼应地突出同一重点信息,则更容易使消费者记住有效的信息。

另外,广告在编排的形式方面,新颖的形式使消费者的记忆度较高。一般来说,报纸广告排版形式都是矩形,通常用半版、1/4 版、1/8 版来表达,也就是说其版面造型是很规整的。但诺基亚 8250 在香港推出时,设计的报纸广告就打破这种常规的排版形式,而是把这手机的各种款式的图案毫无规律地插到报纸娱乐版的各个部分,收到了意想不到的效果。

广告的编排位置还包括,把广告安放在什么媒体的什么时间或空间,如果两则类似的广告,前后播出的时间间隔很近,则相互的干扰最大。因而,内容相似的广告尽量避免时间与空间位置的接近,并且应避免协同与模仿,以免使消费者误解,并造成记忆混乱。

(4) 减少信息变异

消费者对一则广告内容初期记忆是较为完整的,但时间长了,记忆的内容就有可能模糊、分解,或与新的内容重新组合。

例如,对广告中的品牌名称、商标、产地等加以变更,把同类商品类似形式与内容的广告混在一起;或对广告内容增加或减少,或产生歧义;在复述广告时,脱离原文等。

要避免这种现象,首先,广告要避免与同类产品广告雷同,避免跟风模仿,造成混淆;其次,要重点突出,多次重复,尤其是突出商品的名称这类概念化的东西;第三,广告语言顺口易记,即形成规则化、组织化的信息。

(5) 利用语言特点记忆

①利用谐音规律。例如,

中兴酱油,酱(将)出名门。

雄鸡冷饮,食(十)全食(十)美。

②利用语言材料的结构特点。一些编写得好的语言材料,由于结构上的特色,可以加强人们的记忆。例如,

万家乐,乐万家(万家乐电器)。

长城电扇,电扇长城(长城电扇)。

原来生活可以更美的(美的电器)。

生活中离不开这口子(口子酒)。
非常时刻,喝非常可乐(娃哈哈)。
③利用语言的节奏、韵律。例如,
人头马一开,好事自然来(人头马)。
千里江铃一日还(江铃汽车)。
东西南北中,好酒在张弓(张弓酒)。
食华丰,路路通(华丰方便面)。
家有三洋,冬暖夏凉(三洋空调)。

(6)运用多种感官同时参与记忆

心理学研究表明,视觉识记的效果为70%,听觉识记效果为60%,视觉与听觉双重识记的效果为86.3%。因此,多种感官同时参加的识记,记忆效果优于单一感官的记忆。

为帮助消费者更好地记住广告内容,应尽量考虑广告载体是否更好地调动消费者的多种感觉通道,多种感官的同时作用,加深印象。这也是为什么当今电子媒体比印刷媒体更受广告主和广告商青睐的原因。

比如展示会、博览会,它不但可让消费者看,还可说给消费者听,同时消费者还可触摸,如果是仪器,还可现场试用。因此,这种展示会能给消费者留下深刻的记忆痕迹,能起到很好的宣传效果。

(7)增加感染力,引起消费者的情绪记忆

在广告宣传中适当地增强广告肯定或否定的感染力,能使消费者识记下来。例如:"非常可乐"利用电视广告中轻松、喜庆、吉祥、欢快等画面的组合和有较强诱惑力的解说,很好地吸引了观众,从而在消费者的脑海中留下了深刻印象。

广告心理学的研究发现,有时使用否定感染力比使用肯定感染力效果更佳。消费者往往会记住那些宣传"如果不使用某某产品就会产生不利后果"的广告。

比如,海飞丝的广告:开头宣传那些俊男靓女们未用海飞丝洗发水前头发有很不雅观的头皮屑,令人烦恼;但用了海飞丝洗发水后,头屑没有了,烦恼就全没了,增添了美丽和自信。

(8)巧用人物模特

人物在广告中是将广告产品与消费者的实际生活联系起来的黏合剂,创造性地加上对广告作用有一定价值的人物,对促进广告的注意程度、扩大广告的知名度十分积极的作用。许多给人深刻印象的广告,如南极人内衣(葛优)、TCL手机(金喜善)、步步高DVD(李连杰)、亮妆洗涤化妆品(赵薇)等,都是利用人物来介绍产品的。广告人物模特主要有以下几类:

①江湖派(或功夫派)。该门派主要体现在国产VCD、DVD行业。最为典型的是力量型代言人成龙的"好功夫"和技巧型代言人李连杰的"真功夫"之间的龙虎斗,还有为首信复读机做代言人的"射雕英雄"李亚鹏。

②色艺派。这类代言人主要云集在化妆品、服装、时尚手机等领域。前提是代言人的形象,无论男女都必须异常出众,至少形象上要有其特点。比如,身着"班尼路"的刘德华、"不走平常路"的郭富城、"力士"的张曼玉、"百事可乐"的王菲及"水冰花"的陆毅、"东洋之花"系列化妆品和"柏丽丝"牙膏等产品的代言人张柏芝、"亮妆"系列化妆品和"佳能"形象代言人赵薇、立白牙膏代言人林心如等。

③冷酷派。年纪不大,是"新新人类"追逐的对象,如可口可乐的谢霆锋、旭日升的羽泉、中国移动的周杰伦等。

④奥运、足球派。奥运和足球健儿做形象代言人以前只局限在体育用品、运动饮料,但现在已拓展到其他行业,如刘璇为爱心舒丽液做广告、杨晨做吉列男士用品的代言人、米卢为金六福酒和金正复读机做广告、孙雯为南孚电池做广告、孔令辉为葡萄糖酸锌口服液做广告、伏明霞代言雪碧等。

⑤主持派。如湖南卫视的金牌主持人李湘为商务通等多家企业做形象代言人、中央电视台的主持人王刚为白象方便面做广告、王小丫激情代言九寨天堂等。

⑥乡土派。如蓝天六必治"牙好胃口就好"的李嘉存、冯巩介绍给葛优的双汇火腿肠,以及争着介绍昂立一号的陈强、陈佩斯爷俩等。

⑦夕阳派。不少从学艺界下线多年的老艺人在医药、保健品领域发挥优势的空间还很大,如李默然为三九胃泰做广告等。另外,哈药六厂的盖中盖广告中,有诸多老艺人大力推荐。

⑧客串派。这是指某行业的大户、明星客串另一行业的形象代言人,比如房地产巨头王石就给摩托罗拉做过代言人。

本章小结

本章详细探讨消费心理。随着商品经济的发展,广告在市场营销中的作用越来越突出,广告作为信息传播的一种形式,它用自己的特点不断实现着生产与生产、生产与流通、生产与消费,以及流通与消费之间的联系,任何一种商品都有特定的消费群体,消费对象不同,心理就不同,广告写法也就不同。撰写商品广告时,一定要有针对性,要有的放矢,一定要考虑消费对象,要了解他们的消费需求、决策动因、文化素养,以及年龄、性别、职业、收入等特点,对影响消费行为的各种因素都要考虑进去。总之,消费对象不同,广告写法须因人而异。

一则商业广告成功与否在很大程度上取决于是否关注了消费者心理,因此在撰写商业广告时一定要关注消费者心理,消费者的心理及行为特点影响广告的制作发布。广告通过对消费者心理的影响,直接或间接地影响着消费者的生活方式和价值观念;两者是一种互动的、相互影响的关系。

练习题

1. 古人云:"攻心为上,攻城为下。"而对于企业来说"攻心为上""心战为上"的关键就在于能否准确掌握消费者的消费心理。请说说你对上文的理解?

2. 广告呈现后使受众产生各种心理效应,有感知觉、记忆、思维、情绪情感及态度、动机、行为等,请简单分析这些心理效应,举例说明。

3. 请简述广告审美心理的一般过程。

4. 请简述广告画面图案创作的心理原则。

案例分析

公益广告——爱的表达式(Family)

先看广告中的一个特例——公益广告。它不是商品,但它同样是为了引起大众的关注。第一次看到这个广告的时候,是在去学校的公交车上的滚动电视上,当时给我的感触很深,觉得这个广告真的非常好,将 Family 这个英文单词解释得很透彻、很新颖。后来上网一查,《爱的表达式》是首条央视广告经营管理中心面向社会公众征集的公益广告,并且荣获了 2011 年度公益广告创意大奖。首先将广告内容具体介绍下:Family 就是"家"的意思,广告从字面意思出发首先阐述了家的含义。F 代表了 Father 爸爸,M 代表了 mother 妈妈,I 则代表了自己。广告分为 3 个阶段阐述:当"我"还是一个婴儿的时候,爸爸便开始撑起家,为整个家遮风挡雨,撑出一片天。妈妈在舒适美好的环境下,哺育孩子,哄孩子入睡。字母延伸变化形象地表现了完整家庭的美好而和谐;当"我"渐渐长大,我开始有自己的想法,这些想法是那样幼稚而不成熟,开始厌烦爸妈的束缚和管教,开始一次次地让爸妈生气,让爸妈失望;在我一次次的叛逆下,我渐渐长大,开始明白生活的心酸。这个时候才发现父母已经不在当年,他们没有往日的容颜,开始白发苍苍,弯腰驼背。我才明白我肩上的责任。开始给父母亲肩膀,让他们依靠,开始为整个家遮风挡雨。广告到这儿也进入了高潮。背景音乐逐渐温暖,又进入一家人风雨过后的温馨的时光,触动心、触动爱。短短几分钟的广告却体现了一个人的一生,有爱就有责任,有责任才会让家更加充满爱。阐释了 Family=father+mother+I+Love+you。

通过阅读上述案例材料,请思考以下问题:

(1)上述广告如何影响消费者的消费心理?请详细说明。

(2)以上广告活动对产品的推广起哪些作用?

第 6 章 广告创意与表现

本章主要教学内容
1. 导入案例:美国 4A 创意守则
2. 广告创意的概念与特征
3. 广告创意的方法
4. 广告作品的构成要素
5. 广告制作的表现技巧

本章教学目的

通过本章的学习,掌握广告创意方法、广告创意的基本类型;掌握广告创意"三位一体"判断标准。通过实践学习让学生具有以广告创意原则为基础、灵活使用广告创意的方法进行广告创意的能力;能够运用所学知识进行广告创意的创作。

6.1 导入案例:美国 4A 创意守则

4A 会员公认:

第一,广告在美国经济体系和国民生活方式中,负有双重职责。对于民众,广告是大家了解企业的产品与服务的一个基本途径,是大家了解符合自己愿望与需求的商品与服务的基本途径。民众享有期望广告内容可靠、表现真实的权利。对于广告主,广告是他们在社会激烈竞争中劝说人们购买其产品或服务的一种基本手段。他们享有将广告作为一种促进业务、获取利润的表现手段的权利。

第二,广告与美国民众的日常生活密不可分。它已成为广播电视节目的组成部分而进入家庭,面对个人甚或整个家庭;它在最受欢迎的报纸、杂志中亦占有一席之地;还向游客和居民展示自己。在上述种种展示中,广告都必须尊重大家的趣味与兴趣。

第三,广告针对的人数众多、目标广泛,人人口味不同、兴趣各异。因而,如同大众事业——从体育运动到教育,直到宗教一样,广告也难以讨得每一个人的喜爱。基于此,广告人公认,他们必须在美国的传统限制下进行运作;为多数人的利益服务;同时尊重少数人的权利。

因此,我们,4A的成员们,不仅要支持并遵守有关广告的法律及规章,还要自觉地扩大我们的伦理范围,提高我们的伦理标准。

通过阅读上述材料,请思考,中国广告创意守则有哪些?

6.2 广告创意的概念与特征

6.2.1 广告创意概念

20世纪80年代初,"创意"一词开始在中国广告界出现。但对于什么是广告创意,却有着种种不同的说法,至今尚未有一个基本一致的看法。有人认为"广告创意是把原来的许多旧元素进行新的组合",有人认为"广告创意是一种创造意外的能力",等等。这些说法都有道理,但作为广告创意的定义,并不完整。虽然詹姆斯·韦伯·扬曾经对什么是广告创意做过十分精辟的说明,即所谓"旧元素,新组合",在广告界人人都认同,但这仅仅是对广告创意元素的归纳总结,并没有对广告创意的过程做更深入的阐述,当然,也就不能作为广告创意的定义。

我们认为,广告创意是广告人员在对市场、产品和目标消费者进行市场调查分析的前提下,根据广告客户的营销目标,以广告策略为基础,对抽象的产品诉求概念予以具象而艺术的表现的创造性的思维活动。

对广告创意的这个定义,我们可以从以下几个方面理解:

(1)广告创意从本质上来讲,是一种创造性思维

广告创意,关键就在一个"创"字。创造意味着产生并构想过去不曾有过的事物或观念,或者,将过去毫不相干的两件或更多的事物或观念组合成新的事物或观念。广告创意要求摒弃惯性思维,追求新颖独特,发人之所未发,言人之所未言。

广告活动是否能完成其告知和劝服的职责,在很大程度要依赖于广告作品是否具有创造性。精彩的广告创意使广告发出的信息更形象、更生动、更有说服力。

(2)广告创意的前提是科学的市场调查

广告创意必须符合广告产品的整体营销目标,为此,广告创意人员就必须充分掌握产品、市场竞争对手以及目标消费者的消费心理等各类信息,以期从中发现或开发出能够有效地达成营销目标的创意主题。例如P&G推出"尿不湿"儿童用品,创意人员想当然地以"方便"作为诉求主题,以为凭此必能大受年轻母亲们的青睐,然而事实却大大出乎意料。后经过深入细致的调查发现:用纸尿布在年轻的母亲们潜意识里产生了一种由于太方便而没有恪尽母爱职守的负疚心理,这直接影响了年轻母亲们的购买行为,即使有的母亲偶尔使用,一旦发现婆婆来看望孙儿时,也会手忙脚乱地把"尿不湿"藏起来。

(3)广告创意就是善于将抽象的产品概念转换为具象而艺术的表现形式

广告创意固然也是创造性的思维活动,但又与一般意义的创造性思维不同。这其中最大的不同就是广告创意在思维方式上并不是寻找解决某个问题的方法,而是寻求如何用形象生动的表现方式来说明某个事物(产品)的某个概念。这里的关键之处在于转换:将抽象的概念转换为具体的形象,将科学的策略转换为艺术的表现。

(4)广告创意的目的是为了塑造品牌形象、体现商品个性

诚然,广告的终极目标无疑是为了促进商品的销售,但并非每一则广告都是为了直达这一目标(比如形象广告)。即使促销广告,广告也不能只是单纯地号召大家来购买。具体到广告创意这一环节,创意的目的只是如何让目标受众了解商品个性,如何让品牌形象在目标受众的心中扎下根,在此基础上再促使他们心甘情愿地采取购买行动。

6.2.2 广告创意的要求

创意是一种创造性思维,要求突破思维的一切清规戒律;但是,广告是一种功利性、实用性很强的经济行为,同时又是一种有着广大受众的社会文化现象,因此,对广告创意有着与一般的创造性思维不同的要求,广告创意必须在不自由中寻找更高境界的自由,是"戴着镣铐跳舞"。

对广告创意大致有以下一些要求:

(1)相关性

广告创意必须与产品个性、企业形象相关联。创意的过程是对商品信息的编码过程。受众接受广告信息后,要经自身的译码,在译码中产生联想和会意,使自己的经验、体会与商品信息结合在一起,才能达成沟通。创意把概念化的主题转换为视听符号,直观性强,但也产生了多义性。为了避免产生歧义,创意时要符合相关性要求,即:广告传递的信息,必须与商品或企业相关,让人一看(或听)就知道是某商品或某企业的信息,而不能含混不清或喧宾夺主。有些产品起用明星做广告,但却没能找到明星与产品之间的联系,创意缺乏相关性,受众看了广告之后,只记得某明星做了一则广告,却把广告所应该表达的主要信息给忽略了。这种创意无疑是失败的。

(2)原创性

广告创意贵在"新"。要做到这一点,就要突破常规,出人意料,与众不同,切忌因袭雷同,似曾相识。没有原创性,广告就缺乏吸引力和生命力。当然,借鉴是允许的,但不能模仿照搬。只有超越,才能卓越。

(3)震撼性

震撼性是指广告创意能够深入到受众的心灵深处,对他们产生强烈的冲击。没有震撼性,广告就难以给人留下深刻的印象。一个人每天要接收到大量的广告,要想受众对广告产品留下深刻的美好的印象,新颖、惊奇是重要的手法。刺激越强,造成的视听冲击力越大,就越容易给受众留下印象。具体来说,画面、音响,富有哲理的广告语,都能不同程度地造成一定的视听冲击力。只有在消费者心中留下印象,才能发挥广告的作用。而要做到这一点,要吸引消费者的注意力,同时让他们来买你的产品,必须有很好的点子。当然,这里所说的震撼性产生的印象应该是好的印象。

知识链接 6-1

白加黑感冒片电视广告:五彩缤纷的电视画面突然消失了,屏幕上一半黑一半白,而且信号极不稳定,此画面一下子引起人们的注意:"怎么了,电视出毛病了?"正当你着急的时候,突然看到屏幕上出现一行字:"感冒了,怎么办?你可选择白加黑的方法。"紧张的神经才松弛下来,而下面的广告信息已经乘机钻进你的脑子:"白天吃白色药片,不打瞌睡,晚上吃黑色药片,

可以睡得很香。"这则电视广告不但引人注意,而且给人印象深刻,其成功之处正在于出人意料,打破现状,使人感到惊奇。

(4)简明性

广告创意必须简单明了、纯真质朴、切中主题,才能使人过目不忘,印象深刻。广告大师伯恩巴认为:"在创意的表现上光是求新求变、与众不同还不够。杰出的广告既不是夸大,也不是虚饰,而是要竭尽你的智慧使广告信息单纯化、清晰化、戏剧化,使它在消费者脑海里留下深刻而难以磨灭的记忆。"最好的创意往往是最简单的创意。因为在信息爆炸的当代社会,受众被淹没在信息的海洋中,只有那些简洁明快的广告能够吸引他们。因此在广告创意时,主题要突出,信息要凝练,诉求重点要集中,无关紧要的要删去。电视广告镜头要破除繁琐,反映主信息;平面广告要讲究视觉流程,突显主题,越单纯越易为受众接受。

例如,麦当劳一则电视广告,画面是一个婴儿在摇篮中荡来荡去,一会儿哭一会儿笑,笑是因为摇篮荡上去时他看见了麦当劳的标识,哭是因为摇篮荡下来时看不到标识。整个广告极其简洁,没有任何多余的东西,但却形象地将广告所要表达的信息完整地传达给了目标受众。

(5)合规

广告创意必须符合广告法规和广告发布地的伦理道德、风俗习惯。由于各个国家的广告法规和风俗习惯都有所不同,因此在广告创意时一定要做到符合规范。比如,香烟广告在很多国家都被禁止在公共场合发布;在我国,不能做比较广告和以"性"为诉求点的广告;等等。

6.3 广告创意的方法

6.3.1 启发构思法

启发构思是由周围环境中的事物、现象引发产生灵感、创意的过程,许多杰出的科学发明创造都与此法有密切的关系。在这种方法中,个人的经历、所见所闻对于产生新的主意、点子十分重要。所以许多科学家、发明家在进行科学研究和技术发明之余,常常要外出领略一下自然景观,以便从中获得灵感。现在人们用来锯木头的锯子,传说最早是由我国古代著名木匠鲁班发明的。鲁班有一次在野地行走时,不小心腿被荆棘划破一道口子,受这次偶然经历的启发,后来他发明了锯子。

在广告实践中,启发构思法的运用并不难看到。最典型的一个例子就是大卫·奥格威的Hathaway衬衫广告创作。在构思Hathaway衬衫广告时,奥格威曾想出几个创意,但是没有一个让自己感到满意。后来有一次在摄影棚里他看到一个黑色的眼罩,因而产生了闻名广告界的"黑眼罩男人"的广告创意。在现代电视广告中,许多用象征性、借喻式或暗示性表现手法创作的广告作品都是启发构思的产物,这类例子不胜枚举。

6.3.2 顿悟构思法

顿悟构思法源于心理学关于思维的研究。第二次世界大战期间,德国心理学家苛勒研究黑猩猩的思维活动时,在一间房间中央的天花板上吊一串香蕉,黑猩猩站在地面上拿不着。房间的四周放着一些箱子。面对这样的情境,黑猩猩开始企图采用跳跃的方式获取香蕉,但是没有达到目的。于是它不再跳,而是在房间内走来走去。突然它站在箱子前面不动,过一会儿,它很快把箱子挪到香蕉下面,爬到箱子上取到了香蕉。有时一个箱子不够高,还能把两个或几个箱子叠起来,这就是所谓的"顿悟"。后来许多心理学家也发现,尽管人类比黑猩猩进化到更高的层次,但在人类的思维活动中,顿悟现象仍然存在。

在电影电视中,我们常常可以看到,剧中主人公在面临一个问题而不得其解时,有时显得很焦虑,有时则很平静地在室内或户外来回走动,忽然间似乎领悟到什么而豁然开朗。

顿悟构思法的特点是创作者对问题情境有了足够的认识,即创作者对产品特点、产品定位以及广告活动所欲达到的目的等都有了清楚的认识,但一时难以形成或产生一个主意或点子。在一段时间里,创作者似乎无所作为,过后创作者忽然感到什么都已清楚明晰,因而一个创意就产生了。

知识链接 6-2

以2001年绿色公益广告一则获奖广告创意为例,据说该广告创作者在进行广告创意时,曾冥思苦想了多日仍想不出一个好点子。后来有一天中午,全公司的人都吃完了快餐,桌上只留一份是作者的。作者在冥思苦想创意的时候,看到了桌上的快餐盒,恰似一个棺材,作者眼前一亮,有了,把两双筷子左右一插,就创作出了《地球之丧》,沿着这条线用方便面的碗和筷子做素材创作了《地球之殇》和《地球之墓》系列广告。

6.3.3 水平思考法

水平思考法又叫侧向思考法,是英国心理学家戴勃诺(Edward Debono)提出的一种创造的方法。他认为我们平时的思维方式是偏重于已往的经验和模式,受到思维定势的影响,而跳不出老框框。所谓思维定势,是人在思考时心理的一种准备状态,它影响解决问题时的倾向性。思维定势常会影响思维的变通性。例如,问你这样一个问题:小李进房间后,没有开灯就找到了放在桌子上的黑手套。这是为什么?通常情况下,当听到"没有开灯"时就会有一种倾向认为这是在晚上发生的事,因为晚上和灯之间有一种符合常规的固定的联系。因而,在解决这个问题时,由于"没有开灯"暗示你进入一种习惯性的思维中,使你的思维方向往"在晚上如何照明找物"这一方面去思考。这种遵循已有的经验,按常规思考的方式,戴勃诺把它称为垂直式思考。而如果突破一贯的思考方向,不受定势的影响,不认为这事发生在晚上,问题就迎刃而解了。答案是白天进房间,当然不用开灯也十分容易找到东西。这种不受常规约束、摆脱旧经验、旧意识的思考方式被戴勃诺称为水平式思考。

显而易见,水平式思考法更能创造出新的观念。用此种方法时需遵循以下原则:一是摆脱旧意识与旧经验,破除思维定势,更好地体现发散思维的特点。二是找出占主导地位的关键点,例如前面的例子中,关键点是"找手套",而不是"如何照明"。三是全方位的思考,大胆革新,找出对问题的新见解。四是抓住头脑中的"一闪念",深入把握新观点。

水平思考法能够产生有创见的想法,因而是广告创意时常用的思维方法,然而水平式思考并不是排除垂直式思考,两者常常是互为补充,取长补短。

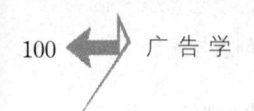

6.3.4　逆向思考法

逆向思考法又称反向思考法，是一种向常规思路反向扩张构思的方法。实际上，这种思维方向应包括在水平式思考法之中。由于利用这种思路常常能较为直接地解决问题，且相对而言更易掌握，因而单独提出来。这种方法就像在中学学习数学时用的一种解题法即反证法。通常的解题法是从已知条件出发来思考如何解决问题，而反证法是从求解出发，反推找到与已知条件相符合的出路。

运用逆向思考时，需掌握两个要点：一是，这种反常思维的传达应恰当，语言要实在且幽默。如"杉杉西服，不要太潇洒"是一种恰到好处的反向思考的表达。二是，应用逆向思考是有条件限制的，不是所有的问题都能从反向得到求解。因而，在创意中这种反向思考必须以消费者能认同为条件。

知识链接 6－3

布莱维尔书店

伦敦最大的书店布莱维尔要做一个在此书店购物舒适自由为主题的广告，想从反向去构思，但不知"服务不必过于周到"是否符合消费者的需要。调查发现，在一片服务至上的宣传中，消费者有这样的反应，有时想去商店看看，并不一定要买，由于服务员紧跟在身边，过于热情地介绍商品和服务，令人感到繁琐，或感到不买东西没有面子，再者会使人感到像被监视，因而有时不买东西就不去商店。商店当然希望顾客常来光临，虽然当时不买，但会成为潜在的顾客。这种调查的结果刚好与反向思考的结论相符合，因而布莱维尔书店在广告中大胆应用反向思考的构思，其内容为："当你光临布莱维尔书店的时候，没有一个人会问您要买什么。您可以信步所至，随便阅读，放心浏览。店员只在您需要的时候才为您效劳。您不招呼，他们绝不打扰。无论您来买书或来浏览均欢迎。这就是布莱维尔书店一百多年来的传统。"这则广告使顾客感到亲切生动，符合心意。

6.3.5　金字塔法

这种方法是说思考时的思路从一个大的范围面逐渐缩小，而每次缩小都用一定的目的加以限制，删除多余的部分，等于上了一个台阶。整个思考环节就像一座金字形的塔。而在每一层面上思考的路线都是由发散思维到聚合思维。假如要为某啤酒做广告，在你没有对啤酒进行调查，也没有听到客户的具体要求之前，就先用自由联想法由啤酒想开去，即由啤酒联想到朋友、宴会、欢乐、休闲、旅游……让你的思绪随意飘飞；而此时你可随手记下你的这些联想而不加评价。做这一步的目的是在你头脑中没有任何条条框框的情况下搜寻你旧有的知识经验，并可启动发散思维，进行大范围的资料线索。

接下来，把自己想成是一个要买啤酒的消费者，这时会考虑到什么因素？此时有一定目的地想到啤酒的价格、口味、品牌、色泽、泡沫、度数及附加价值，是否可显示身份等。这个过程既需要思维的发散能力，还需要观察与移情能力。在这之后是大量地搜集有关商品、市场及消费者及同类广告的资料，并与广告主协调，从发散思维的各条线索中求同，做出评价，并在营销策略指导下,找到广告要"说什么"(what),这是一个从发散到聚合的思维过程。

假如确立了突出啤酒新鲜的定位点,可进入下一层塔中,再从新鲜这一点出发,发挥想象与创造力,确定广告"用什么说"(where),即广告在哪发布。结合媒体策略,用这种聚合思维得出的 where 限制前面所作的发散,因为不同的媒体有不同的心理效果和表现手法;同时登在什么地方,还受到媒体技术水平的限制。这是第二层塔。

再下来要用另一个聚合思维的结果来限定你的发散思维,即"什么时候说"(when)。广告登载的时间不同,要求表现的手法也有所不同,产品生命周期不同阶段,其诉求主题、表现方法也应不同。这是第三层塔。

第四层塔在第三层塔基础上发挥创造性,限制"对谁说"(who)。这时要把广告对象描述成具体实在的个体,一则广告不可能面对所有的消费者,而是面对特定的消费群体。如金利来主要是针对事业有成的成功男人,娃哈哈主要是针对儿童,生力青啤主要针对年轻的新新人类。一旦你把对象定在某一类人上,把他设想成一个对你的专业有最基本了解的、很关心它如何发展的人,你说话的语气、用词、方式自然就有谱了。

第五层塔的目的更为重要,就是找出"为什么说"(why)。创造思维不仅是产生新奇绝妙的想法,更重要的是找到它们之中的新的内在联系。在广告创意中,新异是为了达到引人注目的目的,然而这种新与商品或消费者要有内在的关联,就像相声里的关子,不仅要逗笑,而且说出来要合情合理。如把啤酒与朋友联系在一起,与绿色相联系,表达一种朋友间的情谊,比较合理;如果把啤酒与古代皇宫相联系,寓意啤酒的珍贵,但啤酒是一种舶来品,主要表现的是现代与休闲,皇宫不够贴近生活,也略显沉重。

6.3.6 辐射构思法

一场广告活动通常包括一系列的广告,而一系列的广告又围绕着同一主题。辐射构思法往往就是以广告活动的主题为基点,任凭创作者的思维、想象驰骋。在产生若干有关创意之后,创作者再从中选择出一个适合广告主题、有创造性、有诉求力的创意。例如,为了突出医用胶的黏合功能,创作者可以尽自己所能,想出若干表现黏合功能的创意,如用现实的表现手法表现医用胶在医学临床上的运用,或用瓷器破碎重新黏合的借喻方法来表现其功效,还可以用权威医生的证言来传递医用胶的功能信息,等等。有了这些点子后,创作者再根据本产品的特点、消费者的心理以及目前广告制作的条件要求等,确定一个合适的创意。不过,有时所确定的广告创意不一定很完善,必须加以适当的修改、发展,或综合其他创意的优点。

辐射构思法的优点是对思考过程的限制较少,有利于产生一些新奇、独特的创意。使用该方法进行广告创意时,要特别注意,不要轻易地否定自己所想到的点子,不管这点子是荒唐离奇,还是俗气可笑。而且当点子一旦在头脑闪现时,就要立即把它记录下来,以免遗忘。

6.3.7 J. W. 杨创意法

J. W. 杨是美国著名的广告人,曾任智威汤逊广告公司的创意总监。杨氏认为新构想是不折不扣的老要素的新组合。在阐述老要素是如何进行新组合以形成一个新构想时,他认为这个过程可分为下列五个步骤:

(1)收集原始资料。原始资料分一般资料和特定资料。一般资料是指人们日常生活中所见所闻的令人感兴趣的事实;特定资料是与产品或服务有关的各种资料。老要素即从这些资料中获得。因此要获得有效的、理想的创意,原始资料必须丰富。

(2)思考和检查原始资料。这一步骤就像吃食物一样,对所收集的资料进行理解消化。

(3)酝酿阶段。在这一阶段,创作者不要做任何努力,尽量不要去思考有关问题,一切顺乎自然。简言之,就是将问题置于潜意识之中。

(4)创意产生。经过上述三个阶段,你可能没有期望会出现什么奇迹,但奇迹就莫名其妙地出现了,即一个新的构想诞生了。

(5)形成和发展构想。一个新的构想不一定很成熟、很完善,它通常需要经过加工或改造才能适合现实的情况。

J.W.杨的创意产生法跟英国心理学家瓦拉斯对创造性思维过程的描述相类似。该方法自提出之后,得到广告界的广泛运用和讨论。

6.3.8 脑力激荡法

它是由美国BBDD广告公司的奥斯本首创的。具体的做法是,召开一个10~15人的小型会议,会议的内容提前一到两天通知参与人,会议的参加者包括广告业务人员和广告创作人员。参加者在结构因素上(年龄结构、专业结构、性别结构、能力结构、性格结构、知识经验结构等)具有良好合理的搭配,能够取长补短、有机结合,会议成员须忘记自己的职务,人人平等,畅所欲言,通过相互激励、相互诱发产生思考的连锁反应,充分激发每个人的创造力,从而产生更多的创意。运用这种方法要遵循以下原则:

(1)会上禁止批评和反驳别人的创意,保持良好的创造气氛。

(2)对创意的质量不加限制,而要求创意的数量越多越好。参与者可自由联想,任意发散,毫无限制地发表见解。

(3)可以利用别人的创意激发自己的联想,组合产生新创意。这种动脑会议因为具备集体创造的人员结构和创造气氛,更能发挥每个人的创造力,在相互启发中扩展思维的变通性,使之产生1+1>2的合力效果。

在动脑会议之后,由会议记录员将记录整理,会议主席将这些创意分类,再让有关人员评定,并按销售策略,取其精华,成为进行下一步创意的基础,最终产生实际执行操作的广告创意。这是一种行之有效的集体创造的方法。

6.3.9 黄沾创意法

黄沾是中国香港著名的创意大师,他在广告、填词、电影、电视及小说创作上都有较高的造诣,被人尊称为东方的创意大师。他提出了广告创意"加、减、乘、除、转、用、时"法,具体如下:

加:指在原有的基础上加上一个元素,从而创造一个新的概念。例如,2合1洗发水;摩托罗拉6188天拓手机就是在手机原有功能上加上一个掌上电脑记事功能从而畅销市场,都是遵循"加"的原则。

减:指减省。无绳电话就是在有绳电话的基础上减省了电话线。

乘:指放大。现实生活中的商场发展到超市再到大卖场,规模越来越大。现在很多食品、日常用品推出"家庭装",就是这种方法很好的体现。

除:指缩小。如许多日用品的"旅行装""随身听"。

转:指倒转。从事物的根源着想。如美国曾出现果蝇灾害,一般人就会想到怎样用药物灭虫,而一位很有创意的人提出,研制出一种生命力很弱的雄果蝇,让其与现有的母果绳交配,使果蝇体质一代比一代差,从而最终消灭这种害虫。这是一个典型的"转"的创意方法。

用:指改用途。一般来说,手表主要卖点是"精确",但瑞士斯沃琪(Swatch)表就推出"迟到无妨"的系列广告。文案为"迟到何妨,多与自己的恋人缠绵一会儿,因为时间是为恢复人性而存在"。这就是改变了手表的一般用途。

6.4　广告作品的构成要素

一则广告是由许多要素构成的,每一个要素都有其特定的作用。画面、语言和音响是广告作品的三个主要组成要素。除了电视广告包含这三个要素之外,其他媒体广告基本上只包含这三个要素中的两个要素(如报纸、杂志和广播)或一个要素(如一些户外招贴和直邮广告)。下面着重讨论各个要素的心理效应和创作原则。

6.4.1　画面

广告画面在印刷媒体上常称为插图,在电视媒体上有时称为画面,有时称为图像。插图是静态的,图像一般是动态的。插图和图像在一则广告中具有某些相同的功能,但也存在着某些差异。

(1)画面的心理效应

①吸引和维持受众的注意力。国外有一家化妆品公司曾以一张普通的黑白广告和一张相同图案的彩色广告进行注意效果程度差异的调查。其结论是,两幅广告中,最引人注意的地方同样是商品的照片,彩色印刷广告的注意率达 84.1%,黑白印刷广告为 46%。文案部分注意率都比较低,注意率最低的是文字标题。彩色印刷广告注意率为 7%,黑白广告第一眼注意标题的几乎是零。

广告插图易于引起读者的注意。广告艺术顾问安辛·阿姆斯特朗把插图的这一作用称为"突然袭击",并对此作如下描述:"假设你的读者正在小心谨慎地阅读杂志。他从心理上对一切广告都感到天生的厌烦。在他的缓慢阅读过程中,你为他设置了一个突然的陷阱——让他面临一个突然的断崖绝壁而茫然无措。他急忙悬崖勒马,失去了平衡而险些一头栽下去。他手足无措,终于像爱丽斯掉进兔窝那样地跌入深渊。在那里他却发现了简单的真理而马上掌握了它——这是他从前未见到过的。这就是怎样让他跌下去并跟着你爬上来的办法。"另有研究表明,图形与文字在一个广告中同时出现时,图形的注意度为 78%,而文字的注意度仅为 22%。

②强化受众对言语信息的理解和记忆。广告向受众传递情报性信息主要是借助于广告语言来实现的。通过广告语言,广告主能够向受众比较详细地描述商品的性能、用途、质量、购买时间、地点等各方面情况,为广大消费者提供确切的信息。广告能否达到这一目的,其前提是受众能否很好地理解和记住广告所传递的信息。而受众对广告信息的理解记忆程度又部分地取决于广告画面。因为,广告语言与画面中特定的人物、景物由于同时或连续呈现,受众会产生联想记忆。另外,电视广告如果图像与语言表达内容相同,它们分别同时刺激人的听觉和视觉器官,信息分别由听觉系统和视觉系统进入记忆系统,因而达到双重编码的功效,所以记忆效果比较好。

③有较强的说服作用。美国全国广告人协会的调查表明,广告中如果没有图片,将减少 75%的效果,而如果广告中没有声音配合说明,效果只减少 25%。可见画面在广告的综合效

果中占了非常大的比重,有着较强的说服效果。

(2)广告视觉表现原则

由上述关于广告画面心理功能的分析描述可见,画面的设计制作是相当重要的。关于画面如何进行设计制作,J. R. 罗斯特和 L. 佩斯认为广告视觉表现原则为:

总的来说:

①多用比言语内容更有影响力的视觉内容。

②多用高意象(较具体)的视觉内容,少用抽象的视觉内容。具体的视觉内容是指描述那些看得见、摸得着、听得到的人物和事情。

③将产品与视觉内容中的产品使用情境和人物联系起来。

④利用色彩唤起情绪,黑白提供信息。

对印刷广告来说:

①运用尽可能大的插图。

②利用多要素的插图(有趣的细节)以保持注意而非吸引注意。

③将标题置于标题和文案被阅读之前能被看到的位置。这不是说标题必须在插图之下,而是说插图应该先能吸引注意。

④在不同的广告中围绕同一主题改变插图,防止注意疲劳。

对电视广告来说:

①确保关键画面保持至少 2 秒钟,关键画面要么显示商标,要么描述主要信息点。

②与关键画面有关的声音应该跟在关键画面之后,置于次要画面之中。次要画面是给观众时间,以理解和注意听觉文案的填充性或过渡性画面。

③在词的运用上,肯定句中应运用高意象词,而否定句中则用低意象词。

④不同的广告围绕同一主题改变面面,减少各种形式的疲劳。

6.4.2 语言

人类的交流是利用语言(包括口头语言与文字语言)、手势、动作、表情来传达意识的,不过,就传达意识的工具来说,最重要的仍然是语言。

(1)广告语言的作用

我们先来回忆一个在广告史上非常有名并且一直被广告大师奥格威引以为自豪的例子——波多黎各经济开发署的广告文案。这则广告的目的是吸引工商业者到波多黎各投资,奥格威为它写了一篇包括 5 个小标题、长达 961 个字(英文)的广告文案,这则广告获得的效果是:"1.4 万读者剪下了这则广告中的回单,当中的几十个人后来在波多黎各开办了工厂。我职业方面的最大满足就是看到在我写广告前在死亡线上挣扎了 400 多年的波多黎各社会开始迈向繁荣。"而这则广告的成功,完全是广告语言的成功。

我们将广告语言对于广告作品的作用概括为:

①传达广告信息。这是广告语言最基本的作用。一则广告如果不能传达任何广告信息,那么它的存在就没有丝毫的意义。广告文案通过它的各个组成部分,分别传达商品或服务的功能、特点、对消费者的承诺等信息,使消费者对这种商品或服务产生认知、兴趣、好感,进而引发他们的购买行动。

②表现广告创意。这是广告语言的又一重要的职能。广告创意是关于广告信息如何表现的基本概念,广告语言和广告画面是这一概念的物化表现。停留在广告创作人员头脑中的创

意是无法对广告受众产生作用的,只有通过恰当的语言和必要的画面,才能将广告的诉求内容传达给受众。

③塑造商品、服务或企业的形象。同类商品、服务或企业本身也许并无明显差别,但是在消费者心目中的形象却可能完全不同,而完成这种有差异性的形象塑造的最主要手段就是广告文案。广告文案通过语言文字的表达方式、表达语气、表现风格、文案中包含的令受众切实可感的形象、意境及由它们引发的受众对商品、服务或企业的有益的联想,来塑造商品、服务或企业的形象,而这种通过广告创造出来并且传达给受众的形象常常可以赋予平淡无奇的商品、服务或企业崭新的生命。

④限定广告画面的内涵。比如一则"汽车"电视广告,画面上只出现一辆汽车翻山越岭长途跋涉,有的观众会认为它是一辆节省油料的车,有的观众会认为它是一辆行驶平稳的车,有的观众会认为它是一辆乘坐舒适的车,而广告要告诉受众的则是它特别突出的"安全"的性能,如果没有必要的字幕、画外音或人物对话来对画面的内涵进行限定,那么广告所要传达的信息和受众实际接受的信息恐怕要相差万里了。

⑤借助于语言,广告效果才得以持久。一种商品在市场上的推广,往往不是一两个月的短期行为。一则广告的刊播,往往也不是为了获得暂时性的效果。大多数广告主都希望广告所获得的传播效果越持久越好。然而,当我们回忆所接触过的广告时,我们所能回忆出来的大多数是广告语,如"太阳最红,长虹更新"、"海尔,真诚到永远"、"金利来,男人的世界"、"十足女人味,太太口服液"等。这不是偶然的现象,它说明了广告语在维持广告传播效果中的作用。从心理学的角度来说,图像材料由于意义的不确定性,而容易在人们的记忆中消失。语言由于结构性强、语义确定,一旦进入人们的记忆之中,可以保持相当长久的时间,而且具有相对稳定性。特别是那些重复呈现次数多、顺口押韵的语言材料,记忆更加持久、深刻。

(2)广告语言创作的原则

广告语言包括标题、文案、口号和解说词等。它要依靠一定的广告媒体,才能传达到特定的消费层。不同的广告信息、不同的广告媒体、不同的消费层,都有不同的传递与接受特性。

①信息的理解性。广告信息一般分为商品、劳务、企业、观念等类型。广告信息的诉求方式,因广告信息内容不同,以及人们对接受广告信息的理解要求不同,常采用理性诉求或情感诉求,或两者兼有。这些诉求方式的差异,在广告文稿上表现为不同的文体,在广告用词上表现为不同的语体。广告的理性诉求以说理为主,广告文稿多用说明、议论的表达方式,有较多的科学语体。广告的感情诉求以激发消费者购买情绪为主,广告文稿多用叙述、描写、抒情等表达方式,有较多的口语语体和文学用语。一般来说,生产资料广告,以理性诉求为主,以便购买者易于理解这类商品的实际使用价值,从而放心购用;而生活资料广告,却以感情诉求为主,或理性诉求与感情诉求兼而有之,觉得购买这类商品,既能满足物质的实用需求,又能满足精神的某些需求。

②媒体的适应性。不同的广告媒体,是由不同的物质与技术构成的,因而不同媒体的广告处于不同的时间与空间,有不同的传达广告信息的方式,对消费者会引起不同的心理反应,这便是广告媒体的心理特性。广告语言的表达方式,要适应不同广告媒体的心理特性,才会有良好的广告效果。从媒介角度来看,现代广告主要有报纸广告、杂志广告、广播广告、电视广告、网络广告等,由于其依附的媒介不同,基本结构不同,因此广告特点语言的创作艺术各不相同。例如,广播广告的语言强调通俗易懂、生动活泼、节奏明快、适当重复和口语化的要求;报纸广告讲究形式多样、条理清晰、逻辑性。杂志广告的文案创作侧重于正文;而电视广告的文案创

作则侧重于解说词、对白和屏幕文字。所以说,在广告语言创作中,应该高度重视对媒介的特性分析,以创作出符合特殊宣传媒介需要的广告用语。

③目标对象的针对性。广告语言的创作,在用词上应该适应宣传内容、宣传方式和公众对象的需要,强化用词的针对性,以提高广告语言的感染力。广告对象因其性别、年龄、职业、文化水平的不同,对接受广告语言的心理要求也不同。比如,以老年人为对象的电台广播广告,却用小孩的语言来推荐商品,就有点轻佻与讽刺的意味;反之,供应给儿童的商品广告,却用老成持重的语言去介绍,也会大大削弱广告的效果。

④受众心理的鼓动性。广告语言是为商品促销服务的,不同于一般作品的叙述、抒情、论证,尤其强调感染力和号召力,使公众一看到广告文案,就涌现出美好的意境,产生强烈的好奇心,这样就可以创造出广告的轰动效应。强化广告文案的鼓动性,除了立意准确鲜明以外,尤其要注意以下几点。

第一,宣传用语要富有动作色彩,借用祈使句的形式,直接诱发公众的参与心态和动作意识,如:"重病缠身,不断努力,挑战自己的极限"(补品广告);"下岗不必灰心,创造第二人生"(再就业广告);"请大家告诉大家"(皮鞋广告);"别以为你丢了头发,应看作你赢得了面子"(理发店广告);"请注意,好机会稍纵即逝,现在你还勉强选房子,晚来一步只能房子选择你"(房地产广告);等等。这种带有明显祈使句色彩的广告标语,均具有较强的心理驱动性。又如"迎接夏日之吻,装点美好青春"(太阳镜广告),这种广告标语虽无明显的祈使字句,但带有强烈的动作性,因而也具有较强的鼓动性,容易诱发公众的购买行为。

第二,善于制造意境、梦想。人的行为受制于自己的意念,意念的形成有时是公众自己形成的,有时是在他人暗示作用下形成的。如果我们能在广告文案的正文部分设计出美好的意境,创造出美好的梦想,公众受到感染,在暗示机制作用下,会马上产生相应行为。

6.4.3 音响

音响是广播、电视广告的一个重要组成成分,它包括音乐和效果声。由于音响不能直接负载商品信息,所以在广告创作中常常被放在次要的位置,没有得到充分的重视。不过,近些年来,广告音乐越来越受到人们的重视。例如,在目前的电视广告中,以音乐为主的产品广告占有相当的分量,且越来越多的歌唱家、歌星进入广告圈。有些广告主不惜重金制作广告音乐片。

(1)音乐

音乐从表面上看是非常抽象的,它不可能像语言那样确切地传达具体的信息,但却能极大地影响人的情绪和环境气氛,能够很好地表现地方特色和时代特征,有力地烘托主题,也有着极强的象征作用。因此,音乐在电波广告中的作用是不能低估的。音乐是电波广告的主要辅助声音,即配合广告主题及语言声音的音乐背景声。构成音乐的基本要素是旋律和节奏,所以音乐主要也是通过旋律和节奏来烘托电波广告主题、丰满语言声音的。音乐分器乐与声乐。

①器乐。一般情况下,受制作费用等因素的影响,广播广告的音乐声音多以器乐形式出现。制作者通常会直接选择现有的音乐资源,如各种风格的器乐合奏曲、独奏曲、电声乐曲等,经过剪辑处理,为所要传递的广告主题服务。选择广播广告音乐,要坚持以下两个原则:

第一,音乐风格与广告主题风格的一致。音乐是最有感情色彩的,钢琴的华丽、小提琴的抒情、吉他的浪漫、古筝的典雅、唢呐的高亢,每种乐器的感情基调本身就不相同。而随着节奏与旋律的变化,音乐的感情色彩也会跟着发生变化。所以,选择何种类型的广告音乐,或热闹、

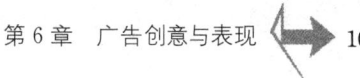

或清新、或神秘应根据广告主题风格的特征来确定。

第二,音乐旋律节奏与语言声音节奏的一致。在广播广告中,语言声音是主声音,音乐起烘托与陪衬作用,两者结合得好,音乐才能锦上添花,帮助听众对声音的理解。这中间,最关键的是要让两种声音在音量上和节奏上达成和谐。童谣、快板、顺口溜等形式之所以广受欢迎,就在于两种声音语言的统一,产生一种韵律感、和谐美。

②声乐。这是以歌唱的方式呈现音乐声音的一种形式。在电波广告中,也有两种类型:一是借用现成的歌曲,以引起听众的好感与偏爱;二是原创广告歌曲,指专门为某一特定电波广告所作的歌曲。这种音乐形式比较具有新鲜感,由于是为某个产品度身定做的,在旋律、节奏风格上比较贴近广告主题,能较好地展现产品的独特个性。在实践中,要针对不同消费者、不同的产品特性,选用不同的广告歌曲。具体而言:

第一,活泼轻快的歌谣,能让儿童产品更快地被受众接受,并可能借由相互传唱无形中帮助品牌记忆,增加购买率。当年"娃哈哈"果奶"甜甜的酸酸的,有营养味道好……"和近年"喜之郎"果冻布丁"美味健康,快乐营养和你欢聚一堂"的熟悉旋律,赢得了众多小朋友的喜爱,"娃哈哈"与"喜之郎"也成为同类产品中的第一品牌。

第二,流行曲子的广告歌,可以充分利用其旋律性和传唱性,吸引年轻人的注意,并进而影响到他们对品牌的注目率及好感度。例如,"曾经的欢乐、悲伤,我们同分享,未来的路漫长,我们一起闯"(金芒果集团)、"你看到了什么?我看到了健康美味新生活"(银鹭花生牛奶)等,在年轻观众中就有相当的市场。

第三,名人+歌曲,广告与唱片市场双赢。商家与唱片公司联手,商家斥资请名歌手以主打歌的形式为产品或企业做代言人,产品与企业的信息巧妙地隐藏在歌词与相应 MTV 画面里。操作上,商家常常又从一首完整的 MTV 里套剪出 30 秒、15 秒多种形式的电视广告版本,而唱片公司则借助广告的强势无形中为歌手及其主打歌作了广泛的宣传。例如,娃哈哈矿泉水先后以景岗山的《我的眼里只有你》及毛宁、陈明的《心中只有你》做递进式形象推广;张惠妹的一曲《给我感觉》使雪碧饮料深受少男少女欢迎。

(2)效果声

效果声又称音响声音,简称音效。它是用各种器械制造模拟声或通过科学方法从生活中采集自然界和人们现实中的各种声音。音响声音在介绍环境、烘托气氛、推进情节、制造悬念等方面发挥着重要的作用。音响声音具有强烈的提示功能,人们一听到那些熟悉的声音就知道在什么环境,正发生什么事情。当然,运用音响声音也要有原则,讲分寸。

①精选慎用,用则传神。广播广告一般在 30 秒左右,最长也不宜超过 1 分钟,因此,只有在确有必要之处才使用音响声音。如果音响声音使用多而杂,就会干扰主信息的传达,甚至成为噪音。当决定要用音响声音,就要用得真,用得巧,用得神,让音响声音真正为创意服务。

②诉诸感情,身临其境。音响声音来自生活和语言声音,与音乐声音比起来,它显得更真实、更真切。所以运用音响声音,一方面要尽可能唤起听众生活中的熟悉反应,让他们有身临其境的感觉,只有在这个前提下,他们才可能有兴趣去了解、消化你所传达的广告信息。另一方面,自然音响也常常与人的心情高涨低落相对应,人们听到声效后会有一种本能的情绪反应。要想衬托、说明某一个特定时刻的心理状态,就要选择具有相应感情色彩的音响声音,这样的音响声音才能在广告创意中真正起到作用。

6.5 广告制作的表现技巧

广告运动中,如果说创意是灵魂、是理想,那么广告设计制作就是将这个理想付诸现实的工作。创意是一个永无止境的追求,设计也同样有着无比宽广的空间供你驰骋。尤其在今天的信息时代,各种各样丰富多彩的媒体为广告人提供了无穷的表现手法。

应当说,广告设计制作是将创意者的天才思维传达给受众过程中必须经历的过程。没有准确的表现,广告就无法达到预期的效果,一切天才构思都将付诸流水。下面着重讨论广告表现的一些技巧。

6.5.1 平面设计的视觉强化

(1)用色彩传达情感

色彩对于人的心理有着普遍的影响,它能够唤起各种情绪,表达感情,甚至影响我们正常的生理感受。因此,在广告设计中充分运用色彩可以有效地加强广告对受众的情感影响,从而更好地吸引有效注意,传达商品信息。

一般来说,每种颜色都与一些相应的情感相联系。白色一般会使人想到清洁、纯洁、神圣、诚实。少女穿上白色的服装会给人以纯洁的感觉;但在中国的许多地方,送葬时穿的是白色服装,因此,白色也会产生死亡的联想。黑色是夜晚的象征,因而会使人产生罪恶、悲哀、压抑、死亡、庄重的感觉。红色具有刺激人的生理欲望的作用,同时与温暖、危险、争斗、愤怒相联系;此外,红色还有吉利、吉祥、好运气的意思。黄色表示愉快、舒适,同时也可能使人产生富裕、高贵的联想。绿色是生命的象征,容易使人产生和平、充满生机以及平静、安宁的感觉。蓝色与广阔的天空和大海相联系,会使人联想到遥远、冷淡、寂寞、朴素。紫色可以使人联想到优雅和威严,还有优美、满意、希望、生机的感觉。青色是鬼火的颜色,具有冰冷、恐怖、神秘的感觉。

由于不同的颜色各有其不同的心理意义,所以在进行企业形象的视觉设计以及个别广告的创作设计时,应该注意颜色的运用要与广告活动的理念、主题、基调以及产品的特点相协调。从一些国际知名品牌的广告活动中,我们也可以看出,它们非常重视广告色彩的选择运用。例如,万事发香烟广告,都是以天蓝色为基调,来衬托该商品的"淡雅飘逸"的特点;而万宝路香烟则以红色作为广告的基色,来进一步突出西部牛仔的"冲劲"。

但在运用色彩传递情感时,应注意:

①切勿为了标新立异而滥用色彩,或许你选择的色彩很吸引人,但并不恰当。翠绿的叶子好看,而翠绿的手却让人恶心。

②别让受众的眼睛太累。

③在颜色的选择使用时,也要注意颜色的心理意义因地区和文化的不同而不同。在许多国家,绿色象征着生命与和平;而在马来西亚,绿色则会让人想到森林和疾病;绿色还是埃及和叙利亚的国色,用在商品上不受欢迎。在我国,红色象征着喜庆、欢乐和胜利等,爆竹染上红色是合情合理的事;而德国和瑞典人不爱滥用红色,所以我国原先出口到这两个国家的红色爆竹不受欢迎,改为灰色后则销路大增。

(2)字体形象化

在广告表现中,将品牌名称或标题口号深深印入受众的记忆,是广告创作者追求的目标。

字体形象化是一种非常有效的手段，可以扩大文字的内涵，传播更多的信息。同时，字体被变幻成形象，也使文字不再仅仅是一种符号，变得富有生气。这样，它可以同时既作为文字又是形象，通过受众的抽象思维和具象思维一起发生作用。事实证明这是一种成功的做法。

知识链接6-4

中国民间艺术中有一种画字。你可以看到卖字老人是如何用手中丰富多彩的颜料来画字的。他一会儿画一轮红日，一会儿描一只白鹤，很快一副"福如东海长流水 寿比南山不老松"的对联写成，所有的部首都是七彩的形象，跃然纸上。在西方最典型的例子是把LOVE中的O变成心形，非常简单却非常成功。

我国古井酒业集团的标志就是把其品牌名"古井"两字进行巧妙的变形、组合而成。标志下面是一个红色的圆，上面是一个苍劲的书法"井"字，组合在一起就是一个"古"字，单看标志的上部就是"井"字。标志把品牌名进行有机的变形，简洁明了，内涵深蕴，易识易记，极富视觉冲击力，是一个非常成功的广告设计。

字体形象化可以使你的广告诉求力得到加强，让枯燥的文字符号变成美丽的形象。需要考虑到的有以下两个问题：
① 不要把文字形象化到不再成其为文字的地步。
② 形象化的部分不要重复出现太多，那会引起厌烦情绪。

(3) 让画面残缺

在一般的广告表现中，创作者总是用画面的完美来喻示产品或服务的无懈可击。但是画面的不完整一样可以传达很出色的诉求。因为受众总是对不同寻常的事物有着极大的兴趣，渴望知道原委，在求知欲的驱动下，他会读完整个广告。这时候广告创作者的目的就达到了。另一方面，画面残缺还可以成功表达一些广告诉求，展示给诉求对象一个信息：如果没有，那么就是这样。以此激发受众改变这种状况的欲求，直接起到推广产品或服务的作用。

韩国三星公司曾创作了一则广告，画面是一幅海滨别墅房间的照片。室内光线非常柔和，以木质的黄色调为主，是一个温柔舒适的家居场景。室内的家具非常精致典雅，茶几和小圆台上陈放着家用笔记本电脑、微型收音机、便携式移动电话和随身听（CD walkman），面向沙发的是一台大屏幕落地电视机，木质的墙板上巧妙地镶嵌着组合音响和喇叭。毫无疑问，这是一个享受高科技成果的优越家庭。可是在画面的左下角，图上沙发的旁边却出现了一个不规则形状的空白。这是什么呢？好奇的读者的胃口被吊了起来。在版面上寻找的结果，是左下方的一幅小狗的照片，小狗的上方有一句话：Something we don't have the technology to make（我们的技术无法制造的东西）。受众在看到这一切以后，广告所表达的内容也就不言而喻了：在人们今天生活的环境，只有大自然的生物是三星公司的技术所无法制造的。企业的雄厚实力得以显现，同时也反映出三星公司强烈的自信心。

画面残缺的形式多种多样。英特尔计算机公司的广告引用了当今世界公认的绝世佳作《蒙娜丽莎》。画面上，蒙娜丽莎眼中依然带着神秘的光泽。不过，在本应是双唇的地方，现在却只有皮肤了。大吃一惊的读者马上会在旁边看到两行字："一台没有英特尔集成电路块的计算机看起来就是这样。"人们不能容忍完美艺术的残缺。公司将其产品的重要程度强调到这种程度，诉求力相当大。文案中有如下词句："再看一遍。也许看上去令你难忘，但是如果你的个人电脑没有一个英特尔微处理器,你将永远不会看到它最完美的状态,因为微处理器是个人电脑运作中最重要的因素,更不必说它能用什么软件了,无论是现在还是将来。"无疑,这则广告里对受众最具冲击力的是无唇蒙娜丽莎——紧紧抓住受众正是广告所应做的第一步。

让画面残缺的表现手法运用时要注意:
①画面上残缺的应该只是小的部分,不要让受众无法识别整体画面是什么。
②要能使受众一眼就发现画面是残缺的,亦即缺失的部分不应可有可无。
③不要引起负面的情感,如没有手的人看起来是令人极为不快的。
④在受众的好奇被激起之后,应当尽快把"答案"告诉受众。

(4)使画面充满韵感

广告感性诉求的一种典型做法是营造氛围,通过某种氛围对消费者进行感染。其中韵感是平面视觉设计中很有效的表现手段。创造韵感即通过运用色彩明暗的调节、线条柔刚的选择给受众一种韵律感。

《商业周刊》刊登的通用汽车公司别克车的广告便具有某种韵感。版面主体是一幅彩色照片,这是一个夕阳西下或者说朝霞满天的景象。照片上部是整个画面中明亮度最高的部分,远山笼罩在金红的霞光里,在起伏的山峦间,流水般的一带公路由天边蜿蜒而来。公路上的中央分隔线和边线是明黄的,在画面上划出几道光滑圆润的曲线,给人一种幽雅的感觉。相对于山峦的高低起伏和色影斑驳,公路的均匀色彩和完美曲线就仿佛是在喧哗的闹市间忽然传来的一支天籁雅韵。整个画面的气氛烘托起来后,广告适时地展示出一辆崭新的红色别克君威车,诉求十分有力。

视觉平面设计中的韵感主要靠线条、色彩明度的变化来创造。流畅变化的光滑线条和色彩明度过渡自然的视觉形象,尤其能够创造出韵感。广告摄影家常用柔和的光线以及影像来创造这种韵感。

一则香水广告几乎完全是靠着这种手法来表现的。画面背景是黑色的,主体被摄物为一朵花和一个香水瓶。摄影师巧妙地设置了灯光,使流线型造型的香水瓶看起来充满了各种各样柔和的光滑曲线,黑黄白等色彩错落有致,明暗相间,玻璃的透明处焕发出一种纯净的蓝色。洁白的花和玻璃台板上倒影的映衬,使瓶子成为一件完美的艺术品,宛如一支浪漫的小夜曲,标题为:"奥斯卡·德·拉·伦达知道是什么令一个女人美丽。"整个广告再没有多余的话,营造出的浪漫气氛已经传达了广告信息:这种香水可以让你拥有相同的美好感觉。

韵感能够营造氛围,但还要考虑到:
①这是感性诉求的一种表现手法,并不适用于任何产品。
②版面要适当宽松,过多的视觉点会破坏韵感。

6.5.2 电波广告的印象加强

(1)语音特质化

电波广告的发布,多以语言传播商品或劳务资讯。播音者的声音是信息的载体,所以如果创作人在播音者的语音上做点文章,可以有效地引起受众注意,加深广告印象。一种比较好的做法是语音特质化,即使语音得到与众不同的特色。这样,由于语音的特质,广告可以从众多的信息中凸显出来,在极短的时间内给听众留下深刻印象。

早些年在全国各大电视媒体热播的"华英鸭"的电视广告片,请的是"唐老鸭"的配音演员——李扬配的音。李扬这种极富个性的"唐老鸭"的声音,把华英鸭送入千家万户,"华英鸭,

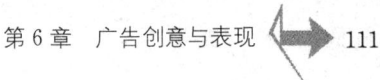

品质共分享"这句广告语也被广为传诵。

语音特质化除了播音者的语音可以被主动调整变化外,还可以充分运用现在的电子技术、拟音技术和录音技术对广告语音进行加工处理,使之具有形象性或特殊性,从其他广告中脱颖而出。以下介绍几种语音特质的方法:

①电话声质。这是指在广告中使用模拟电话声音的做法。这种做法已广泛运用,尤其在影视中,这样既可以听到此方声音,也可听到对方声音,广告情节可以迅速展开,且其特殊效果可以引起听众注意。

②回音处理。在人们的生活经验中,产生回声的地方多为山谷、空屋、大厅等空旷的地方,因而回声能给听众一种空间感。美国摩托罗拉(Motorola)寻呼机的口号是"摩托罗拉寻呼机,随时随地传信息"。广告诉求点确立在寻呼机可以在很大的时空范围内发挥作用,以满足传递信息的需求。电视广告中有一段对白,最后一个"摩托罗拉"被回声处理过。演员以慢速一字一顿说出,并伴以回声,循环回荡。给听众的听觉联想是摩托罗拉的信息跨越很大的时空传递出去,广告主旨被很好地表现出来。

③幻化音质。如果广告情节中有梦想、理想、未来的内容,一般是不容易在声音中得到表现的。此时,可用音响技术进行处理,赋予语音一种魔幻色彩。话音报时钟的语音就是这样一个实例。

(2) 歌以颂之

广告歌渊源已久,在电波媒体产生以前,可以认为叫卖吆喝是它的前身。自从20世纪电波媒体产生以来,广告歌便在商业广播广告中占据了极为重要的地位。它是把广告创意用一定的音乐旋律和歌词表现出来的广告形式。下面引述日本作曲家昌山浩一对广告歌特性的看法:

感染性,广告歌可以一传十、十传百地进行传播。

煽动性,指音乐旋律对人的生理、心理活动的必然影响。

传播性,声音旋律无孔不入,只要曲调优美动听,简单易学,广告歌便会自然传唱、不胫而走。

反复性,反复播放广播歌不会像反复说一段广告语那样引起受众的厌烦情绪。

诉求对象的广泛性,无论男女老幼,只要能听能说,都能留下印象,并可进行二度传播。

塑造印象性,指视听联想效果,听到熟悉的广告歌便会联想起企业或产品形象。

购买时间地点的再生性。再生是指把过去的记忆重新唤起的意识。意识支配行动,因此再生可以在购物时影响消费者的选择。虽然购物行为是受需求支配的,但在具体品牌的选择上,过去的经验的再生却发挥着重要作用。

广告歌的创作历来为广告创作人重视,但要很好地运用它还应当注意以下几个问题:

①广告歌究其根本是广告而非艺术,其广告实用性应被置于第一位,切不可忽视了广告的商业目的。

②创作务必通俗平易,不可将受众范围人为地缩小。

③广告歌应当与产品或企业密切联系,诸如在歌词中放入品名、企业名或品牌名;否则,歌是流行了,可受众对产品、企业或品牌的印象却丝毫未有。

④广告歌如果配以精彩的广告影像或广告词,内涵可以得到丰富和加强。

(3) 纪实传真

电视广告的制作近年来出现了一种纪实主义手法。采用新闻纪录影片的表现方式,意在加强广告信息的可信度,增强广告诉求力。运用纪实主义手法拍摄广告影片的做法有两类:一种是以纪录片作为广告影片;另一种是以纪录片的拍摄和制作手法来拍摄广告影片。前者要求以纯粹的新闻纪录片拍摄方式来表现产品或劳务信息,以纪录片所实录的内容实施广告诉求;后者则仅仅是运用了纪录这种表现手法而已。简单地说,即"看上去像真的一样"。

纪录片广告常被一些大企业采用,可用以展现企业形象。如一些企业广告采用了一组纪录片镜头,其中包括厂房、设备、技术、科研及生产线上繁忙的工作场面等镜头,同时配以背景音乐和画外音解说,有力表现企业的形象。用这种"据实以告"的做法,使观众获得全面而深刻的企业和产品资讯,产生"眼见为实"的信任感。而纪录片式广告,具体手法有同期录音、现场实拍、自然光照明等。有时制作者甚至可以使用某些人为的可以造成真实感的手法,如嘈杂的声音、摇摆不稳的镜头、选用群众演员等。比如,宝洁公司的汰渍洗衣粉、碧浪洗衣粉一直都采用纪录方式创作广告片。其广告都是深入居民家中,采访家庭主妇对他们产品的看法。当然,这些被采访者都是在诉说这些产品的优点及独特之处。这样拍出来的广告片给观众一种很强的真实感、亲切感,从而产生很强的信任感和品牌偏爱。

把事实陈列出来,将消费者置于专家的地位,请他们自己来说服自己,纪实广告便是基于这种考虑而出现的。但在做这些纪实广告时须考虑以下几点:

①用纪录片来作为广告片播出,花费相当大,企业或产品的专题纪录片一般都是较长的。

②可以用一些手段来加强广告诉求的真实感,但是不能发生欺骗行为。欺骗必定是得不偿失的。

③注意内在逻辑性,因为广告片毕竟是很短的,多镜头切换不要破坏逻辑性。

④注重简洁,应只保留广告信息的核心内容,不要渲染气氛和其他多余的东西,那样就不像纪录片了。

⑤纪录片作为广告片播,因内容过多,可能会引起观众的厌烦。

附录:制定广告主题检核表

1. 新产品时

☐ 假如该商品是前所未有的新产品,是否具有产品趣味,即该商品在本质上所具有的能引起消费者的兴趣,给消费者在日常生活上带来很多方便?

☐ 构成产品趣味的决定因素是什么,是用途、结构,或者能给消费者带来方便?

☐ 该商品特性能满足消费者何种需求、何种期待和欲望(潜在的或显在的)?

☐ 该产品的产品趣味,在于必需品、嗜好品或两者兼有?

☐ 该商品是马上必要或非马上必要?

☐ 在客观上,发售该商品有新闻价值吗?

☐ 如果有新闻价值时,在新闻价值上能维持多少期间,1个月、半年或1年?

☐ 该项新闻能引起共鸣,创造流行吗?

☐ 因为发布了新产品面市的新闻消息,意见领袖或舆论领导者能乐于采用吗?

☐ 如再出现类似品,在时间推测上,其可能性如何?

☐ 今后,是否准备发售该商品的改良品?

2. 改良型商品时

☐ 如果该商品是既有商品之改良品,这种经过改良的新产品,其特性在何处?是新的原料、新的制法、新的部分品、新的结构、新的形式?

- □ 其特性对消费者重要程度的顺序是什么？
- □ 因为经过改良,消费者所获得的便利顺序如何？
- □ 上述两个顺序在何处交叉？
- □ 在本质上,该商品与既有的商品相同,如果开创新的用途时,该项用途是否有趣味性？

3. 新产品与竞争商品完全相同时

- □ 新产品与既有的商品比较,未有明显特征,即或略微不同,消费者也感觉不到,所以引不起关心。此时,为了创造产品趣味,有什么补救的要素？
- □ 品牌印象能超越竞争商品吗？
- □ 该商品的沿革或社会地位怎样？
- □ 工厂规模、环境以及设备之优越性,是否可用做广告内容？
- □ 经营者的人格、技术人员的优秀程度如何？
- □ 该商品的形态如何？是革新型、别致型或大型、小型,其魅力如何？
- □ 色彩能作主题吗？和流行色的关系如何？
- □ 包装设计的魅力如何？是简朴的或豪华的？
- □ 价格魅力如何？是便宜的或昂贵的？
- □ 准备做广告的商品,即或是普通的商品,如果是与消费者潜在的或显在的烦恼有关,可以利用消费者的烦恼以提高趣味性。
- □ 能否与人们所关心的事件相联结？
- □ 能和"名人"关联在一起吗？
- □ 能向不同阶层、年龄、性别的消费者诉求吗？
- □ 该商品与其竞争商品的广告主题不得相同。此点如何？
- □ 该主题包括商品的营销计划吗？或者与既定的广告目的完全相同吗？

(转自樊志育:《广告学原理》,上海人民出版社1998年版)

本章小结

在广告传播过程中,所有的广告信息都需要通过具体的媒体去接触目标受众。如何将特定的概念转换为具体媒体上的信息形态,是广告活动的思考重点。广告的创意策略确定后,如何依靠具体媒体的传达特性,运用各种信息元素及其组合方式将创意转化成广告作品及创意视觉化过程,构成了广告行业最具挑战的工作环节——广告表现。与广告创意思考不同的是,广告表现不再聚焦于商品特性和营销策略,而是以媒体特性和受众心理作为出发点,调动各种形式手段去营造广告创意的具体内容。广告表现由于受媒体形态和传播特性的制约,所以在不同的媒体形式上所传达的广告创意会有不同的侧重点,广告的表现力也不尽相同。

练习题

1. 你认为公益广告有何意义？
2. 网上广告活动创意的重点是什么？
3. 户外广告的创意及表现原则是什么？
4. 美国著名营销专家里斯和特劳特提出的定位理论有哪几个基本点？

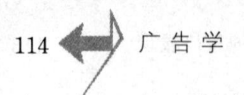

5. 请说明为什么在具体的表现形式上,电视广告媒体的作品更加偏重感性诉求?

案例分析

耐克创意广告

广告简介:地铁上,男女主人公分坐在两边。男主人公手里拿着面包圈吃得津津有味,对面的女主人公跷着脚

(镜头给女主人公的鞋子来了个特写)有含义地望着正在大吃的男主人公。突然,在地铁就要启动的一刹那,女主人公冲出车厢,跑向出口,来到大街上,冲出人群,跨过前方挡着的车门,逾越了各种障碍,以超级快的速度来到了卖面包的婆婆那里;脚都没有停下来,拿起面包、放下钱就跑;手里捏着刚买的面包,又以飞快的速度跨越各种障碍,冲向下一站的地铁入口;又是在地铁刚要启动的瞬间,女主人公一只脚伸进了车门。

(镜头对着女主的鞋来了个大特写)回到车厢,女主人公望望对面的已经品尝完美味的男主人公,指了指男主人公嘴角上的面包残余并递给他一张餐巾纸,然后得意地、自豪地、美滋滋地欣赏着刚买回的美味。此时,画面上出现"More Go""Nike shox"及耐克经典的"对号"标志。

广告创意阐述:(1)画面一开始展示着女跷着脚的细节(镜头还来了个特写),让人很好奇,很想继续看看这广告是怎么发展的,究竟要说什么?(2)女主人公在车就要开了的情况下冲出车厢这一举动,更是吸引着人们想要知道她到底要去干什么?刚才的镜头特写跟这一举动有什么关系?(3)女主人公突破了层层障碍,来到了卖面包圈的婆婆那儿并顺利地买到了面包圈,然后又突破层层障碍跑到了下一站地铁的入站口,让人觉得原来这是一个面包的广告,是因为太美味了,让女主人公为了得到它不惜拼命地奔跑,与地铁赛跑。可是,真的就是这样吗?(4)女主人公的一只脚踏入下一站地铁的门(镜头又来了个特写)——这让我很是疑惑了,为什么?难道不是面包圈的广告?为什么还要给女主人公的鞋一个特写?(5)直到广告的最后,画面出现"More Go""Nike shox"及耐克的标志,才让我明白原来这是耐克的广告。(6)再联系整个广告的情节,原来如此,是因为耐克的鞋可以让女主人公跑得飞快,可以让女主人公在成功地与地铁赛跑的同时获得自己的美味。这么一想,这一广告堪称妙哉妙哉,佩服佩服,精彩创意。这则广告不是"Just do it"这种向人传达拼搏运动精神的品牌内涵广告,而是建立在介绍产品特征基础上的产品广告。与其他介绍产品广告不同的是,它并没有直接介绍产品的好与坏,而是通过穿着它的女主人公突破挑战从而得来想要的美味这一故事来展现耐克运动鞋的舒适与轻便,让人吃惊,让人回味无穷,而且印象深刻。不得不称赞,这真的是一个超具创意的广告。我的理解是,只要是意想不到的,都是有创意的。这么一个意想不到的结果,在人的心理上起到了巨大的震撼,广告效果绝不是普通介绍产品的广告可以超越的。

通过阅读上述案例材料,请思考以下问题:
耐克广告的创意是什么?请详细说明。

第7章 广告文案

本章主要教学内容
1. 导入案例:饿了么——饿了别叫妈,叫饿了么
2. 广告文案概述
3. 广告文案的分类
4. 广告文案的构成
5. 广告文案的撰写

本章教学目的
通过本章的学习,了解广告文案的概念,了解广告文案的类别,掌握广告文案的构成,掌握几种典型广告文案的撰写方法。

7.1 导入案例:饿了么——饿了别叫妈,叫饿了么

"饿了别叫妈,叫饿了么。"(见图7-1"饿了么"广告)简短但不简单的文案,不仅引导用户自己去"发现"痛点,而且让用户关注自己,寻求改变。广告语一语双关,让饿了么的品牌名更容易记住。如此大口气的文案,加上王祖蓝的卖力出演,搞笑又洗脑的广告自然引起病毒式传播。

以广告文案的创造性、传播力及广告效果三个方面作为标准,这是2015年的十大广告文案之一。广告文案创意十足,文案内容简单明了,极具个性,引发了网友的极大关注,并取得了很好的传播效果。饿了么的广告文案是典型的刺激销售力的文案,在网上订餐拼杀激烈的一年,饿了么通过最快速的传播"饿了么"品牌价值与服务功能,得到了更多的市场受众。

通过阅读上述材料,请思考有效的广告文案应该具备哪些特征?

图 7—1 "饿了么"广告

7.2 广告文案概述

7.2.1 广告文案概念

"广告文案"(advertising copy)一词于 1880 年开始在美国被使用,20 世纪 90 年代初期由我国港台地区传入大陆。广告文案是伴随着广告的产生而出现,并随着广告的发展而逐渐成熟的。

广告文案通常指广告作品的文字部分,有时也指广告创作的文字稿。广告文案分为广义的广告文案和狭义的广告文案。

广义的广告文案泛指传递广告信息的全部符号,主要包括语文、图画两个部分。语文既指文字,又指有声的语言;图画既指静止的画面,也指动态的图像。

狭义的广告文案又叫广告文或广告文稿,仅指广告作品中的语言、文字部分,如:报纸、杂志等印刷广告中的标题、正文、随文和标语;广播广告中播音员的广告词和人物对话;电视广告中的人物语言、歌词、旁白和字幕等,它不包括图画和图像。

7.2.2 广告文案的作用

从传递广告信息的符号方面看,构成广告作品的要素可以分为语言符号——有声语言和文字,非语言符号——视觉形象和音响。就一般情况而言,不论何种类型的广告都离不开语言或文字,但没有画面或音响的广告却可以而且现在依然大量地存在。相对而言,语言文字所表达的意义是确切的,而画面、音响所表达的意义是宽泛的。由此可见,广告文案是广告作品的基本要素。调查表明,广告效果的 50%~75%来自文案。广告文案的作用表现为以下几方面。

(1)独立传递有关企业或商品的信息

文字是广告的基本工具,一则纯语言文字广告通过标题、正文、随文和标语(或者通过其简化形式)就可以完整地传递有关企业和商品的信息,绝大多数报纸广告、广播广告、传单广告、销售信、征订单等都是如此。

(2) 以语言艺术的魅力引起消费者对广告的注意和兴趣

生动形象、幽默风趣、蕴含哲理、音韵优美的语言能给人以艺术上的美感和精神上的愉悦。用这样的语言作标题,可以引起消费者的注意,用这样的语言写正文可以保持消费者的兴趣。图7-2为某理财产品广告。

图7-2 某理财产品广告

(3) 用有说服力和感染力的语言使消费者采取行动

广告是一种说服的艺术。优秀的广告文案在传递信息的同时,还能改变消费者的心理,并促使其采取行动。而说服的方法既可以动之以情,也可以晓之以理。

(4) 配合非语言符号塑造企业或商品的形象

传递广告信息的非语言符号主要有环境符号、物体符号和情态符号。例如,环境符号可以是音乐、音响,人物活动的场面、情境,表示时间、季节的画面等。

7.2.3 广告文案的撰写原则

(1) 真实性原则

真实性是广告写作应该遵循的最基本原则。真实性指广告文案的信息内容要真实、准确,不得有虚假、夸大之处,或者含糊其词。无论国内、国外,在要求广告内容的真实性上都是一致的。我国《广告法》第4条规定:"广告应当真实。"美国联邦最高法院规定:"作为广告,它不仅每段叙述文字都应当是真实的,而且作为一个整体,广告也不应给人以误解的印象。广告不得模糊或掩盖事实真相。广告不得巧妙地设法使读者对词藻的真实含义和对一项保证的实际内容发生忽视和误解。广告不得施用圈套或伎俩,而应通过对所保证真实性质的直接公开来博取人们的购买行动。"

要做到具有真实性,在写作广告文案过程中,首先,必须实事求是地反映商品的特性、功能、价值,不能言过其实;其次,要求措辞的准确贴切、清楚明确,不能含糊不清。

知识链接7-1

明星代言虚假广告需承担连带责任

近年来,借助明星作为代言人来宣传产品或者服务已经成为一种潮流。针对虚假广告充斥电视节目、明星代言产品质量参差不齐等损害消费者权益的情况,新《消费者权益保护法》(简称《消法》)中强化了虚假广告发布者的责任,对虚假代言者的责任也做出相应规定。

新《消法》在第45条中明确规定:消费者因经营者利用虚假广告或者其他虚假宣传方式提供商品或者服务,其合法权益受到损害的,可以向经营者要求赔偿;广告经营者、发布者发布虚假广告的,消费者可以请求行政主管部门予以惩处;广告经营者、发布者设计、制作、发布关系消费者生命健康的商品或者服务的虚假广告,造成消费者损害的,应当与提供该商品或者服务的经营者承担连带责任;社会团体或者其他组织、个人在关系消费者生命健康的商品或者服务的虚假广告或者其他虚假宣传中向消费者推荐商品或者服务,造成消费者损害的,应当与提供该商品或者服务的经营者承担连带责任。

我国首部《消法》于1994年1月1日起颁布实施,2013年10月25日第十二届全国人民代表大会常务委员会第五次会议进行第二次修正,并决定自2014年3月15日起施行。

(资料来源:《中国新闻出版报》2014年3月17日)

(2)合法性原则

真实的广告并不等于就是合法的广告。真实只是合法的必要条件而非充分条件。除了真实之外,广告内容还应符合《广告法》的其他相关规定。我国《广告法》第二章列有13条广告准则,其中对广告内容的限制,文案人员一定要牢牢记住,以免在撰写广告文案时无意中触犯了法律。

(3)适应性原则

适应性原则指广告文案写作从形式到内容都应符合广告目标、广告策略的规定,适应广告事物、诉求对象、广告媒体的特点以及发布时机的需要。例如,在广告活动中,广告文案与广告作品中的其他要素作为广告活动的"代言人",站出来和受众对话,人们通过它的介绍和推荐来认识企业、产品和服务,产生情绪对应,如果消费者所产生的反应与文案所要达到的目标是一致的,则广告文案会取得良好的效果。

(4)实效性原则

实效性原则是指广告文案要为一定的广告目标服务,做到实用、有效。广告文案的实效性一定程度上取决于它的适应性,尤其是能否适应广告目标。因为实效性总是和广告活动总体目标直接相关的。例如,某次广告活动的目标在于增加产品的销售量,就会以是否促进销售以及多大程度上促进了销售作为评价该文案效果的标准;如果某项广告活动的目标在于塑造品牌形象,那么会以品牌认知率和指名购买率的提高与否作为文案效果的标准;而公益广告文案的实效性则在于能否促使公众对某项公益观念的认识或认同,是否产生良好的社会效益。

(5)创新性原则

创新性原则要求广告文案要新颖独特,富有创造性。创新是相对于因循守旧而言的,在广告文案写作中,因循守旧就是在广告的内容或形式上照抄或模仿他人。广告文案创新的目的是为了引起消费者对广告的注意和兴趣,并最终达到使目标消费者记住广告企业、购买广告产品的目的。所以,文案人员不能盲目地为了创新而采用无稽的内容或怪诞的形式,否则就可能适得其反。

> **知识链接 7－2**
>
> **各种模仿抄袭版本广告**
>
> 近年来,各种广告词模仿之风盛行,例如"做女人挺好"与"做男人也挺好"。另一个典型的例子是:NIKE 的:Impossible is Nothing!(没有不可能!);李宁的:一切皆有可能!
>
> 究竟是英雄所见略同,还是某一方的刻意模仿?仅仅就 IT 类的广告而言,这方面的案例还真不少。这里不必提出具体企业的名称,全部以 IT 来替代。
>
> 乐百氏版:今天你 IT 了没有?
>
> 娃哈哈版:妈妈,我也要 IT!
>
> 步步高版:人间自有公道,IT 总会有回报!
>
> 爱立信版:IT 生活,一切尽在掌握!
>
> 碧桂园版:给你一个五星级的 IT 之家!
>
> 南方黑芝麻糊版:有时候,一听到 QQ 铃铛声响,我就再也坐不住了……上 IT 网站:越上越过瘾!
>
> 联想版:如果没有 IT,世界将会怎样?
>
> 苏菲版:好在有 IT 帮忙!
>
> 三菱电梯版:IT 网站,上上下下的快乐!
>
> 康师傅版:IT 生活——好玩的看得见!
>
> 天河药业版:网上一分钟,网下十年功,关键是找对感觉……
>
> 商务通版:QQ、MSN 和 IT,一个都不能少!
>
> 农夫山泉版:IT 生活有点甜……
>
> 新飞版:IT 的广告做得好,不如 IT 网站上得好!
>
> 斯达舒版:你爸爸的上网病又犯了,快去找 IT 帮忙!
>
> (资料来源:中国广告门户网)

(6)简洁性原则

国外广告人曾经概括出这样一个文案创作公式,即 KISS 公式(Keep It Sweet And Simple),意为:"令其甜美并简洁"。

所谓简洁性(Simple),有两层含义:其一,和其他文体相比,广告文案的语言要格外简洁、凝练,力求用最简单的语言传递最丰富的信息。其二,广告文案的诉求重点要单一明确。通常,一个文案中最好只包含一个诉求重点,即"只说一件事"(Just One),如京东的广告词:"多快好省""只为品质生活"。

7.3　广告文案的分类

7.3.1　按照广告文案的媒体表现形式分

(1)报纸广告文案

这是最为常见的大众印刷媒介广告宣传,它的表现形式是多种多样的,诸如文案形式、插图形式、摄影形式、装饰形式、构成形式、综合形式等。

(2)杂志广告文案

杂志广告文案是刊登在杂志上的广告。杂志可分为专业性杂志、行业性杂志、消费者杂志等。对特定消费阶层的商品而言,在专业杂志上做广告具有突出的针对性,适于广告对象的理解力,能产生深入的宣传效果,而很少有广告浪费。从广告传播上来说,这种特点有利于明确传播对象,广告可以有的放矢。用较多的篇幅来传递关于商品的详尽信息是杂志广告的优势所在,既利于消费者理解和记忆,也有更高的保存价值。

(3)广播广告文案

广播广告文案主要是通过广播电台或者其他途径,利用音响效果传递信息、介绍商品。广播广告文案在自身发展中,不断发扬其优点,克服不足,创造了许多不同的形式,如写文稿时采用对话、配乐、实况录音、相声、快板、歌曲、广告诗、演唱、戏剧、小品、文艺晚会等形式,产生不同的广告文体。

广播广告由广告词、音乐、音响三个要素构成。语言,是广播广告的核心部分,产品或企业的广告信息要借助有声语言进行传达。音乐,用于创造优美的收听环境,渲染广告气氛。音响,是广播广告中除了语言和音乐以外的所有声响,是为塑造广告形象、体现广告主题、提示故事环境的辅助手段。

(4)影视广告文案

影视广告集中视觉广告和听觉广告之长,它主要是通过编排电视、电影镜头,利用音响和直观效果来传递信息、介绍商品。

由于电视台一般将每则广告控制在30秒以内,这就要求广告文案的字数不能超过90个字。所以,一则电视广告文稿需简洁明快、生动活泼、幽默风趣而内涵丰富。为达到这种要求,需要不断地对文案内容进行锤炼。

(5)网络广告文案

网络广告文案是专门为网络平台发布的广告而撰写的文案,具有快餐性、以标题为主和诱导性等特征。撰写网络广告文案必须抓住受众的眼球,引人入胜,比如以提供免费和低价、造成悬念、与热点问题相结合等方式撰写文案。

7.3.2 按照广告文案的诉求策略分

根据诉求策略的不同,可以将广告文案分为感性诉求文案、理性诉求文案、感性与理性相结合的诉求文案。

(1)感性诉求文案

情感型广告文案是以感性诉求方式,即通过情绪的撩拨或感情的渲染,让消费者产生情绪反应或心灵震撼,产生强烈共鸣,激发他们的购买欲望和行动。这类文案以情感人,追求情调的渲染和氛围的烘托,富有人情味,更容易打动消费者的心。这类文案多用于装饰品、化妆品、时髦商品,以及其他软性商品。

以情感为诉求重点来寻求广告创意,是当今广告发展的主要趋势,如著名的美国百事公司把"感情纽带"列入市场推销的六大要素之一。调动艺术的以情动人的创意表现,是增强广告说服力,提高商品销售量的一种有效方法。这类广告文案常用于推介日常生活用品。

(2)理性诉求文案

理性型广告文案是以摆事实、讲道理,提出确凿的证据和事实为诉求方式,以商品或劳务的优点、特质和特别的利益为诉求重点的广告文案。此类广告文案以理服人,让消费者用理智去判断和选择,一般比较适用于新产品、竞争性产品和生产资料产品。理性广告文案的写作特点主要是事实清晰、证据充分确凿、论证详尽,具有逻辑的必然性和可分辨性。

图7—3 某移动电源广告文案

(3)感性与理性相结合的诉求文案

感性与理性相结合的诉求文案把理性诉求和情感诉求相互交融到一起,达到"情中有理,理中有情"的境界。虽然既可以"以情动人",也可以"以理服人",但在具体的文案中,两者的作用会有主次之分。

7.4 广告文案的构成

7.4.1 广告文案的构成概述

完整的广告文案一般由标题、广告语、正文、随文四个基本要素构成。但在不同类型的广告中,广告文案的构成要素也会有所变化,如广播、影视广告中一般不含广告的标题,在招贴广告中往往不含广告的正文,等等。

7.4.2 广告标题的写作

(1)广告标题的概念及作用

①什么是广告标题。广告标题是广告文案中旨在传达最为重要的或最能引起诉求对象注意的信息的语句,位于广告文案最醒目位置,是一则广告文案的导入部分。在平面广告中,它通常选用较其他部分大的字体。

②广告标题的作用。具体而言,广告标题的基本作用主要体现在以下四个方面:

A. 突出最重要的广告信息。直接点明广告主题的标题只用一两个词或一两句话就明白无误地向目标受众传递了广告的重要信息。

B. 诱导受众进一步阅读正文。有些标题不直接点明主题,而是以新颖独特的形式或内容来激起广告受众的好奇,使人欲罢不能,不自觉地去阅读广告正文,由此获得更全面而具体的广告信息。

C. 吸引目标消费者的注意力。每一种产品在制定营销策略时,都要进行市场细分,通过市场细分选择特定的目标消费群。在广告信息泛滥的今天,泛泛的广而告之已很难取得成效,只有针对特定的受众——产品的目标消费者,才有可能见效。所以,吸引目标消费者的注意力,是广告标题的重要作用之一。

D. 强化品牌信息。这是品牌时代广告标题所要发挥的重要作用之一。可以从三个层面展开:一是提高品牌名称的识别率;二是突出品牌的主张,即以品牌的主要特点或差别性特点充当标题,突出品牌的独特主张;三是发布关于品牌的消息。

(2) 广告标题的基本特征

广告标题是广告文案的重要构成要素,其作用的特殊性决定了它具有如下特征:

①醒目性。从形式上看,在平面广告中,广告标题都是用较大的字、特殊的字体或彩色套印的字排在最引人注目的位置上,而正文、随文、广告语等要素则用较小的字体排印。

②点题性。从内容角度看,在广告文案中,标题往往是点睛之笔,因为它总是直接或间接地显示广告的诉求重点及提供给消费者的利益承诺。

③精练性。从语言表达来看,广告标题要简洁、凝练。因为标题是文案的核心,通常希望消费者"过目不忘",因而尽量做到精练,达到"以少胜多""以一当十"的境界。

④独创性。从总体来看,广告标题要想充分发挥其作用,应该做到发人所未发,言人所未言,新颖独特。心理学研究表明,只有那些新颖的、异乎寻常的事物或现象才能引起人们的注意。所以,广告标题也要力图做到意新词高,独辟蹊径,使之具备独创性的品格,才能引起消费者的高度注意。例如,没什么大不了的!(丰韵丹广告)

(3) 广告标题的类型

①按存在形态分类。广告标题具体的存在形态相当复杂,有的以单一形态出现在文案中,有的则以复杂形态发生作用。这种存在状态的差异,主要取决于广告信息传达的需要,而不是一种主观随意的行为。按存在形态分,广告标题可分为以下两种:

A. 单一形态标题。是指广告文案只有一个主标题,而没有引题和副标题。例如:

丝丝入扣(皮尔·卡丹西服系列)

栩栩如生(柯达软片)

B. 复合形态标题。在一篇广告文案中,如果有两种或两种以上不同类型的标题,就称为复合形态标题。

从功能的视角审视,复合形态的广告标题有三种不同的类型:其一,引题,它位于主标题之前,起到引起话题、交代背景、渲染气氛等特殊作用,通常不含核心广告信息;其二,主标题或称正题,它一般承载着整个文案中的主要信息,对广告主题予以揭示;其三,副标题或称副题,它对主标题起一种补充说明的作用,如购买某产品会给消费者带来的利益等。

②按标题的作用分类。

A. 直接标题。这类标题通常直接蕴涵产品的重要信息或广告的诉求重点。其优点是创作简单,易于理解,但运用不好会显得呆板,难以引起受众的注意。直接标题的基本成分一般包括品牌名称、企业名称、产品功效、服务特点、利益承诺等信息。

B. 间接标题。间接广告标题是用暗示的方法含蓄地传递广告信息,或以富有情趣的表达引导受众阅读广告正文。其优点是生动形象,趣味性强,因而能引起受众的注意。但由于标题本身并不直接介绍产品、企业或明白地传递相关的广告信息,所以间接标题应写得新颖而不离奇、含蓄而不晦涩,受众通过联想和品味,应能理解标题所隐含的意义。

③按标题的语气分类：

A. 陈述式标题。它是以陈述语气写出的广告标题，这类标题使用的频率最高。

B. 疑问式标题。它是以疑问语气写出的广告标题，这类标题使用的频率较低。例如：独乐乐，与众乐乐，孰乐？（卡拉OK）这个广告标题巧用了中国一句古语，做到了"古为今用"。

C. 祈使式标题。它是以祈使语气写出的广告标题。从内容上看，包括希望广告受众做或不做两个方面，常用的祈使语气有建议、请示、鼓励、叮嘱、劝阻、警告等。如柒牌服饰：男人就应该对自己狠一点！

D. 感叹式标题。以感叹语气写出的广告标题，内容通常是颂扬企业，称赞广告产品或服务。

(4) 广告标题的写作要点

①新颖独特，引起受众注意。一则广告能否引起人们的注意并实现信息的传达，标题起着极为关键的作用。通常，在一则广告中，图片在吸引注意方面起着最主要的作用，但如果一张图片没有好的标题相配，广告将很快被略过不看，而一则创意出色的广告标题，即使在没有图片的情况下，也能起到引人注意的作用。图7-4为一则悬念文案标题。

图7-4 悬念文案标题

②针对主要目标消费者。大卫·奥格威曾在他的《一个广告人的自白》中说："标题好比商品价码标签，用它来向你的潜在买主打招呼。若你卖的是彩色电视机，那么在标题中就要用上彩色电视机的字样。这样就可以抓住希望买彩色电视机的人的目光。若是你想要做母亲的人读你的广告，那么你的标题中要用母亲这个字眼。"也就是说，广告标题必须抓住主要的目标消费者，吸引他们的注意力。

③直接做出利益承诺。一则广告若能在标题中告诉受众能得到什么利益，不仅能吸引受众阅读广告，而且能刺激其购买行为。这种利益承诺，提出的是消费者最为关心的事实，直接满足消费者物质上或心理上的基本要求。例如：

直接承诺：买上海桑塔纳新车，一年内不限里程免费质量保证（上海桑塔纳轿车）。

间接承诺：你只需按一下快门，余下的一切由我自己来做（美国柯达公司）。

暗示性承诺：这些我们留着，其他的统统给你（统一晨光果汁）。

④尽量加入品牌名称。大卫·奥格威说过，读广告标题的人是读广告正文的人的5倍。因此，至少应该告诉这些浏览者，广告宣传的是什么品牌，所以在标题中加入品牌名称是很重要的。如果企业、品牌和服务名称在广告文案中不能引起人们充分的注意，就更应该在标题上

加以注明。甚至有的标题将品牌或标识单独当作广告的标题,或者将它们与一两个字结合起来当作标题,目的就是为了突出品牌,提高品牌名称的识别率。

⑤长度适中。心理学的研究表明,人们注意的最大组块为7,记忆的最大组块为7~9,超过了这一最大限度,注意和记忆的程度就会大幅度减弱。因此,一则广告的标题必须长度适中,太短的标题信息不能充分表达,太长的标题则影响广告的注意率和记忆度。一般来说,一则广告标题的字数以6~12字为最佳,最长不要超过16个字,并且不同产品类别、不同媒体的广告标题的要求也不一样。一般工业消费品广告需要说明的内容多一些,标题可能长一些;产品处于生命周期前期时需要全面说明,多使用理性诉求方式,广告标题也可能长一些,后期以提示型广告为主,标题则可能短一些;在整体广告战略中,不同的媒体组合也可能出现不同的标题。

⑥简洁明了,不使用晦涩难懂的词句。在信息过剩的时代,一个人每天必须面对无数条广告。据统计,在美国,平均每人每天接触的广告达1 500条,如果广告刊登在报纸上,在一大堆信息中,读者浏览的速度非常快,根本不会去细细推敲,读者在阅读杂志时也是以每秒2页的速度翻阅,也无暇细细琢磨,并且晦涩的词句的认知局限于一定文化层次的人,通常也会影响广告在大众之间的人际传播,因此标题务必简洁明了,具体明白。这样的情况下,如果创作人员使用一些故意卖弄的标题,像双关语、引经据典或者别的晦涩语句,则容易使受众产生阅读压力,从而略过广告。

⑦突出最重要的信息。在广告文案中,标题、广告语等大字标语必须突出广告最重要的信息。文案撰稿人在撰写过程中常常拟写多则标题或广告语,这时就必须砍掉其中较弱的标题,特别是一些空泛而不含重要信息的引题;甚至当标题本身也比较弱时,如果广告的图片有足够的吸引力,可以考虑去掉标题而以广告语代之。例如:格力——掌握核心科技。

⑧强化与目标消费者的相关度。广告标题如果强化与目标对象的相关度,就可以争取到更多受众的关注,特别是在地域性广告中,广告标题应设法地域化,可以考虑在广告标题中加入城市名称,如此更能激起目标市场消费者的兴趣。当然,这也不是绝对的,必须与整个广告战略结合起来,通过出色的创意来强化与目标受众的联系,引起目标受众的关注。

⑨运用悬念吸引受众阅读下文。在广告标题中布下悬念,可以使消费者产生好奇心,使他们注意、猜测、思索,从而继续阅读正文。创作人员可以采用疑问方式提出,把广告主的信息用答案的形式说出来,也可以只问不答,引导消费者主动寻找答案。

⑩运用新闻式标题。新闻式标题就是借用新闻报道标题的写法,用新闻的方式对产品或企业作刺激性的介绍,向消费者提供信息。广告实际上是在销售信息。当某一新产品或产品的改良确有创新时,这些信息本身就具有了新闻性。由于这种信息是新鲜的,因此容易引起消费者的注意和兴趣。广告标题突出新闻性,注意时效性,会产生良好的宣传效果。

⑪忌用否定词或曲折方式表达。在广告标题中用否定词是很危险的,读者可能忽略否定词而对广告信息产生错误的印象,即使没有忽略否定词也可能心生疑虑。广告标题也必须避免用曲折的方式来陈述广告主题,这样的标题也极有可能使受众产生错觉。

⑫利用受众熟悉的词句。广告标题可以将受众熟悉的诗词歌赋、成语、俗语或流行歌曲略加改动,从而创作成与本产品或企业有关的词语。由于原词句的知名度,受众更容易记住改动后的广告标题。

⑬尽量使用具体生动的语言,避免泛泛的词句。广告标题应该具体生动地说明产品功能或品牌特点,而不是用一些意义模糊笼统的词句去概括。有时候创作人员也可以用具体的数

字去表现,这样反而显得真实可靠。

(5)广告标题写作中常见的问题

①玩弄文字游戏;

②胡乱创造新词;

③故弄玄虚;

④乱套流行语;

⑤耸人听闻;

⑥乱用谐音;

⑦容易引起读者反感。

7.4.3 广告正文的写作

(1)广告正文的概念及作用

①什么是广告正文。广告正文又叫广告内文,是对广告主题的详细阐述部分,通常用来介绍产品的功效,产品给消费者带来的利益或者企业的特点、宗旨等,通过广告正文的具体解说来劝服受众,促使他们采取行动。

②广告正文的作用:进一步解释标题,对消费者进行心理说服,展现风格和营造氛围。

(2)广告正文的类型

①根据广告正文的内容构成情况,通常有全面型、重点型、提示型几种类型。广告正文的构成情况根据不同的广告策略而有所不同。

A. 全面型正文。全面型正文根据广告策略的需要,通常在产品上市初期,对产品的功效、性能、品质、售后服务或企业生产的有关情况予以全面介绍。

B. 重点型正文。重点型正文常常是在广告组合中已有全面型广告对产品予以说明的情况下,在某些媒体中有重点地介绍说明,它通常是根据不同媒体的特点来安排的。在产品上市一段时期以后,消费者对产品有了一定了解,广告会每隔一段时间进行重点型宣传以争取新的消费者,巩固原有的消费者。

C. 提示型正文。提示型正文仅仅对某些重要的内容作简单的提示。经过一段时期的广告,消费者对产品有了较为深入的了解。当产品处于生命周期的中后期,或者在广告传播的后期,根据具体情况,可转入以提示型广告为主。这一时期广告主要浓缩为广告语来作宣传。

②根据正文的表现形式分,类型复杂多样。

有的研究者分为客观直陈式、主观表白式、代言人式、独白式、对白式、故事式。

有的研究者分为对话式、证言式、叙述式、即时反应式。

有的研究者分为说明型、新闻型、抒情型、议论型。

(3)优秀广告正文必备的特点

①说服力强。广告文案属于应用文范畴,它的商业目的十分明确。广告正文的目的就是为了销售,必须具备强大的说服力来引导消费者采取购买活动。

②诉求准确有力。正文的写作与标题一样,都要和整个广告策略与创意相吻合。因此,正文的诉求必须准确有力,最好集中精力说清楚一个问题。

③条理清晰。在整个广告文案中,正文承载的信息是最多的。它必须有能力把这些信息按照一定的逻辑关系列出来,呈现在读者面前,让读者能清晰地理解这些信息。

图7-5贝克啤酒广告文案集中说明了"贝克啤酒"新鲜这一主题。

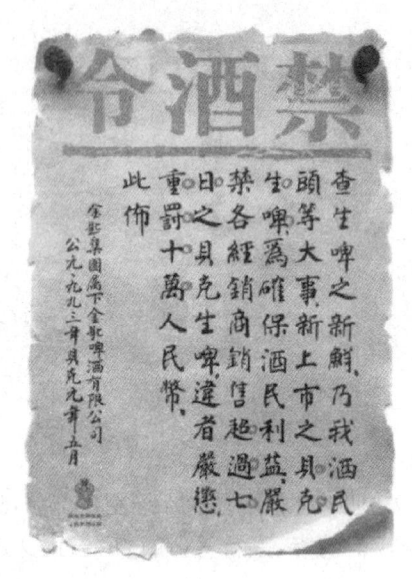

名称：禁酒令
客户：贝克啤酒
广告：上海奥美广告有限公司
文案：
　　查生啤之新鲜，乃我酒民头等大事，新上市之贝克生啤，为确保酒民利益，严禁各经销商销售超过七日之贝克生啤，违者严惩，重罚十万元人民币。
　　此广告文案借用了公文中"令"的写作形式和语言风格特点，将广告信息用规范的公文形式表现出来，产生了一种独特的说服力。整个广告文案句子结构简要、语言表达严正，使人感受到贝克生啤制造商对推出这一营销新举措的严肃、认真、深究的态度。同时，用如此严正的形式来表达，令受众领悟到创意者所提供的幽默玄机。会心一笑间，印象深刻。

图7—5　贝克啤酒广告文案正文

(4) 广告正文写作要点

①根据主题精选材料。广告正文是传递广告信息的主体，它所负载的信息必须是在广告策划阶段经调查研究后确定的有关企业、商品或服务的诉求重点。拟写广告正文，必须根据诉求重点选择有说服力或有感染力的材料。只有紧扣主题、突出重点，广告正文才可能在受众中留下比较深刻的印象。

②写好第一句。广告正文的第一句是广告标题与广告正文的衔接句，承担着承上启下的使命，在广告正文中的地位较为重要。因此，广告界通常将广告正文的第一句独立出来，叫作引言。

③进一步发挥标题。广告正文应该与广告标题具有一定的一致性和关联性。广告正文必须进一步发挥标题，对广告标题进行解释和补充，否则容易使受众产生上当受骗感，产生与广告预期目标相反的效果。

④根据体裁和内容安排好结构。安排正文的结构首先要考虑广告文案的体裁。广告文案可以采用散文体（包括说明）、故事体、诗歌体、戏剧体（包括对话）等，体裁不同，广告文案的结构也有所不同。

⑤直述要点，切忌含糊其辞。广告正文必须体现广告的战略目的，必须做出切实的利益承诺，塑造明确的广告形象，表现出鲜明的广告主题。

⑥措辞得当。广告正文不仅要辞藻优美，通畅流利，更重要的是语意准确，注意表达的准确性，即选取与广告对象相适应的广告形式，使不同层次的消费者产生认同感。

⑦提供与消费者利益直接相关的内容。在广告正文中加入与广告受众的利益直接相关的内容，可以增强广告与受众的相关度，从而引起受众的注意并激起他们的兴趣。相关度是引起受众注意的一项非常重要的因素。

⑧尊重事实，不要唱高调。"任何产品的无价要素是这种产品生产者的诚实和正直。"对产品进行令人生厌的夸耀、自吹自擂都应该避免；相反，应该用诚实的态度来取得消费者的好感。

⑨通俗易懂。广告正文应该采取大家熟悉的简单词句来进行传播，让人一看便知，一听即

晓。这对创作人员是一个大的挑战,因为通俗的语句往往显得比较普通,所以使通俗语句别具风格成为一个难题。

⑩增加趣味性。广告正文一般信息量大,要想吸引读者一口气读完,往往要靠增加趣味因素,正文越长,越需要趣味性。新鲜的事实、生动的人物和故事、幽默感、适当的提问都有助于增加正文的趣味性。

⑪提出建议,并提供消费者参与办法。广告正文在最后须对内容做出归纳,使之更加明确,在此基础上向受众提出某项建议,并提供适当的参与办法。

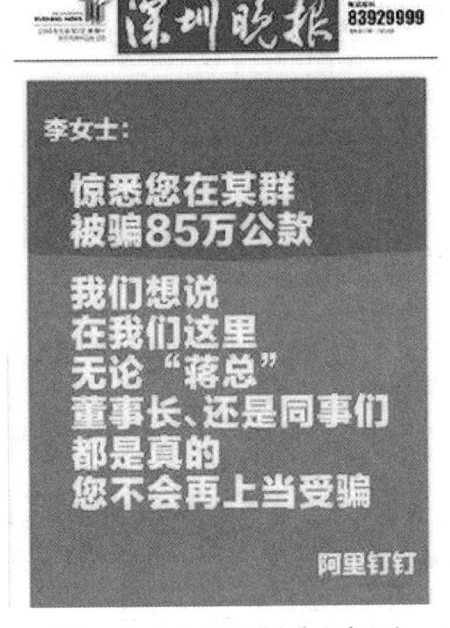

图7-6 "阿里钉钉"广告文案正文

(5)正文写作常见的问题

①空洞无物。使用一些笼统性的话语,没有提供具体而明确的事实。

②与标题衔接得不自然。主要表现在,正文的开头没有进行适当的过渡,影响了读者的阅读。

③正文不能解释标题。这就是我们经常说的"两张皮",表现为整个文案逻辑上的混乱。

④缺乏真实性。这种问题主要出现在以日常生活中的真实人物的角度来讲述产品或服务功效的文案中。本来想增强文案的可信度,但如果不谨慎处理的话,很容易出现纰漏,"露出鱼钩"。

⑤感性诉求不当。这常见于推荐式的广告正文。如果不能站在目标消费者的角度,设身处地体验他们的困扰,就容易引起逆反心理。图7-6中的广告文案,正是站在消费者角度说明"阿里钉钉"解决网络虚假身份给目标消费者带来的危害问题,更容易被消费者接受。

⑥牵强附会。这种广告正文,力图把产品与一些大家所熟知的人物或事件联系到一起。但是,由于这种联系不是一种"有关的、可信的"方式,就会变成生拉硬扯。

7.4.4 广告随文的写作

(1)广告随文的概念与作用

①什么是广告随文。广告随文又称广告附文,是广告中向受众说明广告主身份、购买产品的方法以及相关的附加信息的语言文字部分。一般位于广告文案的结尾。

②广告随文的作用。广告随文是完整型广告文案不可缺少的组成部分,主要有以下作用:

A. 补充正文内容;

B. 为消费者购买提供方便;

C. 敦促消费者采取购买行动。

(2)广告随文的类型

①信息型。这类随文只含联系购买信息而不含其他内容。

②信息与劝导结合型。这类随文既含联系购买信息又含敦促言辞。

③信息与表态结合型。即既含联系购买信息又表达广告主良好意愿的广告随文。

(3)广告随文的内容

①商品标识内容。这是广告宣传的产品或服务方面的信息,包括产品或服务商标、商标名、商品名等。

②企业标识内容。这是广告所宣传的企业或其他服务机构等广告主方面的内容,包括企业名称、企业标志、企业专用字体等。

③通信联络要素。这是广告就受众进行必要的通信联络而备的有关内容,包括企业地址、邮政编码、电话、联系人、联系方式等。

④价格表、银行账号等。这在企业宣传小册子中有时候会出现。

⑤购买或获得服务的方法。此类内容包括经销商及其联系办法,窗口服务机构的名称、地址、联系办法,以及直销或邮购服务的办法等。

⑥权威机构认证标识或获奖情况。此项内容或者已在广告正文中有所提及,或者单独以分列式在随文中加以展示,如卫生许可、专利认可、国际 ISO 认证等。有时这一类内容是极为重要的说服受众的因素。

⑦附言。这是关于消费者如何进行有关的联系或参加有关抽奖、赠券、优惠等的必要说明。

⑧表格。广告建议受众作信息反馈或进一步联系所需要的表格、回邮单等。

⑨特别说明。如果广告信息因消费者理解差异可能引起消费者权益方面的法律问题,应做特别(预防性)声明,比如该广告的解释权归谁所有的说明。

广告随文的内容通常根据不同的需要和广告形式而定,并不一定出现上面所有的项目,有时也会出现一些上述几项内容以外的随文项目,如一些企业在刊登其广告时,经常会出现一些诸如法人代表、董事长、总经理、法律顾问等内容。

(4)广告随文的写作要点

①要根据正文的内容与风格拟写。既然随文是附在正文之后的信息,那么它与正文就是一个前后连贯的整体,因此在表现风格上两者也应保持一致。

②不可罗列过多,突出关键条文。广告随文最常见的弊病是罗列过多,包含许多不必要的内容。广告随文必须注意重点突出,尤其是关键性的内容。

③加入直观易记的辅助说明。广告随文应该设法加入一些直观易记的辅助说明,使之具

体直观、便于记忆。

④防止遗漏重要项目。广告随文要防止遗漏某些重要项目,如权威机构的认证等。有时真正说服受众的,很可能是随文中权威机构的认证评定等内容。

⑤要注意内容的准确性。因为附文传递的信息主要与购买有关,如果信息不准,就会影响销售业务,所以企业地址、联系电话、邮政编码、开户银行、账号、联系人等一定要认真核实,以防笔误或印刷错误。

⑥积极创意,鼓励行动。这是广告随文写作最重要的一条,应抛弃"创意到正文就已结束"的惰性思想。必须注意的是,有时真正促发消费者行动的很可能是广告随文中的内容,因而在随文写作阶段,仍然要保持积极创意的意识。

⑦将抽奖、赠券等内容加以突出标示。受众对优惠、抽奖等实利性信息,远比对广告本身的兴趣要大得多,因此如果某次广告活动还配以折扣、抽奖等,必须想办法将这些内容予以突出。

7.4.5 广告语的写作

(1)广告语的概念及作用

①什么是广告语。广告语又叫广告口号,是为了加强诉求对象对企业、产品或服务的印象,在广告中长期而反复使用,集中体现广告战略的一种简短精练的宣传口号。

②广告标语的作用:

A. 加深受众对产品或企业的个性印象;

B. 具有长期的品牌塑造价值;

C. 对文化和社会风尚产生影响。

(2)广告标语的特点

①内容单一。广告标语是一个短小的句子,不需要也不可能包含多个信息,而只需突出产品或企业的某一核心要点:或企业的理念、或产品的独特定位或优势、或对消费者的利益承诺、或品牌的个性与观念。内容单一才能重点突出,才容易成为人们经久难忘的口号。

②表意完整。广告标语一般都是表意完整的语句。广告标语可不依赖标题、正文、随文而存在,而且往往是独立地传递有关企业或产品某一方面的信息,所以广告标语表意的明晰性和完整性是它取得相对独立性的前提。

③独创有趣。只有能给消费者带来新颖奇特的感觉,引起消费者新奇有趣的美感愉悦,具有很高的独创性和趣味性,令消费者留下长久而且深刻的印象,才能获得很好的促销效果。

④简短易记。为了方便记忆和流传,广告标语通常采用整齐、押韵的句式和通俗易懂的语言。

⑤编排灵活。在广告文案中,标题、正文、随文的位置是比较固定的,而标语的编排则相当灵活。它可以在正文的上方、下方或者分列两边,也可横排、竖排或者斜排。

⑥长期使用。运用广告标语的目的是为了使广告受众对企业或产品某一方面的特征产生一个长远深刻的印象,所以只有在一段较长的时间内反复使用才能收到预期的效果,而频繁地改变广告标语,则不易在广告受众中牢固地树立企业或品牌的形象。

(3)广告标语的类型

广告语按其不同的职能,可以分为产品广告语、企业形象广告语、服务性广告语等类型。一个企业在实施整体广告战略时,常常会制定相应的产品广告语和企业形象广告语,应当说,广告的整体战略鲜明地体现在广告语之中。

(4) 广告语的写作要点

①做出利益承诺。广告语是广告战略的集中体现,因而广告语最常见的是做出利益承诺,告诉人们产品的功效或品质。

②尽量与受众实现情感沟通。随着现代生产技术和通信技术的发展,技术保密已越来越难,产品同质化现象越来越明显。这样,产品的功能品质的作用已没有以前那么重要,而品牌与消费者之间的感情联系则显得越来越关键。

③使广告语成为品牌意象的"特有词汇"。这种"特有词汇"有两种途径:一是以产品的具体功能性差异作为突破口,由"差异性"引发"独特性"。这样的独特性往往被受众所关注,从而成为品牌意象个性塑造的基石。二是通过一种生活理念和精神的独特来迎合消费者的心理,从而取得消费者认同与好感,或者以一种新的生活理念来吸引消费者,也往往会被注意和认同。

④富有亲和力和感召力。广告语要产生一定的效果,通常采用两种方法:一是让消费者融入广告语的境界中,使他们感觉不到与产品和广告的距离,让他们觉得企业是那样的平易近人,容易亲近、容易沟通,这就是所谓的亲和力。二是让广告语产生强大的驱动力,牵着消费者身不由己往前走,这就是所谓的感召力。

⑤琅琅上口,易读易记。广告语作为一种口号性语词,必须琅琅上口,易于诵记。

⑥尽可能写上品牌名称。广告语作为广告战略的集中体现,必须能够独立承担起推销商品的职能。这就必须强化广告语与品牌名称的关联,特别是后期的广告发布,广告通常只通过广告语来做提示性广告,广告语成为实际的促销手段。这就要求广告语必须与品牌名称结合在一起,使之能够独立承担起广告的职能。

⑦简短适中。广告语的职能在于作口号性宣传,需要在较长的一段时间内反复使用,超过了一定的长度就不易上口,影响广告的传播,因而广告语一般要求简短适中,通常它比标题还要短。

⑧契合公众心态,挖掘文化内涵。一个优秀的广告文案撰稿人,必须具备对公众心态的敏锐的洞察力。当然,要做到这一点,需要各方面的素质,因为公众心态不但涉及消费心理,还涉及社会生活的方方面面对公众内心的复杂影响。

知识链接 7-3

20 世纪 90 年代代表性广告语

我们一直在努力(爱多电器)

中国人的生活,中国人的美菱(美菱冰箱)

没有最好,只有更好(澳柯玛冰柜)

好空调,格力造(格力空调)

牙好,胃口就好,身体倍儿棒,吃嘛嘛香(蓝天六必治牙膏)

清新爽洁,不紧绷(碧柔洗面奶)

中华永在我心中(中华牙膏)

保护嗓子,请用金嗓子喉宝(金嗓子喉宝)

补钙新观念,吸收是关键(龙牡壮骨冲剂)
播下幸福的种子,托起明天的太阳(种子酒)
喝汇源果汁,走健康之路(汇源果汁)
苦苦的追求,甜甜的享受(伊利雪糕)
华龙面,天天见(华龙方便面)
食华丰,路路通(华丰方便面)
集美沙发,牛!(集美沙发)
我的眼里只有你(娃哈哈纯净水)
远大,开创中央空调新纪元(远大空调)

(资料来源:有意思网,http://www.u148.net/article/1361.html)

7.5 广告文案的撰写技巧

7.5.1 报刊广告写作技巧

(1)标准型报刊广告文案结构

标准的报刊广告是由标题、正文、广告口号和随文构成的,这些要素与图案一起,构成了报刊广告作品。

(2)报刊文案写作技巧

①广告标题。一般放在广告的最上方,是整个广告最重要的部分。一般来说,任何一则广告,字体往往最大,并处于最醒目位置上的总是"标题"。

②突出正文信息要点。

③以新颖的形式引起受众的注意和兴趣。

(3)广告正文

正文是广告文案的中心部分,涵盖了产品或服务的主要利益点和支持理由。对于理性诉求型广告来说,正文承担着进行解释和说明的任务,执行广告的告知和说服功能。一般来说,正文主要包含以下内容:

①提供产品的历史、工艺、荣誉等;

②介绍产品的特色和效益;

③介绍产品的使用方法或售后服务情况;

④提出建议,希望消费者优先考虑购买。

(4)随文

是报刊广告文案的附属部分。在正文之后,传递随附信息的语言文字。它不是文案的主体,但也是报刊广告文案的一个有机组成部分。

(5)广告口号

又称广告语或广告标语,是广告主在一个较长时间内反复使用,用来突出企业或商品某方面特点的、生动凝练的宣传口号。例如:百事可乐——渴望无限;可口可乐——要爽由自己。

7.5.2 广播广告的写作技巧

(1) 广播广告文案的表现形式

① 直陈式。又称直接式、直截了当式。即首先将广告文案写好,直接由播音员在录音间播出的广告形式。这是广播电台广告中最常见的,也是最基本的表现形式。优点是简便、快捷、时效性强,而且价格低廉;缺点是形式简单、枯燥。

② 对话式。即通过两个或两个以上的人物相互交谈的方式,将信息内容介绍出来。这种形式比较生动活泼,富于生活气息,再加上音乐和音响的烘托,能够创造特定的情绪和氛围。如此,对话者便成了小品中的人物,比较容易吸引听众的注意力和收听兴趣,是一种较为普遍的广告形式。

③ 故事式。即通过精心构思的有头有尾的小故事或情节片断,来传播信息内容,类似于小小说,通过播音员播讲出来。特点是故事生动有趣,能够引人入胜,使听众通过娓娓动听的故事,接受广告内容,并对产品产生好感,从而成为产品的消费者或潜在消费者。

④ 戏曲式。即通过老百姓喜闻乐见的各种传统的戏曲方式(京剧、评剧、黄梅戏、粤剧、山东琴书、河南豫剧等),来传播广告信息。这往往需要把广告文案写成戏曲剧本,编成符合曲调的唱词,加上道白,配上锣鼓等民族乐器,构成戏曲情节,通过演员演播,将广告内容表述出来。特点是文艺性强,曲调多为听众所熟悉,容易为听众接受,从而拓展广阔的销售市场。

⑤ 快板式。即以快板这种为听众所喜欢的艺术形式,来传播广告信息。快板,又称"顺口溜""练子嘴""数来宝"等。这种形式的广告文案需将广告内容写成快板词,一般以七字句为基础,可根据需要增删,要押韵,间插说白。分单口、双口和三人以上群口几种形式。形式灵活,气氛热烈,听众可在娱乐中接受信息,消除听广告的抵触心理。

⑥ 相声式。即以相声这种为广大群众喜闻乐见的曲艺形式来传播广告信息。它以说、学、逗、唱为艺术手段,以风趣、诙谐,引人发笑为艺术特色,长于讽刺幽默,也善于歌颂新生事物。这种形式的广告文案需写成相声小段,再请演员演播,使听众于笑声中接受信息传播。形式有单口相声、双口相声和三人以上群口相声,其中二人对口相声更为普遍。

(2) 优秀广播文案的特征

① 具体形象性。能够唤起受众的想象和联想,在听众脑海中形成画面或图像。

② 亲切真实感。充分发挥广播媒体"固有的温暖特性和陪伴功能",通过亲切的话语,与受众心心相通,使信息平添真实感。

③ 轻松愉悦性。让听众感到轻松愉快,能激起人们的欣赏兴趣。

④ 悦耳相关性。每句话,每个字音都应悦耳动听,富于节奏感和音乐美。信息代言人应与信息密切相关,其声音应与广告目标相吻合、一致。

(3) 广播广告文案写作的注意事项

① 为"听"而创意,为"听"而写作;

② 主信息要反复强调,突出品牌形象;

③ 实现要素最佳组合,综合传播广告信息。

7.5.3 电视广告的写作技巧

(1) 电视广告的表现形式

① 直接式。就是由画外音直截了当地介绍产品或服务的特点,画面直接展示展品。采用

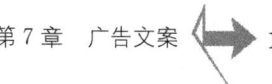

此形式创作电视广告文案,要求逻辑清楚、说理透彻并提供具体的事实。

优点是直截了当,开门见山;缺点是易枯燥,吸引力不强。

例如"蓝天六必治牙膏"电视广告:清晨,一位朴实的中年男子手持漱口杯具迎面向镜头走来,一面走一面向观众诉说着:"我的牙,全托蓝天六必治的福了,一点毛病没有。牙好,嘿,胃口就好,身体倍儿棒,吃嘛嘛香,您瞅准了,蓝天六必治!"

②推荐式。就是消费者以自己的亲身体验证明产品或服务的优点,并向观众推荐。推荐者可以是名人、专家,也可以是普通人。

名人推荐是借名人喜欢用某种商品,或用名人直接出面推荐商品的镜头进行广告宣传,利用"名人效应",以造成观众对产品的好感和信赖感。

③实证式。就是通过现场演示或实验来证明产品的效能。使用此种手法的前提是产品本身有独特的有形的利益点,可以直观地表现出来。

④生活形态式。这是把广告场景置身于人们的现实生活中,以人物的生活经验、境遇来影响其他消费者,或改变人们对某些产品的态度。这类广告的切入点不是产品或服务,而是使用它们的人,贴近生活,令消费者感到亲切、自然、放松。

⑤问题解决型。首先提出生活中遇到的问题,然后解决问题,在此过程中展示某商品的特性。此类广告往往以科学实验的形式,显示商品功能的科学性和可靠性,富有很强的说服力。

⑥故事式。又称剧情式,一些流行的电视剧、小说,其情节故事、人物形象家喻户晓,甚至有时成为人们街谈巷议的话题,电视广告以这些人们熟知的情节内容、人物形象作为广告的缘起和依托,可以引发人们的兴趣和关注。

⑦幽默式。用幽默风趣的语言或手法,含蓄地宣传商品的特征,使受众在轻松愉快的气氛中领会与接受广告信息。

⑧虚构式。采用一种超现实的方式,将日常生活中不可能发生的事,通过创意者的丰富想象力加以表现。这类广告通过反复的刺激和夸张的表现,产生一种冲击力,给观众留下深刻的印象。

⑨品牌形象式。不直接表现产品或服务,而是以附加价值进行诉求,经常用于品牌形象或企业形象广告。这类广告一般采用感性诉求,有专门制作的音乐和精致的画面,文案很少,着力渲染一种气氛。

⑩卡通动画式。就是利用虚拟的卡通人物,用拟人的方式在广告中进行表演的形式。此类广告可以节省大量的拍摄成本,并增强广告的趣味性。例如,喜洋洋与灰太狼的形象深受小朋友喜欢。需注意:卡通形象对目标消费者的亲和力是广告成败的关键。

(2)电视广告文案创作的"五字法则"

电视广告文案创作是有一定规律可循的,即实、新、美、简、情。

法则一:实,就是"用事实说话"。一篇好的文案不是装腔作势、哗众取宠,而是要向消费者"摆事实,讲道理"。广告文案是为产品而作并服务于产品的文字,要让消费者观文而知产品,故其内容一定要真实可信,不可有误导消费者之嫌。这也是一篇好文案的立文之本。

法则二:新,乃创意、创新之意。比尔·盖茨说:"创意就如原子裂变一样,只需一盎司就会带来无以计数的商业利益。"文案的构成要素大致可分为主标题、副标题、正文和标语。而这个"新"主要体现在主标题上。要写好一篇文案,主标题至为重要,主标题乃文案灵魂,写好主标题,文案也就成功了十之八九。创意是不该被"设框"的,所谓的规则方法只能当作参考,在做创意联想时,要做到"舍得"两个字。学会了"舍"去条文规则的束缚,才可能有真正自己的所

"得"。

法则三：美，即文案的意境美。一篇好文案不应只是空洞、乏味的文字与数字的组合，而是要在完成文案的基本功能（介绍产品、引起兴趣、促使行动）之上，尽可能给人以美的感受。意境是指一切艺术作品所表现出来的情趣和境界，是客观实体与主观情感彼此结合的产物，借由想象力的推动而产生的美感，即为意境美。

电视广告作为一种商业艺术，广告人在进行创作时，应当将意境美作为他所追求的最高境界。白沙广告："鹤舞白沙，我心飞翔"。在远天、青山、平湖、绿野之间，白鹤点水，振翅飞远，人手扮鹤，心随鹤翔，并伴之一句浑厚的男音："这一刻，我已经飞了起来！"此番意境美，打动了众多的消费者，让消费者再一次体会到道家淡泊无欲、超然志远的平和宁静的境界。

法则四：简，即文案创作要简洁。坚持一则广告就集中诉求某一点，简单的承诺。若重点太多，也就没有重点了，甚至会让消费者"丈二和尚摸不着头脑"，不知所云，也无法记住。

当代社会生活节奏越来越快，人们的工作压力也越来越大，消费者看广告的速度已快到近乎浏览的方式。因此，广告文案的写作应力求简约，诉求重点明确突出，切忌玩"猫捉老鼠"的游戏，勿让消费者产生未看先烦的心理反应。

法则五：情，即在文案创作中融入情感。"天若有情天亦老"。情感是人类永恒的话题，也是维系人与人之间关系的基础。用真实的情感去写，能够感动自己的文字，也一定可以打动其他人。

"百年润发"之所以能打动众多的消费者，是因为他们看到的不仅仅是洗发水，更是忠贞的爱情和圆满的结局。女主角用意韵绵长的京剧唱出"相爱两不渝，忘不了你"；男主角温柔地为女主角洗头，多少次令他只能在梦中抚摸的亮丽秀发，情景交融，弄人心弦。亲情、爱情、友情等情感的融入，不仅仅是让广告和产品拥有了生命力，更重要的是它能让消费者从中找到自己过去和现在的影子，激起产品与消费者之间的共鸣，由此建立起一个产品或品牌最重要的价值——顾客忠诚度（见图7—7）。

图7—7 百年润发广告

7.5.4　网络广告文案的写作技巧

(1) 突出关键词

对于重要的字词应配合广告画面抓住读者视线。采用变形字体、黑体字、斜体字或改变字体颜色等以突出关键字词,引导上网的人们去关注。如果有更多的信息链接,可以建立关键词超链接,不仅能捕获读者的眼睛,而且可以轻松进入后一页的附加信息。

(2) 标题鲜明

与印刷媒体的广告一样,人们在众多信息内容的页面上只能做大概的浏览,如果标题鲜明独特,人们才有兴趣阅读整篇文档。标题要出新,不是说故意将标题弄得很花哨,这样只能增加人们的负担,而通常人们是没有耐心去看额外负担性的信息的。

(3) 语言要有号召力

很多网站上发布的图标广告、旗帜广告以及其他形式广告,可采用设置悬念或诱导性、号召性的语言与形式,引发人们的点击与参与。很多广告主运用网络并不满足于仅仅提升品牌的知名度,还希望吸引人们深度接触,因而将广告与企业主页相链接。这就要求点击率要提高。以此为目的的广告,在文案写作中就应注意设置悬念,语言要具有号召力,引起人们访问的兴趣。

(4) 力求生动有趣

目前,网络的绝大多数访问者都是年轻人,甚至在年轻人的推动下,形成了独特的网络语言体系。例如,聚集着大量 80 后、90 后的猫扑网,阿迪王正是依靠此网络空间转载《我穿着阿迪王教训了一个非主流》等一篇篇关于阿迪王的文章而一举成名的。因此,在进行网络广告文案创作时,就要注意到这一点,力求文案生动有趣。

(5) 力求较强的亲和力

网络广告文案不仅要生动有趣,而且还要让访问者打开网页的时候感到轻松愉悦,不是一个刺耳的声音让访问者吓了一跳。在进行网络广告文案创作时,要感觉像是和自己的一位老朋友聊天那样亲切自然,而不是自己陶醉其中。

本章小结

本章首先介绍了与广告文案相关的一些基本概念、广告文案的作用和撰写原则。主要原则有真实性原则、合法性原则、时效性原则、适应性原则、创新性原则。广告文案从不同角度的分类方法,按照广告文案的媒体表现形式主要分为报纸广告文案、杂志广告文案、广播广告文案、影视广告文案、网络广告文案;根据诉求策略的不同,可以分为感性诉求文案、理性诉求文案、感性与理性相结合的诉求文案。

完整的广告文案一般由标题、广告语、正文、随文四个基本要素构成,对广告文案构成的每一部分的定义、功能、作用及写作要点进行具体阐述。最后介绍了不同类型广告文案的撰写方法,分别介绍了报刊文案、广播文案、电视文案以及网络广告文案的创作形式、撰写的技巧和方法。

练习题

1. 广告文案撰写有哪些原则？你认为在文案撰写过程中如何体现这些原则？
2. 广告文案由哪几部分构成？
3. 广告标题有哪些写作要点？
4. 优秀的广告正文有哪些特点？如何撰写一篇优秀的广告正文呢？
5. 广告语有哪些写作要点？

案例分析

别克君越：新君子之道

【主题篇】

这个时代，
每个人都在大声说话，
每个人都在争分夺秒。
我们用最快的速度站上高度，
但是也在瞬间失去态度。
当喇叭声遮盖了引擎声，
我们早已忘记，
谦谦之道才是君子之道。
你问我这个时代需要什么，
在别人喧嚣的时候安静，
在众人安静的时候发声。
不喧哗，自有声。
别克君越，新君子之道。

【安全篇】

一开始，安全是为了防备万一
渐渐地，当我们开始炫耀我们有多安全
却成为马路上的威胁
其实，真正的安全
除了保护自己
也要将安全感，给予一路同行的人
不喧哗，自有声
别克君越，新君子之道。

【安静篇】

人们用喇叭声说着
我在这里
他们一再放大音量

可是你不会被干扰
因为
外在的喇叭声
也不能掩盖你内心
全速前进的引擎声
不喧哗，自有声
别克君越，新君子之道。

【灯光篇】
灯光，是有情绪的
冷静时，它不错过任何有效信息
冷漠时，它谁也不放在眼里
有时候，这条路也因为它而温暖
谁说相逢的都是陌生人
用灯光，say hello
不喧哗，自有声。
别克君越，新君子之道。

【速度篇】
在高速行进的路上，
我们把什么丢在了后面
加速再加速
却谁也没有甩开谁
风度，是最美的速度
不喧哗，自有声。
别克君越，新君子之道。

(资料来源：市场部网站，http://www.shichangbu.com/article-22635-1.html)
通过阅读上述案例材料，请思考以下问题：
1. 根据广告文案的诉求策略分类，该文案属于哪种类型的文案？
2. 该广告文案是如何与产品的特性有机结合的？

第8章 广告媒体

本章主要教学内容
1. 导入案例:土豆网是这样"种"出来的
2. 广告媒体概述
3. 广告媒体的种类
4. 广告媒体策略
5. 广告媒体现状与发展趋势

本章教学目的

广告活动的一个非常重要的方面,就是合理适宜的运用各类广告媒体,充分发挥各类广告媒体的突出优势,并且能够及时、准确、生动地把相关产品或服务的信息传递给目标市场的消费者。

通过本章的学习,可以了解印刷广告、电子媒体广告以及数字互动媒体广告是如何增强广告主的媒体组合的。掌握每一种媒体的特点、优点和缺点,广告人必须能够比较它们之间的优势,了解在媒体组合中哪种购买方式效益最好。

8.1 导入案例:土豆网是这样"种"出来的

土豆网创立于 2005 年 4 月,是中国第一家播客网站。土豆网上线第一天的浏览量只有 200 次,每天上传的播客也仅有三四十个。一年后,经过一传十,十传百,2006 年 4 月,土豆网的浏览量已达到了日均 100 万次,增长速度惊人。目前,土豆网已经有 500 万的注册用户,独立 ID 的访问人数达到 3 300 万,日均的播放量已经达到 5 000 万次,一日内上传的节目有 3 万多个,这些数字还在不断增长。如果算笔账,你就会发现这些数字多么惊人。按每个节目的长度 6 分钟来计算,那么土豆网每天播放节目的时间为 3 亿分钟,相当于一个电视台 500 万个小时连续不断地播放。

我们生活在个性化的时代,这是个视觉的时代。土豆网给人们提供了一个自我展示的平台。在这个平台上,个人最微小的娱乐和教育价值也能得到体现和欣赏。土豆网就是一个平台,每个用户都可以免费申请100兆的网络空间,之后就能把自己用DV甚至摄像头拍摄的短片、自己配音的MP3传到土豆网上,然后让自己的朋友,或者其他陌生网友自由观看。博客给我们的是文字的话语权,而这些类似播客的东西却能给我们声音的话语权。

娱乐精神俨然已经成为现代人的重要特征。对于生在"读图时代"的80后们来说,文字显然不如影像来得直接和有力,博客在他们眼中也远不如播客来得更好玩。土豆网成了一个大秀场。自成立以来,土豆网的免费无限空间受到了大量网民的追捧。使用它不仅能上传个人视频、观看海量视频节目,还能收藏个人喜欢的视频、订阅关注的播客,简单方便地与朋友们分享。它拥有大量的原创作品,提供给每个人一个展示的舞台:手机拍摄的生活片断,度假后的DV短片,自己的录音、录像与人分享;第一时间看到电视上看不到的境外热播的影视剧和综艺访谈节目……或许您还不知道,2006年网络盛典年度最佳播客的"后舍男生",以及《一个馒头引发的血案》都是由土豆网放送出去的。

(资料来源:《广州日报》)

8.2 广告媒体概述

8.2.1 广告媒体概念

媒体又称媒介,翻译自英文中的media,是人借助用来传递信息与获取信息的工具、渠道、载体、中介物或技术手段。广告媒体是指传递广告信息的载体,即凡能在广告主与广告受众之间起媒介或载体作用的物质都可以称之为广告媒体或广告媒介。它是信息的一种运载工具。

广告媒体能够适时、准确地把广告主有关的商品、服务、理念等方面的信息传递给目标消费者,从而刺激需求,引导消费;同时也能够吸引受众阅读、接收相关的信息;能够唤起受众接触媒体的兴趣,使得消费者有可能接收到相关的广告信息;能够适应广告主的选择应用,满足对信息传播的各种要求。所以,广告媒体在广告活动中处于非常重要的位置。

广告信息内容通过媒体传播出去,实际上形成了一种交换关系,两者相互依存。尤其是在大众传播媒体经营活动中,相互之间的关系会更为紧密。大众媒体提供各种信息服务,需要一定的资金支持,而广告收入则是其主要的经济支柱。作为一种信息服务,广告传播需要依存于节目、版面之中,凭借公众对大众传播媒体的信任和好感而达到一定的效果。正是这种依存关系,使得传播媒体能够持续发展下去,也使得广告活动不断向新的台阶迈进。

8.2.2 广告媒体功能

(1)承载信息,传达信息

即广告媒体可以承载广告信息,并且可以把它传达给目标受众。当然,不同的媒体承载的广告信息在数量、内容等方面是有差异的,同时在传播的速度、范围等方面也是有差别的。

(2)吸引公众,接触公众

即广告媒体可以吸引不同的公众,使他们接触媒体,进而接受媒体传播的信息。各种广告媒体都拥有一定数量的接触者,如:报纸、杂志的读者,电视的观众,电台的听众,等等,但是在吸引能力方面各种媒体也是有差别的。

(3)适应广告主传达信息的不同要求

即广告媒体可以适应满足不同广告主在利用广告媒体传播广告信息时的不同目的和要求,如传播时间的要求、信息容量的要求、信息表达方式的要求等。当然,不同媒体适应要求的能力也是有差别的。

(4)满足不同目标受众的多样化、个性化需求

根据马斯洛的需求层次理论,人的需求由低到高依次为生理需求、安全需求、社会需求、受尊重的需求及自我实现的需求。人购买行为的产生,主要取决于三方面的因素:人的需要、欲望和需求。同时,人们对某种产品产生需求,也会受多种因素的影响,进而产生多种多样的个性化、多样化的需求。广告媒体正是根据广告主的不同要求,以满足目标受众的多种需求为目标向其传递信息,促使目标受众产生购买欲望,采取购买行动。

(5)充当广告主与目标受众的中介

即广告媒体是广告主与广告受众之间的桥梁,所起的作用只是通过这一桥梁,把广告信息由广告主一方传递到广告受众一方,一旦信息到达广告受众,它的使命即告完成。广告媒体不是广告信息本身,"媒体"(媒介)的字面含义就充分表现了这一点,所以,它不能取代广告活动的其他任务和环节。

8.3 广告媒体分类

8.3.1 广告媒体的分类概述

按照媒体的属性划分,可分为:印刷媒体;电子媒体;户外媒体;售点媒体;邮寄媒体;包装媒体;人体媒体;其他新兴媒体。

按照媒体的覆盖范围划分,可分为:国际性广告媒体;全国性广告媒体;地区性广告媒体。

按照媒体接受方式划分,可分为:视觉媒体;听觉媒体;视听媒体。

按照受众规模划分,可分为:大众媒体;中众媒体;小众媒体。

按照广告在媒体中展露的时间划分,可分为:长期媒体;短期媒体。

按照广告效果划分,可分为:报纸;杂志;广播;电视,即传统广告媒体。

按照新兴媒体划分,可分为:网络、手机、楼宇、植入式等广告媒体。

8.3.2 大众传播媒体

大众传播媒体主要是指报纸、杂志、广播、电视、电影等媒体。而报纸、杂志、广播、电视是广告传播活动中最为常见的媒体,通常被称为四大广告媒体。

(1)报纸

报纸是传统的三大新闻传播媒体之一。报纸运用文字、图像等印刷符号,定期、连续地向公众传递新闻、时事评论等信息,同时传播知识、提供娱乐或生活服务,一般以散页的形式发行。报纸是最早面向公众(消费者)传播广告信息的载体,现在仍然是被经常运用的广告媒体之一。随着读者的需求和传媒的发展,当代报纸的版面越来越多,信息服务的质和量都有较大的提高。

①报纸广告的优势:

报纸有较大的发行量,读者定期购阅的比例较大,传播范围大、读者面广;还可以相互传阅,一般估计,最低可有较报纸发行额 2 倍以上的读者,因而阅读率较高,广告接触率也较高;传播速度快,反映及时。

可以凭借报纸的信誉加深广告效果。由于报纸是以报道新闻为主的,所传递的信息容易使读者产生信赖和关心,并影响到对报纸所刊载广告的感觉。

报纸拥有特殊的版面空间和语言,对广告信息有较强的表现力,能比较详尽地对广告信息做描述和介绍。可以组织广告特辑和夹页广告。

便于保存和查找。

报纸广告制作比较简便,广告价格相对较低,即使经费预算有限,也可利用报纸开展一定程度的广告传播活动。

②报纸广告的劣势:

报纸的读者需要一定的阅读能力,而报纸的大众化又使读者阶层范围比较广泛,缺少一定的针对性。

报纸的时效性较短,隔日报纸便成历史,因而广告内容被反复阅读的可能性很小。

报纸每天的版面较多,广告分散其间,读者注意力常为数量多而又毫无联系的广告所影响,还容易出现"跳读"的现象,越过刊载广告的版面,从而影响广告的阅读率。

版面单调呆板,不能传播商品的动态与声音,也不能自由地运用彩色印刷,生活气息、趣味性等方面的信息服务不如广播电视,读者往往会有流失。

常因登载条件等原因影响,自由程度较小,预定的广告日程计划往往变动。

(2) 杂志

杂志和报纸一样,也是一种以印刷符号传递信息的连续出版物,但出版周期较长,出版速度较慢。杂志最大的特点是针对性强,保存期长,记录性好。读者层次和类别较为明确,尤其是专业性杂志,读者群大多比较稳定,对所订阅的杂志认同感较强,由此对刊登的广告也显现出较高的关心度和信赖度。杂志的读者生活水准一般较高,对于新产品或服务的反应比较敏锐,消费能力也较强。

①杂志广告的优势:

杂志的自动阅读率比较高,常常被广泛传阅,还有被反复阅读的情况。

杂志广告可承载的信息较多,可以比较自由地运用文字、图片、色彩等手段表现广告内容。杂志还可以做连页或折页来延展版面空间,运用一些特殊形式来表现广告商品,造成画面的震撼效果。

杂志印刷精美,能提高表现对象的美观程度与价值感,制作起来也比较容易。

杂志具有较强的保存性,重读机会多,能长时间反复看,延续广告的传播效果。

广告效果较易测定。

②杂志广告的劣势:

制作周期长,时效性差,发行间隔时间较长。

杂志一般发行范围有限,读者层面较狭窄,接触对象不广泛,市场覆盖率低。

制作复杂,成本较高。

(3) 电视

电视是运用电波把声音、图像(包括文字符号)同时传送和接受的视听相结合的传播工具,是一种具有多种功能的大众传播媒体。自 20 世纪 30 年代问世以来,电视不断以新的面貌面向广大观众,已经深入千家万户,在传播领域中产生了越来越大的影响,也是传播广告信息的主要媒体之一。

①电视广告的优势:

电视集声音、图像、色彩、活动四种功能于一体,可以直观地、真实地、生动地反映商品的特性,不必更多说明也能使消费者了解商品,能使观众留下深刻印象。

电视普及率高,收视对象层次广泛,能在极广的地域范围里,迅速传递信息,极易于配合新产品上市、销售等促销活动。

能够有效地利用演员和名人推销。

容易成为人们的议论话题,有意或无意地对广告商品进行比较和评论。

观众一般都在较为休闲的状态下收看电视,易于引起无意注意,对不打算看广告的人也能传播到。

电视作为后起之秀,已成为沟通观众的主要渠道,也越来越受到广告主的青睐。近些年来电视广告费逐年直线上升。据统计,全世界广告费约有1/3投入电视媒体。我国电视广告收入自20世纪90年代后就反超报纸,仅以1998年为例,当年我国电视广告营业额135.6亿元,占全国广告营业额的1/4强,比报纸广告收入多30多亿元。

②电视广告的劣势:

视听者阶层不稳定,对不同商品的不同视听对象难以控制。

广告内容与形象转瞬即逝,无法保存,只有大量购买电视的时间,反复重复播出,才可能实现预期的传播目标,如播出次数少,传播效果则不明显。

由于消遣型观众居多,观众收看电视的状况往往对传播效果产生负面的影响。电视只能按编排顺序而不能随意选择节目,同时电视频道遥控装置的应用,使得观众收视节目注意力不是很集中,特别是在收看广告节目时更心不在焉,往往随意换台或离开而影响实际的收视率。

编导复杂,电视广告的制作费用也较昂贵,且拍摄成片后,难以临时修改。因此,一旦决定投放电视广告,就要支出不菲的媒体购买费用,这特别不利于中小企业的市场开拓。

广告播出时因不同类型的广告交叉播出,相互干扰,减弱了广告传播的效力。

广告效果难以测定。

(4)广播

广播是比电视更早一些的电波媒体,通过无线电波或金属导线,用电信号向听众提供信息服务,分有无线和有线广播两种。

①广播媒体的优点:

广播传播速度快,时效性强。

收听不受时间、地点限制,收听自由,灵活方便。由于广播媒体是一种听觉媒体广告,不论接受者在干什么、在什么方位,只要打开收音机或在能收听到的地方,就能边干别的事儿边收听。

广播广告语言口语化程度高,听众不受文化水平的影响,比较通俗,感性诉求力强。

广播媒体能做全天候服务,可及时调整广告内容,随时播放新的信息。也易于选择在不同节目前后播放,能较为主动选择广告对象。

制作过程较简单,播出费用不高。

具有无限想象空间,即发展听众的丰富想象力。正如人们所说的:"描述天下第一美女,最好用广播。"

广播可以拥有众多节目主持人,每个节目能够形成个性特色,通过热线服务等,易于进行双向交流,引发想象力,产生亲近感,构成相对固定的听众群。

针对性强,收听对象特性明显,地区性电台能有效地做地方性广告,促销效果明显。

② 广播媒体的缺点

有声无形,只能用声音诉诸听众,缺少视觉形象,看不到商品的外观,印象比较浅薄。

听众接触广告的态度是被动的,听众接收信息时的注意力不能保证。西方一些学者称印刷媒体为"选择性媒体",其特点是主动权操在读者手里;称电子媒体为"闯入性媒体",其特点是"闯入听觉是什么,就只能接受什么"。

声音稍纵即逝,无法存查。

广告的遗忘度大,播放时间短暂,保留性差,难以吸引听众而留下深刻印象。

收听效果难以准确把握和测定。

这几年,广告客户逐渐认识到广播在传递广告信息方面的一些优势,广播广告的营业额在逐步提升。在我国,广播一直是有效的传播媒体,能覆盖幅员辽阔的广大农村和交通不发达地区,运用广播有利于新市场的开拓。而随着国民经济收入的提高,我国居民拥有汽车等交通工具的比例增长很快,广播的有效听众越来越多。这一切,都使广播广告业务更具有潜力。

(5)电影

电影是应用光学、声学和机械学等技术进行声像信息传播的媒体,虽然属于大众传播媒体之一,但相对于四大广告媒体来说,电影的影响力要小得多,但在传递广告信息方面也具有一定的优势。电影银幕面积大,声音效果好,真实感强,不受时间限制,诉诸观众的信息密集,诉求重点明确。电影广告一般在正片之前放映,观众接受广告信息时环境较舒适,心情较松弛,对广告较少排斥心理,注意力较集中,因而能收到比较好的广告效果。

电影广告受放映时间和场地的限制,传播范围有限,且电影广告片拍摄费用比较高,因而受重视的程度逐渐下降。但电影观众一般都是消费力比较强劲的群体,广告费用的投放量相对可以酌减,仍不失为一种可以选择的媒体,特别是在进行媒体组合时,是可以考虑的一种理想媒体。随着我国广告业的发展,电影广告逐渐受到重视,已被不断开发和利用。

8.3.3 小众传播媒体

相对于大众传播媒体,还有很多用来传播广告信息的媒体,传播范围小些,受众群体少些,故称为小众传播媒体。这些媒体往往可以直接影响消费者的购买行为,进行促销,能够弥补和配合大众传播媒介的传播活动,满足消费者的整体需要,有时也可统称为促销媒体。

(1)户外广告

户外广告指设置在室外的广告,如霓虹灯、路牌、灯箱等。英文为 Out Door,简称 OD 广告。户外广告种类很多,特点也不一样。总体上看,户外广告一般传播主旨比较鲜明、形象突出、主题集中、引人注目,能够不受时间的限制,随时随地发挥作用,对过往行人进行反复诉求,容易达到印象积累的效果。

① 户外广告的优点

户外广告的制作日益精美,欣赏价值较高,还可美化环境,如光彩夺目的霓虹灯以它多变的造型、瑰丽的色彩,构成华丽的夜景,给人以美的享受。

由于照明,夜间和白天一样均有效果,如果灯饰安排得好,夜间效果会更好。

能长时间在同一场所刊登同一广告信息,有反复诉求的效果。

因传递的是单一的商标和公司名称,故能给人留下深刻印象。

②户外广告的缺点

受空间和地点的限制,所传递的信息无法送达更远的地方。

言简意赅、文字简洁、主题突出、画面新颖,但广告的信息量有限。

广告对象不固定,广告内容难以与销售直接相联系。

消费者接触时间短,注目率有时也受到限制。

广告效果难以测定。

(2)销售点广告

所有在商店、建筑物内外的,能够促进销售的广告物,或其他提供有关商品信息、服务、指示、引导的标志,如店内悬挂物,橱窗和柜台的设计、陈列,在店内外设立能标示产品特征的立体物,或散发单张的海报,等等,都称为销售点广告或销售现场广告(Point of Purchase Advertise),简称 POP 广告。由于它和店内广告相似,从销售者的角度看,它是销售点广告;从购物者的角度看,则是店内广告。现在有些国家已将两者混同,比如日本即在店内广告的概念中包容了销售点广告的含义。POP 广告可在销售现场为消费者起到引导指示的作用,促成和便利其购买;还能营造销售气氛,激发顾客的购买热情,促使消费者产生冲动购买行为,直接提高购买率。

需要注意的是,POP 广告也要精心设计。比如,一些陈列的商品不够精美,摆放杂乱无章,反而会招致负面的效果,使消费者减少对该产品的信心。对广告物的管理也要经常、细致,保持新颖光亮,否则产生脏乱,如一些悬挂物的时间太久,色彩褪除,或是沾满灰尘,都会影响传播效果,减退消费者的购买欲望。

(3)直邮广告

直邮广告,英文为 Direct Mail Advertising,简称 DM,也称邮政广告和函件广告。据美国广告函件协会对 DM 下的定义是:"对广告主所选择之对象,将印就的印刷品,用邮寄方法,传递广告主所要传达的信息的一种手段。"

①直邮广告的优点

邮寄广告的形式可以不拘一格,有较大的自由度,可随意设计,发挥创造,变化多端,在篇幅和形态上具有很大的灵活性。

因受众没有阅读时间的限制,所传递的信息内容能丰富、详尽,但不可啰唆,使读者产生厌烦的心理。对广告对象和地理上都具有选择性。

可为人员上门推销服务作先导。

可将广告信息传达到一般媒体难以达到的对象手里。

信息内容容量较大。

广告效果较易测定。

②直邮广告的缺点

选定发送对象名单较困难。

因由企业直接发送,故在消费者心目中可信赖性低。

容易为收件人所轻视,不加阅读便随手丢掉,因而直邮广告多为广告宣传的补充手段。

邮寄广告能否发挥效应,最重要的是能否吸引广告对象拆阅信件等邮件,所以,邮件的设计要新颖、独特,使目标对象愿意开拆,尽量减低对邮寄广告的抗拒心理。在这方面,需要特别注意的是,要与企业的消费对象建立经常性的联系。还可发放问卷,调查目标消费者对商品的期望和建议,保持销售信息交流的畅通、愉悦。

要使邮寄广告发挥出较大的作用,关键是平时要注意积累资料,选好邮寄对象,建立一个直接邮寄广告使用的名册。名册的资料应该准确、详细、包括直邮对象的姓名、出生年月日、阶层、职业、兴趣等。但邮寄广告需要付出一定的邮递费,可能使广告成本提高。邮寄广告的拆阅率有时不能保证,使预设的效果难以实现。

在广告活动中,还有一些直接广告的形式经常被采用,如用电话告知有关的信息;直接把广告送到家庭或信箱以及办公室的上门广告;在街头或商店门前发广告传单或带有广告的物品;把广告夹在报刊中,随报刊送递的折叠广告(也叫夹报广告)等。

(4)交通广告

在日常生活中,交通是不可缺少的。利用公交车、地铁、航空、船舶等交通工具及其周围的场所等媒体做广告,就是交通广告。交通广告因其价格比较低廉,且有着较好的传播效果,对企业来说,有很大的吸引力。

①交通广告的优点

由于定点或定路线的原因,广告对某部分人的接触率会较高。广告主可根据广告目标的要求,选择目标消费者经常使用的有关交通工具的线路、场所做广告。

交通广告信息展示时间长,消费者在较长时间接触广告,广告内容富有持久性。

区域性广告效果较好,交通广告既可随交通工具流动,具有动态性,又可固定在车站、机场、码头等场所,具有稳定性;既可运用喷绘、招贴等表现手段,又可采用影片、音响等艺术形式。

能灵活运用色彩。

广告内容的变化弹性大。

②交通广告的缺点

交通广告因交通工具和线路等的限制,广告对象不广泛,广告接触面有一定的局限性。

广告篇幅有限,广告场地不能自由选择。

公共交通工具的乘(旅)客流动性大,成分复杂,较难进行市场细分。

广告接触者心情不稳定,对广告内容只能是"概而知之",广告效果难以测定。

8.4 广告媒体策略

广告媒体策略(media strategy),是指利用现有的广告传播要素,通过选择和组合这些媒体要素,把广告信息最有效地传达给受众的策略,主要包括选择策略、使用策略和整合策略。

8.4.1 广告媒体选择策略

广告媒体选择策略是指根据广告目标的要求,以最少的成本选择合适的传播媒体,把广告信息传达给预定的目标消费者,并保障接触者的数量和接触的次数。其中心任务就是比较广告目标与媒体之间的差距,并根据广告目标的要求选择广告媒体。确定广告信息传播的数量指标包括以下内容:

(1)收视率

收视率是指在一定时间内,目标市场上收听(视)某一特定电视节目或广播节目的人数(或家庭数)占总人数的比例。收视率是广播电视媒体最重要的数量指标。广告主和广告公司根据该指标购买广播节目和电视节目,以判断他们的广告信息将有多少人收听(视)。通常,节目收听(视)率高,则刊播广告的单位费用就高。

收视(听)率的计算:如果10户电视用户的4户在看节目A,节目A的收视率便为4÷10×100%,即40%;如果10户电视用户一共有20人,只有2人在看B节目,则节目B的收视率为2÷20×100%,即10%。

(2)开机率

开机率是指在一天中的某一特定时间内,拥有电视机的家庭中收看节目的户数占总户数的比例。

实例8-1

电视机开机率

某一目标市场上有1 000户家庭拥有电视机,在2016年12月8日18~22时,有125户在看A节目,100户在收看B节目,50户在收看C节目,25户在收看D节目,此时的开机率为30%。

(3)节目视听众占有率

节目视听众占有率是指在一定时间内,收看某一特定节目的消费者家庭数占总开机家庭数的百分比。依照上例,节目B的视听众占有率为33.3%(总开机户为300,而收看B节目的户数为100)。节目视听众占有率并不表示拥有电视机的户数,而只是说在某一特定时间那些正在看电视的家庭数。收视率、开机率与节目视听众占有率有密切的关系,它们相互的计算公式如下:

节目视听众占有率＝视听节目的户数÷视听开机户数×100%

(4)总收视率

总收视率是指在一定时期内某一特定的广告媒体所刊播的某广告的收视率总数。

实例8-2

媒体视听率

一个媒体或媒体节目的视听率为30%,广告刊播5次,则总收视率为30%×5＝150%。表8-1为13次通过4个插播广告的具体情况,说明送达的总收视率为200%。

表8-1　　　　　　　　　　　总收视率计算表

节目名称	家庭平均收视率(%)	插播次数	总收视率(%)
节目A	20	2	40
节目B	15	4	60
节目C	25	2	50
节目D	10	5	50
合计	70	13	200

(5) 视听众暴露度

视听众暴露度是指特定时期内收看、收听某一媒体或某一媒体特定节目的人数总和。视听众暴露度以个人数目（或家庭数目）来表示，而不是用百分数来表示。其计算方法是：

视听众暴露度＝视听总数×视听率×发布次数

(6) 到达率

到达率是指不同的个人或家庭在一段时间内暴露于某一媒体特定广告信息中的人数，一般以百分数来表示。

实例 8－3

到达率计算

在表 8－2 中，每个方格表示一个人（或一户），共计 100 人（户），A、B、C、D 分别代表某电视台的 4 个栏目（或节目）。若一个广告 4 周分别在 4 个节目中插播，则有 40 人（户）至少看到一次广告，到达率为 40%。

计算到达率时，一位观众不论他暴露于特定广告信息多少次，都只能计算一次。到达率适用于一切广告媒体，唯一不同之处是表示到达率的时间周期长短各异。一般而言，电视、广播媒体到达率的周期是 4 周，这是由于收集、整理电视、广播媒体有关资料要花费 4 周时间；杂志、报纸的到达率通常以某一特定发行期经过全部读者的寿命期间为计算标准。

表 8－2　　　　　　　　　　　电视到达率分析表

A	A	A	A	A	B	B	B	C	C
C	C	D	D	D	D	D	AB	AB	AC
AC	AD	AD	BC	BC	BD	BD	BD	ABC	ABC
BCD	BCD	BCD	ACD	ACD	ABCD	ABCD	ABCD	ABCD	ABCD

(7) 暴露频次

暴露频次是指消费者个人或家庭暴露于广告信息中的平均次数。暴露频次与到达率指标一样，在所有广告媒体中都可以使用。需要强调的是，暴露频次指标是，指平均暴露频次。

到达率、暴露频次和总收听率三个指标常用百分数表示（但没有百分数的记号），都用以衡量一则广告计划送达的人数或家庭数。到达率表示广告策划者希望多少媒体受众一次或多次接触到该广告信息；暴露频次说明该广告信息将达到媒体受众的平均次数；总视听率是视听频率和暴露频次的产物，表示该广告信息将达到媒体受众的重叠百分数"毛额"。

暴露频次的计算公式：

暴露频次＝总视听率÷到达率

(8) 每千人成本

每千人成本（CPM）是指对指定人口送达 1 000 个视听众产生暴露度的成本。其计算公式如下：

CPM＝广告费（元）÷视听受众暴露度或人数

实例 8-4

CPM 计算

广告策划者可以用每千人成本这一指标来选择广告媒体,以每一节目送达的视听众来衡量要付的价格。表 8-3 就是用每千人成本来选择广告媒体的一个实例。广告策划者面临着购买杂志 A 或杂志 B 两种选择。通过比较可知,杂志 A 与杂志 B 的送达人数和广告成本都不相同。如果对全体妇女计算,杂志 A 和杂志 B 的每千人成本相同。如果媒体计划的目标强调送达 18~49 岁妇女,杂志 B 比杂志 A 的每千人成本低,这就说明杂志 B 更有效率,应选择杂志 B。

CPM 适合于消费者能接触的电视、广播、报纸、杂志、户外、交通等所有广告媒体。

表 8-3　　　　　　　　　　A、B 杂志每千人成本计算表

每页/彩色成本(元)	读者(人)		每千人成本(元)	
	妇女	18~49 岁	妇女	19~49 岁
杂志 A:64 600	17 460	11 900	3.7	5.43
杂志 B:46 940	12 680	9 110	3.7	5.16

(9) 每收视率成本

评价单位媒体效率的另外一种方法是计算每 CRP(或者收视率)单位广告费的方法。这种方法叫作每收视率成本(CPP)。CPP 与 CPM 不同,它是利用收视率来比较和评价各广播电视媒体效果的方法。其计算公式:

CPP=总广告费(元)÷CRP

思考 8-1

某家电视台的黄金时间段 15 秒广告的一次费用为 6 000 元,而这个节目的收视率为 10%,那么 CPP 为多少?

(10) 有效到达率

有效到达率也称有效暴露频次,是指在一特定广告暴露频次范围内,有多少媒体受众知道该广告信息并了解其内容。有效到达率是用来解答"多少广告才够"这一问题的。

产品的有效到达率是由多种因素决定的,主要包括产品的购买周期、广告信息的复杂程度、产品的市场地位、品牌的知晓度以及广告媒体的传播特性等。国外专家对最佳程度的广告频次作了大量的研究,以下是一些公认的结论:广告宣传暴露一次没有任何价值;第二次暴露才会有一些效果;在一个月或一个购买周期中需要三次暴露,才能产生预期的广告效果;广告宣传在达到一定的暴露频次以后,宣传效果递减;广告宣传在达到某一程度频次时,广告效果为零,甚至会产生负效果。

8.4.2　广告媒体使用策略

广告媒体使用策略是实现媒体目的的途径,用以说明媒体目的是如何实现的。广告媒体

使用策略主要包括广告媒体地区上的分配策略和时间上的分配策略。

(1)地区上的分配策略

广告媒体使用的地区分配策略主要有三种类型：广告预算完全投入到全国性媒体上；全国性媒体与地方性媒体结合使用；只使用地方性媒体，或者在国内相当大的部分使用地方性媒体。为了正确选择媒体地区分配策略，企业要对品牌销售和产品类别销售的情况进行分析，常用的方法有：

①品牌发展指数法。该方法用来说明某品牌产品销售与某类产品销售关系，以显示在整个市场中该品牌在何处销售多，在何处销售少。其计算公式：

品牌发展指数＝某品牌产品销售比重÷某类产品销售比重

实例 8－5

某品牌在江苏地区的销售比重为 24％，该类产品的销售比重为 25％，其品牌发展指数为 0.96，表明在江苏地区该品牌销售与同类别销售相配合。如果品牌发展指数大于 1，则表明某品牌产品的销售比重大于该类产品的销售比重；指数小于 1，表明该类产品的销售比重大于它的品牌销售比重。

品牌销售如果配合类别销售，广告费用可与产品在目标市场上的销售状况相一致。如果品牌销售与类别销售之间有较大的偏差，企业应慎重考虑。通常的做法是，先确认有成长潜力的地区市场，再对其进行广告投资。

②品牌与类别对比法。将不同地区某品牌产品的销售趋势与该类产品的销售趋势进行比较，以确定广告媒体在地区上的使用情况。通常，将不同的目标市场根据图 8－1 的标准进行分类，以决定是否在该地区进行广告宣传。

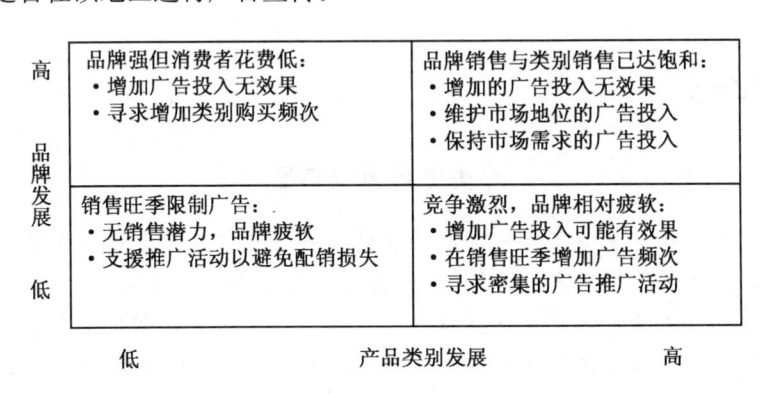

品牌发展	品牌强但消费者花费低： • 增加广告投入无效果 • 寻求增加类别购买频次	品牌销售与类别销售已达饱和： • 增加的广告投入无效果 • 维护市场地位的广告投入 • 保持市场需求的广告投入
	销售旺季限制广告： • 无销售潜力，品牌疲软 • 支援推广活动以避免配销损失	竞争激烈，品牌相对疲软： • 增加广告投入可能有效果 • 在销售旺季增加广告频次 • 寻求密集的广告推广活动
	低　　　　　产品类别发展　　　　　高	

图 8－1　目标市场分类

(2)时间上的分配策略

广告媒体使用的时间安排策略可以分为长期安排策略和短期安排策略。

①长期安排策略。广告策划者必须决定将一年的广告按季节性和预期的经济发展来安排时间。假如某产品销售的 70％产生于 5～10 月的温暖月份，则广告策划者可有三种选择：广告主可顺着季节的变化调整广告支出；可按产品季节变化的相反方向来安排广告支出；全年平均使用广告预算。

与上述三种选择相适应,常用的确定广告媒体使用进度的方法有先多后少法、滚雪球式渐次加强法和水平支出法三种。

②短期安排策略。短期安排策略是指将一组广告暴露分配在一段时间内,以达到最大效果。短期安排必须考虑以下因素:第一,购买者频率。指新的购买者在市场上出现的频率。该频率越高,则广告接触这些新顾客的次数就应更加连续。第二,购买频率。指在一定时间内,一般购买者购买某产品的次数。购买频率越高,则广告也更加连续。第三,遗忘率。指购买者忘记此品牌的速度。遗忘率越高,则广告就应更加连续。

企业必须在连续性广告、飞线性广告、完全集中性广告、脉冲性广告之间做出选择。

8.4.3　广告媒体整合策略

广告媒体整合策略是指企业在同一时期内根据实际需要,综合运用各种媒体类型发布主题相对集中的广告。其媒体整合的方式主要有:强势媒体与弱势媒体整合;传统媒体与新媒体整合;线上媒体与线下媒体整合;大众媒体与小众媒体整合;等等。

整合营销传播的核心是媒体。媒体是多元化立体存在的。媒体需要合理的整合。目前,整合已经成为广告主谋求高效益营销传播的核心理念。因此,在制定广告媒体整合策略时需考虑的问题主要有:一是"面",即如何包括所有的目标市场消费者;二是"点",即媒体影响力集中点的恰当选取。具体要求:

(1) 先集中,然后整合

从企业自我确定的角度出发,广告媒体整合策略主要体现在竞争策略、诉求定位、目标消费者的三项集中。广告本身就是企业的一种战略,只有竞争策略、诉求定位和目标消费者这三项得到了清晰而集中的确定,企业的广告活动才有可能实现高效。在此,所谓整合,就是以清晰的竞争策略、诉求定位和目标消费者去统一企业所有的广告投放,获取竞争优势。没有明确方向的广告投放,只能是徒劳的浪费。这就需要企业选择合理的媒体,并投放优秀的广告。

实例 8-6

中美史克"整合搭配"

早在1984年,中美史克就踏入中国医药业领域并且通过各种合理的媒体把OTC概念引入中国,OTC广告走近千家万户。近年来,该公司媒体不断升级整合,资源进一步优化,所以凭借媒体优势在品牌知名度和销售网络推广上占据很大先机。媒体广告整合下,中美史克经营的"康泰克""芬必得"在中国早已是家喻户晓的品牌,中美史克(已并为葛兰素史克)也成为OTC市场上的著名厂家。

广告媒体在围绕产品受众接受心理的同时坚持走以销售为中心的道路,真正达到整合媒体、优化传播的效果。而在策略上,以整体协同、相互配合的战略发挥广告宣传职能。在电视、报纸、宣传小报、广播等媒体间,根据实际情况"整合搭配",而整合仍然有法可依。

不同媒体间的整合必须立足产品本身,才能称得上是成功的媒体整合,发挥高力度的广告效果。

(2) 整合媒介，延展广度

从企业利用媒体的角度出发，广告媒体整合策略主要体现在传播策略、媒体选择、目标受众的三项集中。每一次广告运动，都带着特定的市场和传播目标，要达至这种目标就需讲求特定的传播策略，然后依此策略，去集中选择对位的媒体，与钟情的目标受众集中沟通。

在"广告噪音"越来越响、广告声音难以听见的投放环境下，传播策略的创意，有时比广告片的创意更有效得多。在此策略下，广告主才会有意识、有目标地去实现媒体与目标受众的集中，将广告费用集中投放到能完美实现传播创意的优质媒体上。有时，这样的媒体可能不是一类一家，而是要整合跨媒体的众多传播渠道，才能放大传播策略的有效性。

不同媒介具有不同范围的局限性，因此，需要通过媒体整合运用来达到准确传播，增强广告效力，延展广度的目的。广告正面报道或传播得越大，产品知名度、认知度越高。

实例 8-7

敖东鹿筋壮骨酒：软硬广告互补

"敖东鹿筋壮骨酒"是敖东集团巨资投入推出的高档产品。在产品宣传推广中运用整合媒介的广告策略而一炮走火，让同行啧啧赞叹，纷纷效仿。在高频率、极复杂的信息传播环境中，企业认识到不同媒体有不同的功能，对各种媒体的特性、优缺点都有一个理性的认知，并实现强大的媒介整合支持，使电视与平面媒体高效结合，硬性和软性广告优势互补，网络与声讯媒体得以有效互动。在大众媒体上，针对敖东鹿筋壮骨酒受众人群，将新华社、中央电视台、《人民日报》《中国医药报》《中华风湿病学杂志》等国内知名的媒体整合起来，作为宣传产品的"武装力量"（见图 8-2）。

图 8-2　各种媒体整合

同时，极尽新闻舆论造势、活动策划作秀之能事，加强上述媒介整合广告传播的说服力与靶向性。良好的舆论加上媒介的整合传播延展了产品的广度，让受众更放心地接受产品，增强认知度，并帮助产品获得良好的美誉度。

(3) 反复整合,深度传播

从企业沟通消费者角度出发,广告媒体整合策略主要体现在接触点、投放时间、沟通机会的三项集中。广告运动的最终目标是与消费者沟通。当目标受众明确后,要考虑的就是如何有效地接触到消费者,要考察何时何地目标消费者在做什么,最好能全面洞察他(她)的生活形态,从中找到合适的接触点,从而实现接触点的集中投放。

而投放时间和沟通机会的集中,其实就是一个有效沟通时机的问题,但它更多着眼于竞争,与市场营销相配合,根据消费淡旺季和竞争品牌动态,紧紧抓住重大事件和媒体机会进行广告投放。因此,媒体整合兼顾覆盖的反复性特点跟进传播,增加广告的传播深度。消费者接触广告频率越高,对产品的闪亮点、新颖点、功效点、认知度就越高,消费的欲望就会空前高涨,最终促成购买。

实例 8-8

芦荟品牌:立体化宣传

芦荟排毒胶囊从主流媒体的拉动到主辅媒体的有机结合,从旅游黄金周造势到系列主题促销,从1+1模式到1+X手册媒体宣传的反复进行,不厌其烦地推广产品,打响了全方位、立体化普及"深层排毒"的理论,反复灌输、培育"深层排毒引爆美容革命""只要青春不要痘""科学排毒"等内容的市场攻坚战,还与杂志媒体联合推出排毒美容观念,加强促销力度的广告。长期不间断的新闻营销使"深层排毒"理论和芦荟品牌深入人心,消费欲望空前高涨,产品也日渐旺销。从此,芦荟排毒胶囊首次打破排毒市场一枝独大的非常态竞争格局,给市场带来生机和活力。

实例 8-9

央视+互联网+省级卫视

北京奥运会推动广告主采用"央视+互联网+省级卫视"的媒体策略。针对 2008 年奥运会等重大事件影响,企业越来越重视不同媒体整合传播下产生的良好效果,其中"央视+互联网+省级卫视"作为一种传播整合更是被广告主普遍看好。中央级媒体高空覆盖,互联网实现时空互补,省级卫视大打侧翼战,直接作用于终端,这种时空覆盖率高且灵活的结合构成了广告主媒体策略上的黄金整合。

8.5 广告媒体现状与发展趋势

8.5.1 广告媒体现状

近几年来,中国的广告业进入了一个空前活跃时期,无论是广告公司的数量、从业人数,还

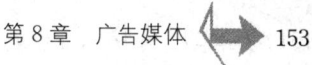

是广告营业额,都呈现迅速增长的态势。在广告业飞速发展的今天,我们也看到,目前国内广告公司在现实发展中存在诸多问题,并已直接影响到我国广告业的健康发展。

(1) 入行门槛低

目前,我国广告市场存在着相对混乱的行业结构。如何拓展公司业务,提高员工士气,培养留住人才已成为行业共同思考的主要问题;而如何做大做强,赚取更大的利润,更是成为广告公司自身难以突破的发展瓶颈。

(2) 结构单一,同质化严重

目前,国内广告公司的主营业务普遍以广告制作为主,只有少数的广告公司以创意设计和策划为主营业务。而在这些少数的广告公司中,从事4A广告业务的广告公司更是稀少,这直接导致了广告行业的深度市场潜力尚未被充分挖掘。相对残酷的生存环境已赤裸裸地摆在了广告公司经营管理者的面前,能否继续生存,或者改变创新经营思路,已是迫在眉睫的问题。

(3) 生产工艺复杂

相对而言,广告公司的生产工艺极为复杂。然而广告行业也尚未制订统一的工艺标准,这主要与广告公司服务的客户群体存在较大的关联。广告公司要满足客户不同的需求,假如有100个客户,那么就要有100种不同的个性化需求。客户的个性化需求是导致广告公司复杂生产工艺的主要原因,进而导致了传统广告公司经营管理的低效率。

(4) 广告公司利润低

由于广告行业的进入门槛相对较低,行业综合经营风险不高,传统业务市场相对稳定等特点,导致国内大多数广告公司的经营项目单一,以价格战为主要方式的恶性市场竞争日益明显,进而引发了广告行业低利润的趋势日益明显。在此压力下,广告公司的经营管理者经常处于一种极度焦虑的状态,创意难以得到有效发挥。

(5) 人才不稳定

广告行业是一个创意服务行业,人才对广告公司的发展具有举足轻重的作用。如何引进人才、培养人才和留住人才,是广告公司应解决的关键问题。目前,由于广告行业缺乏良好的规范性,广告公司的经营利润不景气,直接影响了广告从业人员的工作积极性和稳定性。

8.5.2 广告媒体发展趋势

广告行业作为创意服务产业,其发展状态与国民经济的发展水平紧密相关。随着消费品种的日益丰富和市场竞争的不断加剧,客户将通过不断增加广告投放量来吸引消费者的目光。同时,相关部门在《关于促进广告业发展的指导意见》中提出了"到2016年,广告业营业额相对GDP比重力争达到1.5%"的发展目标。数据显示,2010年我国广告业营业额占GDP的比例不到1%,与美国等广告业发达国家2%的占比存在较大差距。因此,在外部政策支持和行业市场需求相互结合的条件下,未来几年我国广告市场的发展前景利好,市场规模增长潜力显著。

(1) 行业将面临重新洗牌,整合与集中是必然选择

资源整合与业务集中并行将是广告行业发展的主流趋势。随着广告市场资源整合速度的进一步加快,强大的资金和媒体资源是广告公司在未来竞争中掌握主动权的基本保障。未来,国内广告行业将会逐步分化为两股力量:一是外资集团通过资本运作不断兼并收购中国本土的优质广告企业,最终逐渐形成大型的广告集团;二是中国本土企业通过和国外广告巨头博弈积累经验,不断通过整合其他广告公司,形成具有本土特色的广告集团。

(2) 资本化经营成为广告公司发展的助推力

在媒体资源相对稀缺和市场竞争日益激烈的环境下,雄厚的资金实力无疑是支撑广告公司发展的重要保障。单纯依靠内生增长提供发展资金的模式已无法满足广告公司在激烈市场环境中快速成长的需求。未来,通过发行上市筹集发展资金逐步成为广告行业的共识和趋势。

(3) 传统媒体在未来几年仍将保持非常重要的地位

在新媒体广告市场的激烈竞争环境中,传统媒体广告业特别是电视广告业遇到了极大的挑战,但目前以及在可预见的将来都将保持十分重要的地位。首先,传统媒体对消费者的覆盖情况和影响力是其他媒体无法比拟的,据统计,在2014年上半年每月排名前十的微博热门话题中,平均45%左右的话题来自电视内容。国内不少卫星电视台学习国外电视台的经验,打造知名度非常高的王牌节目,如浙江卫视的《奔跑吧兄弟》,湖南卫视的《爸爸去哪儿》,这些节目聚集了大量的人气,极大地带动了我国电视广告业的发展。

(4) 新兴技术催生新兴媒体,并加速各类媒体全面融合

网络技术、通信技术、多媒体技术等新兴技术将不断催生出以互联网、移动终端以及户外电子媒体等为代表的新媒体广告。这些媒体具有无法比拟的高速、精准和高效的特征,能极大地提高广告信息的传输能力和表现形式。新兴技术将有利于电视媒体、平面媒体、互联网媒体之间的融合,使广告产业更加集约化,促进广告多种表现形式的全面融合。

本章小结

本章主要介绍了广告媒体的相关概念。广告媒体是指传递广告信息的载体。广告媒体具有十分重要的作用,能够适时、准确地把广告主有关的商品、服务、理念等方面的信息传递给目标消费者,从而刺激需求,引导消费;同时也能够吸引受众阅读、接收相关的信息;能够唤起受众接触媒体的兴趣,使得消费者有可能接收到相关的广告信息;能够适应广告主的选择应用,满足对信息传播的各种要求。

本章通过介绍不同的广告媒体类型,说明无论是大众媒体还是小众媒体,在产品市场中都发挥着独特的作用和功能。面对不同类型的产品、不同类型的企业及不同的市场状况,企业应当结合自身的具体情况运用不同种类的广告媒体,以发挥其最大的广告效用。最后,简要介绍了中国国内广告媒体的发展现状和未来的发展趋势。

练习题

1. 产品处于不同的周期循环上的不同的媒体策略如何?
2. 常见几大媒体有哪些特性?
3. 什么叫到达率,到达率如何计算?

案例分析

案例一:文学作品植入广告

《奋斗乌托邦》共植入了3个品牌的广告,结果书未出,已有300万元的进账。据了解,广告植入确已成为不少作家的新财源。一般而言,植入所得的高低视作家名气而定,像石康这样

的一线作家,品牌商一般只要求在作品里"涂几笔",便可有百万元级的收入。

案例二:垃圾箱盖上的广告:不让你"习以为常"

为葡萄牙Vitae流浪者庇护所(Vitae homeless shelter)开发的新媒介,在圣诞节期间进行投放。在人们每天接触的垃圾箱盖的范围内,印着标志性的流浪汉头像,广告语很简单:给予帮助! 他们就不用再来这里觅食。

案例三:上海南京路窨井盖,展示上海风情

上海南京路镌刻着上海经典建筑的窨井盖,在担负着市政工程使命的同时,充盈着浓浓的人文气息,给南京路步行街增添了一缕淡雅的上海风情,给在不经意间发现足下另类风景的游人平添了一份意外的惊喜和人文享受。

通过阅读上述案例材料,试分别分析以上三个案例中每种广告的特点与效果。

第 9 章 新媒体广告

本章主要教学内容
1. 导入案例:零食界的"网红"卫龙辣条神秘被黑事件
2. 新媒体广告概述
3. 网络广告
4. 手机媒体广告
5. 新型电视媒体广告

本章教学目的
通过本章的学习,了解新媒体广告的定义和特征,掌握网络广告、手机媒体广告、新型电视媒体广告的类型、特征与功能。

9.1 导入案例:零食界的"网红"卫龙辣条神秘被黑事件

2016 年 6 月 8 日,卫龙辣条出了一件大事,它的天猫旗舰店被黑了!(见图 9-1)"凭什么不给我发货"的血红色字样刷满了卫龙旗舰店的首页。

对于这起"惨案",广大辣条爱好者瞬间炸开了锅,在微博上引起激烈讨论,一波又一波不明真相的网友开始寻求事件真相。在微博上,有人发起了话题♯辣条被黑了♯,当天的话题关注度持续上升,甚至一度超过了当天还在进行中的♯高考♯。

当天上午,卫龙官微发布微博,表示不知情,并表示"具体原因正在排查当中"。平时转发、评论数寥寥无几的卫龙官微,获得了 3 000 多的转评和超过 1 000 个点赞,轰动程度可想而知。中午 12 点左右,卫龙官微再度发布微博,表示目前首页已经恢复正常,面对粉丝们的继续追问,卫龙在一个小时后公布了这起被黑事件的"真相",原来是一名网名为"大魔王"的顾客,要求卫龙天猫客服发货到"新疆克拉马干沙漠 77 号府邸第 32 颗白杨树",这才导致了这起恶意被黑事件。

图 9—1　卫龙食品旗舰店被黑

不少网友发来慰问,"千万别得罪理科生""卫龙是不是忘了给程序员发货?"原以为一切已经过去,万万没想到,两个小时之后,卫龙天猫店再次"被黑",这一次,首页变成了一大堆表情包。卫龙还在天猫店上煞有其事地放出了一封道歉信。

辣条被黑事件,成为 6 月 8 日当天微博热议最多的话题之一。然而,就在无数网友纷纷表示"心疼卫龙一分钟"的同时,卫龙官微竟然宣布:没错,它就是个营销。

通过阅读上述材料,请思考与传统媒体广告相比较,卫龙策划的这次广告有哪些不同的特征?

9.2　新媒体广告概述

9.2.1　新媒体广告的定义与分类

(1)新媒体广告定义

1967 年,美国哥伦比亚电视网(CBS)技术研究所所长 P. 戈尔德马克(P. Goldmark)在一份关于开发 EVR(electronic video recording)商品的计划中第一次提出了"新媒体"(new media)一词。接着,1969 年,美国传播政策总统特别委员会主席 E. 罗斯托在向尼克松总统提交的报告书中,也多次运用到"新媒体"一词。不久之后,"新媒体"一词逐渐在传播学界流行起来。

如今关于新媒体的研究已经成为当下传播学领域的热门课题和领域。但是目前关于新媒体的定义,众说纷呈,莫衷一是。若干年前,联合国教科文组织关于新媒体有过"新媒体即网络媒体"的定义。美国俄裔新媒体艺术家列维·曼诺维奇认为,"新媒体将不再是任何一种特殊意义的媒体,而不过是一种与传统媒体形式没有相关的一组数字信息"。美国《连线》杂志认为,新媒体是"所有人对所有人的传播"。新传媒产业联盟秘书长王斌将其定义为:"新媒体是以数字信息技术为基础,以互动传播为特点、具有创新形态的媒体。"

新媒体主要体现在一个"新"字上,而"新"则是一个相对的概念,每个时期都会有相对于传统的新媒体。在西汉之时,中国诞生了世界第一份报纸——《邸报》;1920年,在美国诞生了世界第一个广播电台;1926年,在英国诞生了第一台电视机……千百年来,随着科学技术的不断变革更新,人类信息的传播媒介也不断发生着改变,"旧"媒体与"新"媒体在人类传播历史中不断地更替。因此,新媒体是一个历史动态视角下不断变化的概念。就其语义学层面而言,新媒体是新近产生的,在技术上、传播方式上领先于旧的传统的媒体形式。

因而,我们可以将当前的新媒体界定为:在20世纪后期在信息传播领域出现的、建立在数字技术基础上的、以网络媒体为代表的相对于电视、广播、报纸等传统大众传播媒体的新型媒体形式。

新媒体广告是指建立在数字化技术平台上的、区别于传统媒体的、具有多种传播形式与内容形态的,并且可以不断更新的全新媒体介质的广告。

(2)新媒体广告的分类

从制作平台上去区分新媒体广告的类别:

①网络平台媒体广告,主要包括博客广告、搜索引擎广告、电子邮箱广告、门户网站广告、聊天平台广告、网上即时通信群组广告、虚拟社区广告和电子报刊广告等;

②手机媒体广告,主要包括手机短信广告、手机彩信广告、手机游戏广告、手机报纸广告和手机短剧广告等;

③移动媒体广告,主要包括数字电视广告、卫星电视广告、移动电视广告、手机电视广告、IPTV(交互网络电视)广告、楼宇视频广告和播客广告等。

9.2.2 新媒体广告的特征

(1)跨时空性

在空间维度上,传统的大众媒体由于技术的限制,其发布的信息覆盖率有限。而随着新媒体传播技术的发展,在新媒体的平台上,只要不是人为因素干涉限制,所发布的每个信息理论上都是可以面对全球所有的网络使用者的。在新媒体时代,传者与受者的距离趋近于零,全球皆可成为一个传播整体。在时间维度上,传统的大众传播中,信息是按照时间性分布的形式存在的,因此受众只能被动接受大众传播媒体在某一时间点上所发布的单一信息。例如,观众看电视总是在特定的时间,选择某一个频道,只能看频道在这个时间所播出的内容;看报纸时,只能看某个时间段的报纸,而当读者想了解与某一信息相关的去年某一时间的内容,这份报纸并不能提供。而新媒体则消除了大众传播信息组织方式的时间性,所有的信息都被固化在新媒体的平台上。在网络中,受众想要了解有关某一信息的所有内容,完全可以自由地去搜索、阅读。新媒体是对大众传播时间性媒体和空间性媒体的扬弃。

(2)交互性

新媒体可以与受众真正建立联系,同时,它还具有交互性的特点。新媒体与传统媒体最大的区别在于传播状态的改变:由一点对多点变为多点对多点。从传播学的角度来分析,新媒体传播有四个特点:每个人都可以进行大众传播;信息与意义无关;受众的主动性大大增强;大众传播"小众化"。这对于传统意义上"单向传播"的广告有着颠覆性的意义。在传统媒体中,用户几乎没有自己的选择权,所有的信息内容(包括广告在内)全部是由内容提供商来决定的。在新媒体诞生后,这一局面已经成为历史。在使用新媒体时,受众可以选择接受或者不接受新媒体广告,甚至可以亲自参与到新媒体的广告中去,与广告主产生互动。

(3)融合性

新媒体传播已经不再局限于传统媒体类的单一途径,而是多种技术和途径的融合。新媒体打破了传统媒体的单一分工和界限,催生了媒体之间的融合,使事情报道更加全面详实。例如:"伦敦爆炸案"报道,市民威廉·达顿拍摄了手机照片,在朋友的博客上以近乎图片直播的方式"报道"了灾难现场状况。这些照片很快进入各大电视网的新闻头条。在这次"报道"中,手机、博客、互联网以及播客密切配合,将"第一时间、第一现场"权力牢牢抓在手中,新的媒体形式与媒体工具的结合,显示出了巨大威力。随着科学技术的不断发展,"媒介融合"成了时下十分流行的词汇,不同的媒介之间已不像从前那样各自为政,泾渭分明。

如今,数字技术的出现使得新媒体这一新型平台本身就已经具有了融合性,由此投放在这一媒体上的广告也就必然具备融合性的特点。新媒体广告不可能还像传统广告那样把文字、声音、图片、影像等分类开来,而是需要多形式的多媒体广告来匹配新媒体这一媒介。

(4) 个性化

以报纸、杂志、广播、电视为主的传统媒体还有另一个名字——大众媒体,这说明传统媒体的传播方式是"大众化"的,它所默认的受众也是大众化的统一体,然而新媒体却给用户提供了一个个性化的空间。

这里的个性化可以从两个方面来理解:一方面,受众有了自己的选择权。如今我们看到大部分家庭已经用上了数字电视。数字电视与以往的模拟信号电视最大的不同之处就是实现了定制功能,用户已经可以根据自己的喜好来自由地选择所要收看的节目,而这些选择之中甚至也包括了广告,这意味着用户可以选择观看自己喜欢和感兴趣的广告节目。另一方面,许多如博客、播客、威客、楼宇电视等小众化、专业化新媒体的出现,就要求广告主投放广告时应该注意广告的针对性,设计出符合媒介内容的个性化广告信息;同时,以数字电视、手机、互联网等媒介为代表的定制信息的出现,也为广告商提供针对性的个性化广告创造了可能。

(5) 传播过程"去中介化"

"去中介化"首先表现在市场调研机构在网络广告传播过程中的重要性下降。在传统的广告传播过程中,市场调研是制定广告策略的基础,是广告传播科学性的重要体现。然而,在互动的网络沟通环境下,受众和消费者的行为轨迹可以被记录下来,从而分析出其人口特征、行为特征和心理特征,进而进行精准营销传播。谷歌(Google)在2009年3月11日推出的行为定向广告(behavior targeting advertising),就是利用计算机和互联网技术分析每个受众的上网历史行为,推测其兴趣爱好、人口统计学特征等,向他们提供基于其兴趣爱好的广告,从而使广告的投放更加精准。

9.3 网络广告

自1994年10月14日美国Wired杂志首次创办热线网站(Hot Wired),在其主页上推出了AT&T、雪碧等客户的旗帜广告(Banner),此后,网络广告受到广告主的青睐并迅速发展。直至今日,网络媒体已经成为继电视广播、报纸杂志和户外广告以外的第四大广告媒体,且所占比重越来越大。

1997年中国出现了第一个商业性的网络广告——Chinabyte上的IBM动画旗帜广告。10多年来,随着技术的进步,网络信息传播途径日趋丰富,从企业自建网站到公众网站,从强制式广告到植入性广告,从传统的横幅式广告、按钮广告到新出现的视频广告、电子杂志广告等,翻新快速、种类繁多,令人目不暇接。

2016年底,CNNIC发布了《第39次中国互联网络发展状况统计报告》(简称《报告》),《报告》显示,截至2016年底,我国网民人数达到7.3亿,手机网民规模达到6.95亿,占比达95.1%,互联网普及率达到53.2%,超过全球平均水平3.1个百分点,超过亚洲平均水平7.6个百分点。

《报告》指出,我国网民规模经历近10年的快速增长后,红利逐渐消失,网民规模增长率趋于稳定。2016年,中国互联网行业整体向规范化、价值化发展,同时移动互联网推动消费模式共享化、设备智能化和场景多元化。首先,国家出台多项政策加快推动互联网各细分领域有序健康发展,完善互联网发展环境;其次,网民人均互联网消费能力逐步提升,在网购、O2O、网络娱乐等领域人均消费均有增长,网络消费增长对国内生产总值增长的拉动力逐步显现;再次,互联网发展对企业影响力提升,随着"互联网+"的贯彻落实,企业互联网化步伐进一步加快。

9.3.1 网络广告的特性

网络广告是基于网络技术和多媒体技术,利用互联网络作为广告信息发布和互动沟通的平台和载体的一种高科技广告运作方式。

网络广告分为广义和狭义两种:广义的网络广告指企业在互联网上发布的一切信息,包括企业的互联网域名、网站、网页等;狭义的网络广告一般指建立一个含广告内容的WWW节点,目前多为标题广告,用户通过点击这一包含超链接的标题,将被带至广告主的WWW节点。

同传统的广告媒体相比,基于网络媒介的网络广告拥有众多传统媒体无法达到的优点,已经受到众多用户的青睐。网络广告主要的特性体现在以下几个方面。

(1)网络广告传播的广泛性

网络广告传播可以通过国际互联网络把广告信息全天候、24小时不间断地传播到世界各地,这可以说是风雨无阻的传播。网民可以在任何地方的Internet上随时随意浏览广告信息,其效果是传统媒体无法达到的。这是网络媒介区别于传统媒介的传播优势之一,体现在网络广告上就是可以面向全世界发布。但是,这个优势对于很多客户来说,似乎并不具有非常强烈的吸引力。因为,企业都希望自己的广告针对特定区域的人群,而不是面向所有人,否则会导致吸引力以及广告效果下降。例如,保健药厂商希望广告的受众是需要保健药的人群;房地产商服务对象具有强烈的地域性,主要面向一个城市或区域的居民和企业。由此可见,网络广告传播的广泛性这个特性,还没有完全体现为网络广告的优势。

(2)网络传播信息的非强迫性

报纸、杂志、电视、广播、户外等传统传媒在传播信息时,都具有明显的强迫性,强迫观众接受它们所传播的信息;而网络传播的过程则完全是开放的,非强迫性的。这一点同传统传媒有本质的不同。从人性化的角度看,网络传播的开放性是一个非常得网民心的优点。网络作为新的传播媒体,其开放性和自由性是前所未有的,借助网络传播优势的有力翅膀,在传播的空间自由翱翔。

(3)广告受众数量的可统计性

传统媒体做广告,很难准确地知道有多少人接收到广告信息。而在Internet上可通过权威公正的访客流量统计系统精确统计出每个客户的广告被多少个用户看过,以及这些用户查阅的时间分布和地域分布，从而有助于客商正确评估广告效果，审定广告投放策略。但是，实际上，广告受众的数量是无法统计出绝对数量的，用点击率来衡量条幅广告的效果本身就是错误的，因为网络广告的作用并不只在于你是否点击。因此，根据这个所谓的统计数量来评估广告效果，其结论是荒谬的。

(4)网络信息传播的感官性

网络广告可以使消费者全方位亲身"体验"产品、服务与品牌，还可以在网上进行预定、交易和结算，这些是传统媒体所无法实现的。相比之下，同样是在媒体上进行销售活动，无论是电视台的电视购物还是报纸杂志的邮购，都无法同网络竞争。从这一点来看，同传统媒体相比，网络广告确实体现出了其独有的优势。

(5)网络信息传播的交互性

对于网络广告，只要受众对该广告感兴趣，仅需轻按鼠标就能进一步了解更多、更为详细、生动的信息。最能够体现网络传播交互性的是电子商务网站，这类网站对商品分类详细，层次清晰，可以直接在网上进行交易。

(6)网络传播灵活的实时性

在传统媒体上发布广告后更改的难度比较大，即使可以改动也需要付出很大代价。例如，电视广告发出后，播出时间就已确定。因为电视是线性播放的，牵一发而动全身，播出时间改一下，往往全天的节目安排都要重新制作，代价很高，如果对安排不满意，也很难更改。而对于网络广告而言则容易多了，因为网站使用的是大量的超级链接，在一个地方进行修改对其他地方的影响很小。网络广告制作简便、成本低，容易进行修改。从目前来说，修改一个典型网络广告的成本和难度都比传统媒体要小得多。这就是网络广告相比传统广告的一个很大的优势。

在网络传播中，受众与传播者或者受众与受众之间可以在一定程度上进行直接双向交流的特性叫作网络交互性。交互性是基于互联网技术的网络媒体的最基本的特征。传统的大众传播媒介从根本上说是一种单向传播，传受双方处于时空隔离状态，信息绝大多数是从传者单向流向受者，而受者在传播过程中的能动性非常微弱。例如当我们看电视广告时，选定了某个频道之后就无法选择我们想要看什么节目，只有看或者不看，也无法向电视台询问有关广告中产品的详细信息，由于潜在顾客无法直接和电视广告的广告主直接进行信息的交流，从而会影响到广告的实际效果。

网络媒介的出现，打破了这种传播法则，它的双向互动性使信息的接受者拥有了更多的主动性。当我们通过各种类型的上网设备浏览一个交互式网络广告或者是一个多媒体形式产品演示时，我们可以根据自己的兴趣来选择点击某个部分进行详细的研究，甚至可以改变各种图像的显示方式，选择不同的背景音乐等。如果针对产品有什么疑问也可以立即和商家进行沟通，也可以通过网上搜索寻找更加详细的商品信息，对商品有了全面了解之后，网络消费者购买的可能性大大增加，网络信息传播的交互性所产生的作用从中得到体现。

9.3.2 网络广告形式

网络广告形式多种多样，有网站主页形式，还有按钮广告、旗帜广告、漂浮广告、弹出式广告、关键字广告、电子邮件广告、BBS广告、聊天室广告、分类广告、在线咨询、视频广告等。常见网络广告形式主要有：

(1)竖式旗帜广告

在网页的左右两侧,也是网站中有效果的宣传位置,既可以使用动态的图像文件,也可以使用静态图形,吸引浏览者。

(2)横幅广告

又名"页眉广告",是最常用的广告方式(见图9-2所示)。通常以 Flash、GIF、JPG 等格式定位在网页中,同时还可使用 Java 等语言使其产生交互性,用 Shockwave 等插件工具增强表现力。与其他网上广告相比,横幅式广告是最为有效的直销工具。

图9-2 横幅广告

(3)按钮广告

又叫"图标广告",属于纯标志型广告,一般由公司的一个标志性图案或文字组成,以按钮形式定位在网页中,比横幅式广告尺寸偏小,表现手法也较简单。按钮广告的不足在于其被动性和有限性,它要求浏览者主动点选,才能了解到有关企业或产品的更为详细的信息。

(4)导航广告

导航广告出现在网页菜单导航中,与网站的栏目导航处在同一位置,以提高网站访客的点击率。一般这种广告都是以合作商的形式推广,见图9-3。

图9-3 导航广告

(5)邮件广告

又名"直邮广告",利用网站电子刊物服务中的电子邮件列表,将广告加在每天读者所订阅的刊物中以电子邮件 E-mail 的方式免费发送给用户。这种广告的优点在于:准确地向目标消费群投放广告,节约广告成本;制作维护简单快捷,成本低;快速反应能力;目标市场的覆盖率高。企业要避免滥发垃圾电子邮件带来的负面影响。

(6)赞助广告

企业在网站赞助与其相关的页面或栏目,有内容赞助、节目赞助等多种方式。赞助商可以利用这种方式展示品牌,进行市场调查,获得广告收益;还能够用各种适宜的方式与访问者进行交流。这种广告放置时间较长,且无需与其他广告轮流滚动。

(7)插页广告

又名"弹跳广告""蹦出广告",广告主选择自己喜欢的网站或栏目,在该网站或栏目出现之前插入一个新窗口显示广告。此种广告是众多网络广告中最讨人嫌的广告形式。在你打开一个网站的首页同时,会自动跳出另一个幅面较小的页面,只要你点击就可以出现相应的链接页面。倘若你不理睬它,它就一直待在那儿,直至你将它关闭(如图9-4所示)。

图 9—4　插页广告

(8) BBS 广告

BBS 是一种以文本为主的网上讨论组织。参与者可通过 BBS 进行网上聊天、发表文章、阅读信息、讨论问题等。BBS 成员可以阅读到大量公告，也可发表自己的公告，或回复他人的公告。BBS 有不同的类型和网站，企业可以选择适合自己的 BBS 发表自己的公告。

BBS 具有强大的聚众能力，BBS 广告是指利用 BBS 作为平台举办各类踩楼、灌水、贴图、视频等活动，调动网友与品牌之间的互动；或者通过炮制网民感兴趣的活动，将客户的品牌、产品、活动内容植入进传播内容，并展开持续的传播效应，引发新闻事件，导致传播的连锁反应，从而达到广告的宣传效果。

(9) 互动游戏广告

互动游戏式广告是指在一段页面游戏开始、中间、结束的时候，广告都可随时出现。并且可以根据广告主的产品要求为之量身定做一个属于自己产品的互动游戏广告。其广告形式多样。例如：圣诞节的互动游戏贺卡，在欣赏完整个贺卡之后，广告会作为整个游戏贺卡的结束页面。

日本广告人通过互动式广告游戏、各种奖励，鼓励用户填写表格以收集其信息，取得了很好的广告效果。这样可以让人参与，交互性强。通过让用户玩网络游戏，让消费者与品牌、产品较长时间深入接触，产生很深印象，而且可以收集消费者信息建立客户数据库。许多网络互动式游戏广告具有互动性、趣味性、虚拟性、娱乐性、新颖性、知识性。图 9—5 是"作业帮"APP 的广告，内容具有趣味性，引导用户参与测试，又具备互动性。

图9—5 互动游戏广告

> **知识链接 9—1**
>
> **富媒体广告**
>
> 富媒体广告(rich media)是指具有动画、声音、视频或交互性的广告信息传播方法,包含下列常见的形式之一或者几种的组合:流媒体、声音、Falsh、3D 以及 Java、JavaScript、DHTML 等。富媒体可应用于各种网络服务中,如网站设计、电子邮件、旗帜广告、按钮广告、弹出式广告、插播式广告等。
>
> 富媒体广告和当前的网络广告相比较,有三项独特的功能利益点:第一,创新性和互动性带动了广告点击率的显著提高;第二,参与性和可测性有助于品牌建设;第三,服务性和标准化消除了人们对网络广告的偏见。
>
> 富媒体与多媒体技术最大的不同在于,多媒体的应用一般没有交互性,而富媒体却增加了交互性概念。举一个通俗的例子,多媒体所播放的音频或视频都是由应用程序预先制作好,在播放的过程中用户不能控制播放的内容,和传统的看电影在本质上没有多大区别。但是假设你看的是一部互动电影,你就可以介入电影环境,成为电影中的角色并能改变电影情节,这种形式的电影就有了富媒体的特性。

9.3.3 网络广告媒体的策略

(1)正确进行网络广告定位

定位是广告的核心,即网络广告主题的确定,只有解决了广告"说什么"的问题,才能解决广告的其他层面的问题。由于网络广告是针对网民传播的,因此应该注重对网络客户群的细分,要根据不同特征的客户群的需求、爱好等,结合中小企业提供的产品或服务的特点,确定广告的主题。具体定位方法有:按诉求内容定位,如功效定位、品质定位、价格定位等;按消费者定位,如性别定位、特殊消费者定位、大量使用者定位等;按竞争情况定位,如逆向定位、区别定位、重新定位、扩大定位等。

(2)选择合适的网络广告媒介

首先,要了解各种网络广告媒体的特性,根据企业的产品或服务特点和自身财力状况来选择合适的媒体。如果对网络广告媒体比较陌生,可以委托网络广告中介来帮助选择。其次,要考虑网络媒体的收费问题。

网络广告现阶段收费主要有:CPM(每千人印象成本)、CPC(每千人点击成本)、CPA(指按广告投放实际效果,即按回应的有效问卷或订单来计费,而不限广告投放量)模式以及按位置和广告形式综合计费、包月制等。

按位置和广告形式综合计费是以广告在网站中出现的位置和广告形式为基础对广告主收取固定费用,与广告发布位置、广告形式挂钩,而不是与显示次数和访客行为挂钩。适合于中小企业的网络广告收费方式应该以 CPA、按位置和广告形式综合计费、包月制等为主。采用 CPA 方式,可以在网络广告发生实际效果时才付费,在网络广告媒体可以接受的情况下,能够保障企业广告主的利益。

(3)选择恰当的网络广告形式

选择网络广告媒体时应当注意:一是要考虑自身的广告目标。如果企业的广告目标是品牌推广,可以选用旗帜广告、按钮广告、软件搭载广告等形式,这类广告位置醒目、注意率高,能使更多网民接触到广告;如果是树立企业和产品形象,宜采用网站和主页型广告,此类广告篇幅较大,容纳信息较多,而且视觉冲击力强;如果是向目标顾客传递企业及产品相关信息,可以选用电子邮件广告。二是要考虑广告受众的特点,提高网络广告的针对性,如采用"窄告"广告形式。"窄告"就是让广告内容与网络媒体上的文章内容、网民偏好、使用习惯、访问历史等信息进行匹配,以提高广告的针对性。三是要考虑竞争对手的网络广告形式,要在此基础上有所创新,这样才能富有新意并充满吸引力。此外,网络广告发布技术、广告主的广告发布时间等都对广告形式的选择有影响。广告主应该结合自身实际情况灵活地选用网络广告形式,以达到最佳广告效果。

(4)设计、发布互动性强的网络广告

交互性是网络广告的最大优势,就是强调广告受众对广告活动的参与和控制。网络广告是以网络媒体为载体的,变单向传播为个人化的双向交流,给予传播者与受众转换角色的自由,让网民在自发的心理驱动下接受广告信息,而不是强制灌输。

广告受众不是被动地接受广告,而是主动地掌握和控制广告,并参与到广告的提供和传播之中。互动广告更能为广告受众所接受,比如搜索引擎广告就体现了网络广告的交互性特征。正因为如此,搜索引擎广告获得了快速发展。互动广告是一种运用多媒体技术创建、具有视听效果和交互功能的新型网络广告。在广告的表现形式上更加丰富,能够集视频、Flash 动画、游戏、链接、发表评论、在线交流等多种功能于一身。其最大的特点就是双向互动,广告的展示形式及过程可随访问者意愿而调整。互动广告充分体现了网络媒体的交互性特点,其制作并不难,也不复杂,企业若缺乏专业人才,可以委托广告公司代理。

(5)组合运用网络广告

由于不同的网络广告媒体和广告形式各有所长,只有组合运用网络广告,才能达到最佳效果。

可以从以下方面考虑:一是不同网络广告媒体类型的组合。网站、电子邮件、软件、搜索引擎、新闻组等在广告传播方面各有优势,网络媒体组合后优势明显,劣势抵消,可以最大限度地覆盖网络广告受众,有效发挥各种类型网络广告的效果。二是不同网络广告形式的组合。鉴于网络广告受众浏览习惯的多样性,网络广告形式的单一必然导致很大一部分网络广告受众的流失。此外,选择多样化的网络广告形式还给网络广告的创意表现带来了更多的余地。

(6)运用网络广告与传统广告宣传相结合

网络广告是一种被动式的信息源,许多网络广告信息不会主动出现在网民面前,它需要网民在网络中把它"拖"出来。实际上,网络广告发布以后,除了日常的维护工作以外,还要做很多的宣传工作,其中之一就是利用传统广告宣传方式,比如在传统广告中加上网址,在企业各种宣传品、信笺、名片、产品上加上域名等,便于用户在互联网上找到企业网站和相关信息。

总之,随着社会经济文化的发展,网络广告必将成为消费者生活中不可缺少的影响因素,将会有更多的人受到网络广告的影响来决定自己的购买行为。

9.3.4 网络广告新形式

(1)博客广告

博客广告,顾名思义,就是利用博客平台为企业推销产品和服务、塑造品牌、树立产品形象做广告。简而言之,就是发布在博客网站和个人博客上的广告,是网络广告的一种新的形式。具体而言,博客广告是指广告主通过一定的策划与创意,在博客网站上发布有关商品和服务的信息,并劝说诱导用户购买和消费其产品和服务的信息传播活动。它的基本作用就是借助博客这种传播载体,用以传递商业资讯,发布广告信息,刺激购买欲望,引导消费潮流,从而推动商品经济的蓬勃发展。

博客就是指网络日志(blog),是个人(或集体)将日常生活、工作、学习中的见闻与经历、感悟与思考、知识与信息等方面的内容,以文字、图片、音频和视频等形式在网上发布出来所形成的一种公共性的信息资源。博客是继 E-mail、BBS、ICQ 之后出现的第四种网络交流方式,是网络时代的个人"读者文摘",代表着信息传播从旧媒体到新媒体再到自媒体的转变。中国博客从 2002 年开始起步,到 2005 年出现了"火爆年"。在短短的几年间,无论是博客作者与读者的人数,还是博客网站的数量与规模等,都取得了突飞猛进的发展。

(2)微博广告

微博,即微博客(microblog)的简称,是一个基于用户关系的信息分享、传播以及获取平台,用户可以通过 WEB、WAP 以及各种客户端组建个人社区,以 140 字左右的文字更新信息,并实现即时分享。

微博的特点主要有五个:

①大众化,门槛低。无论你从事什么职业,有什么样的文化教育水平,都可以随心所欲地注册发表微博并参与各种各样的微博互动;另外,微博内容短小精悍、内容简短,不需要长篇大论,门槛较低。

②信息获取具有很强的自主性、选择性。用户可以根据自己的兴趣偏好,以及对方发布的内容的类别与质量来选择是否"关注"某用户,并可以对所有"关注"的用户群进行分类。

③信息共享便捷、迅速。用户可以通过各种连接网络的平台,在任何时间、任何地点即时发布信息,其信息发布速度超过传统纸媒及网络媒体。

④互动性强。微博的传播不再是传统媒体的单向传播关系,而是一种由中心向四周的传播途径。一方面,与官方网页等营销工具相比,微博的受众不再是简单的信息接收者,还可以实时地将自己的意见和感受反馈给发布者,这样更好地拉近了两者的距离,降低了接收者对信息的抗拒性。

⑤微博宣传的影响力具有很大弹性,与内容质量高度相关,其影响力基于用户现有的被"关注"的数量。用户发布信息的吸引力、新闻性越强,对该用户感兴趣、关注该用户的人数也越多,影响力越大。此外,微博平台本身的认证及推荐亦助于增加被"关注"的数量。

知识链接 9-2

凡客(VANCL):品牌、活动信息传播多管齐下

微博客是一个可供网友们自由选择和交流信息的平台。基于这一特性,如果广告主们试图通过单一地发布品牌硬性广告进行微博营销,不仅对于品牌内涵的深化和宣传毫无作用,还会打扰用户的浏览体验,从而使他们从品牌的粉丝圈中流失。显然,这对于微博营销的最终目标与聚拢最大多数的品牌消费者是一种背离。

那么,如何创新发布产品、品牌信息,凡客诚品的经验也许可以作为案例拿出供借鉴。作为最早"安家"新浪微博的广告主之一,凡客多年来培育出来的成熟的电子商务实战技巧成就了其作为广告主"围脖"明星的天然优势。在凡客的微博页面上,你可以清晰地看到这家迅速崛起的企业对待互联网营销的老练:一会儿联合新浪相关用户赠送凡客牌围脖;一会儿推出1元秒杀原价888元衣服的抢购活动来刺激粉丝脆弱的神经;一会儿又通过赠送礼品的方式,拉来姚晨和徐静蕾等名人就凡客的产品进行互动。除此以外,你还能看到凡客畅销服装设计师讲述产品设计背后的故事,看到入职3月的小员工抒发的感性情怀,对于关注话题中检索到的网民对于凡客的疑问,凡客幕后团队也会在第一时间予以解答。

通过微博,企业将自己的积分营销无限扩大。本来只有在消费之后才能得知、得到的积分现在被微博这个放大镜无限放大,并通过各种活动将凡客的优惠广而告之,进一步刺激消费者的购买欲。

面对各种活动,消费者的响应不是单方面的。官方微博选取典型的积极的消费者作为正面宣传的典型,频繁的互动不仅能增加现有消费者的忠诚度,更有利于企业的营销推广,口碑营销在微博中无疑是企业最最喜闻乐见的。

凡客品牌管理部负责人李剑雄告诉记者,虽然从目前来看,微博的营销效果很难评估,但是相应的投入也很少,只要细心经营,微博对企业形象的构建、品牌内涵的宣扬的意义不言而喻。

(资料来源:中国电子商务协会:《中国微博营销十大经典案例》)

9.4 手机媒体广告

9.4.1 手机媒体广告的定义

手机媒体,是以手机为视听终端、手机上网为平台的个性化信息传播载体,它是以分众为

传播目标、以定向为传播效果、以互动为传播应用的大众传播媒介。

手机广告是广告主基于手机媒体平台和特性，以手机各种内容和功能为传播载体，包含多种表现形式，向手机用户传递广告信息，并做互动交流的一种新兴广告平台。手机广告是对大众媒体广告的一种创新和有力补充。

9.4.2　手机媒体广告的特点

手机媒体具有更好的互动性和可跟踪性，可以针对分众目标，提供特定地理区域的直接的、个性化的广告定向发布，可通过手机短信、彩信、WAP、声讯等多种手机增值服务平台来实现，发布效果可以通过互动的量化跟踪和统计得到评估。手机广告可以利用手机用户数据库，对目标对象进行分众，定向地发送广告，同时利用手机的互动性，判断量化广告的有效到达率。具体而言，有以下特征：

(1)分众性

这是指通过对手机用户资料的分析，可将用户按不同的标准划分为不同的用户群。这是手机广告的核心竞争力之一。

(2)定向性

这是指通过手机可向不同的分众用户发送不同的广告内容。手机媒体广告的这个特性是基于手机媒体广告的分众性特征基础之上的。可以说，手机媒体广告的定向性与分众性之间存在着正比关系，即手机广告的分众性做得越好，手机广告的定向性也会体现得越好。

(3)高度的便携性

手机媒体具有高度的便携性，信息传播极其方便。这点与传统的电视报纸广播的媒介相比是显而易见的，手机可以随时携带在身，只要有信号覆盖的地方就可以进行信息交流与传播。

(4)广泛且迅速的交互性

手机传播是一种开放的互动式传播。报纸广播电视杂志这些传统的媒介都只是单方面的传播，传播者和受传者没有办法进行传播意见的交流，受传者没有办法及时向传播者表达自己的观点，传播者也没有办法第一时间知道信息对受传者的影响，由此造成了信息传播效率的低下，而手机正好可以解决这个弊端。

(5)传播与更新速度快

手机传播速度快、时效性强、范围广、限制因素少。手机网络是一个全覆盖的广域网，几乎在任何地方都可以实现覆盖，无论是办公室还是家中，甚至在电梯、汽车、火车上，手机都能做到信息传输。它的覆盖能力远远超过互联网，甚至超过了电视。手机信息的传播到达几乎是实时同步，这也是传统媒介无法做到的。

(6)真正的多媒体

手机是数字化多媒体终端，既接收音频、视频，又接收图文、数据。这一卓越的物理性能赋予了手机强大的媒介融合能力。通过一个小小的手机，人们可以借助文字、图片、图像、声音的任何一种或者几种的组合来开展信息传播活动，可以采用手机报、手机广播，手机电视、手机网站、手机播客等不同的形态实现，企业可以通过手机的多媒体功能展示商品和服务信息。

9.4.3　手机媒体广告的形式

手机媒体广告的主要形式有短信广告、彩信广告、彩铃广告、游戏广告、微信广告和 WAP

广告等。

短信广告最为简易和常见，成本也最低。但短信广告必须靠内容制胜，如果内容不相关而又没有价值就会演变成人们头痛的垃圾广告。

彩信最大的特色是能够传输文字、图像、声音、数据等多媒体格式，这种多媒体的综合作用使得广告效果比较好。但彩信广告需要移动终端的支持，会产生较高的流量费用，从而导致彩信广告的发送成本及接收成本较高；又因为不同的手机终端标准各异，彩信广告注定难以大规模传播。

彩铃广告主要以呼叫方为受众，通过在被呼叫方铃声中设置广告信息，从而达到多次重复发布广告的一种广告形式。就目前来讲，彩铃广告更多业务集中在集团彩铃方面，是电信开展的增值服务。我们经常呼叫朋友时，如果他在比较大的公司，可能会出现回应致电××集团，然后介绍一段业务。目前普通用户的彩铃还没有广泛应用于商业，比如移动可以推出针对普通用户的广告彩铃奖励政策，这在一定程度上能够带动彩铃的商业化价值。

游戏广告目前目标对象很明确，主要集中在青少年。在游戏中置入广告信息，通过玩家在游戏过程中与广告直接互动，以达到广告传播目的。

WAP广告就是在用户访问的WAP站点发布广告。因为是用手机上的网，所以，不同的是WAP网站可以掌握用户的个人信息如手机号码等，这样可以借此分析用户具体身份信息、浏览信息，找到客户的需求，对客户进行细分，便于形成用户数据库，开展有效的客户关系管理，实施定向营销，达到精确广告的目的。所以，尽管WAP广告实质上就是互联网广告在手机终端上的一种实现和延伸，但是它却具有更准确的监控功能。

9.4.4 手机媒体广告策略

(1) 挖掘相关度

不论广告采用什么样的形式，但内容永远是广告的灵魂。让广告内容和用户相关起来，如果广告内容与目标客户不相关，那就是垃圾广告。这种干扰式广告不仅遭人反感，而且还会激起民愤。所以，手机广告同样涉及一个细分的问题，即如何区分客户的群落，根据顾客的购买力实施精准的广告投递非常关键。最简单的区分方法就是根据顾客的话费金额来评判。这种相关度一定要详细研究，其中购买力很重要，但实际的需求更为重要。你很难将一台冰箱推销给刚刚买完冰箱的主妇，尽管她有购买力，但是她目前没有需要，这时候你传递给她冰箱的广告信息，仍然是垃圾信息。换句话讲，没有相关度就会产生垃圾广告，也就是把错误的内容传递给了错误的对象，虽然广告有到达率，但是没有需求的相关度，其结果仍然是负面的。

(2) 整体解决式营销

消费者有很多需求，如果能够提供一个服务平台，在解决消费者某些需求的过程中，就可以或多或少挖掘一些潜在的其他需求。比如，消费者发送问打印机的一些问题，作为服务商就可以向其推销其他IT产品。这样就可以按照行业针对顾客的需求，比如房产、汽车、美容、购物等进行针对性的信息服务。其目的是为了提供更多的便利给顾客，在提供价值的同时传递相关产品和服务的信息给消费者。这样，这种问答式广告平台就是有针对性地提供解决方案，能够整合多方产业最大化用户价值，从而顺利完成广告的传递和交易的发生。

(3) 增值为主，利益优先

未来的手机广告首先是要能获得顾客的许可。换句话说，广告本身对于受众是个增值行为，可以实现广告主与受众的双赢，而绝不会对用户形成干扰。最终，手机广告要能够在恰当的时间、恰当的空间把信息传递给最需要的用户,强调精准到达,在不触及用户的道德底线的同时,既为用户带去一定的利益,又强化一种体验。这样,手机广告才有持续的价值。比如,针对某些客户提供一些电视节目的收视预报、天气预报、商品打折信息,然后在广告中植入一些软性宣传,将为顾客创造的价值融入其中。这样,不至于遭到顾客反感。而广告一旦能够提供增值,塑造利益,那么消费者的关注度就会转被动为主动。

(4)许可营销进行时

现在有一个准告的概念。准告,就是在用户许可的情况下,将用户感兴趣的商业信息及时以短信形式发送到用户手机上,以达到用户和商家的信息沟通目的。而且,准告短信发送的时间也是有选择的,以避免打扰用户正常的工作和休息。

由于手机准告的前提是用户的许可,这样,在顾客容许或是有需求的情况下,广告的有效性大大提升。有了手机准告,服务商就可以向手机用户提供免费订阅、当地商家的促销信息、房屋租赁、商场打折以及相关移动营销服务,从而帮助商家开展移动定向营销。

(5)直效营销模式

手机广告直接到达终端客户,是一对一的方式,且绝大多数是以文字信息为主,一般来讲这种广告最终落实到一个目的——促进交易行为的发生。这就要求手机广告能够给目标客户带去价值,激发他们直接反应。相比那些泛滥的垃圾广告,直效广告注重信息给接受者带去的价值。毕竟到达率不等于接受率,回复率是关键。也就是说,顾客在接收到信息后,因为信息中包含促使接受者行动的诱因,他们往往能够有所触动,发生回应。所以,对于手机广告,内容不在于海量,而在于精;发布不在于广泛,而在于回应。有了这种反应,能够体现出手机广告的可控性。它在某一个层面同网络广告一样,手机广告也容易跟踪分析,比如针对手机互联网,可以通过记录手机用户的点击数、阅读数、阅读时间等,由此分析广告到达的有效性。

(6)客户关系管理引导下的精准营销

手机是最具精准营销潜力的媒体。因为一般来讲,每个人都有一个手机号。这样,广告代理商可以根据运营商已有的用户资料数据,再加上自身通过互动营销、手机定位、跟踪用户行为等方式得到的数据,形成动态的数据库,开展有效的客户关系管理,进而做到"精准营销"。

综上所述,手机媒体广告具有很大潜力,手机传媒对移动传媒会构成很大的威胁。当大家的手机都能看电视和电影、玩游戏、看书后,谁还会无聊地看地铁和公交车上的广告呢?当然,任何一个媒体的出现都不会马上成为一个媒体的替代,更多的是一种弥补和融合。而且,手机广告也存在不如传统广告的劣势,比如,广告受手机屏幕大小、短信字数的限制,不能进行大量的文字描述。

9.5 新型电视媒体广告

9.5.1 IPTV(交互网络电视)广告

(1)IPTV 广告的定义

IPTV(Interactive Personality TV)又称为交互式网络电视,是利用宽带网的基础设施,以电视机、个人电脑、手机等智能设备作为主要终端设备,集互联网、多媒体、通信等多种技术于一体,通过互联网络协议(IP)向家庭用户提供包括数字电视在内的多种交互式数字媒体服务的技术。IPTV 广告是指利用 IPTV 作为媒体投放的一种广告形式。

(2)IPTV 广告特性

IPTV 实现了媒体提供者和媒体消费者的实质性互动;能够提供实时和非实时的业务,用户可以随意选择宽带 IP 网上各网站提供的视频节目。因此,IPTV 广告就具备了以下特征:

①IPTV 广告不再受时间上的制约。广告可以根据需要来决定时间的长短。在 IPTV 上,除了强制播放的制作精短的广告以外,还可以开设广告专栏,为有着投放和收看需求的客户提供专题的传播渠道。对于有需求的用户来说,与需求相符合的广告就是有用的信息。

②IPTV 页面设置的特性增强了广告分类投放的针对性。IPTV 在页面设置上的灵活性使得用户分流更加明显,广告的目标客户更加明确。IPTV 页面设置的特点体现为分类明确、空间无限。目前,电视节目内容主要以资讯和娱乐为主,同时,娱乐节目又细分为电影、电视剧、体育、动画、音乐娱乐等小栏目。IPTV 在页面上基本以此明确进行分类,同时,页面设置的灵活性使得栏目既可以在细分目录下进一步无限延伸,又可以依据热点资讯开辟临时性专栏。这种细分的形式意味着,广告的目标客户更加明确,每一次任意时间的点播行为都可以成为一个有效的广而告之平台。从而,广告的投放更加具有了针对性。

③IPTV 广告为商品广告的细致描述提供了很好的条件。这种模式更加增进了广告的传播效果。

9.5.2 楼宇广告

(1)楼宇广告定义

楼宇广告是指在新媒体的概念下,围绕着楼宇展开的一系列广告活动。其中包括楼宇户外超大液晶屏、电梯等候区的楼宇液晶电视、电梯内部框架广告等。

(2)楼宇广告特点

①网络性。在市内放置广告机,覆盖了包括写字楼、星级酒店、宾馆、银行、商场、4S 店等中高消费人群经常出入的场所,所有的地点均同步播放,密度大、力度强、效果好。

②针对性。接受楼宇电视广告信息的人群经济收入较高,消费能力较强,平均家庭年收入均在 10 万元以上,月消费都在 2 000 元以上,为广告产品最终的消费人群。消费需求和消费力是最终把广告信息转化为消费行动的关键,高级商务楼宇电视联播网打破传统大众媒体广而告之的理念,提出一种全新的广告思维,那就是"合理区分受众,有效分而视之"。

③强迫性。传统的电视,受众在选择收看的时候,首先是选择哪个台,其次是选择哪个节目(来了广告都会习惯性地调台),受众选择性大,掌握可控性;而高级商务楼宇电视则强迫性较强,等候电梯时的无聊使得受众在选择的时候要么选择无聊,要么选择广告,受众没有选择性及掌控性,电视广告也就不可避免地闯入他们的视线,这就极大提高了楼宇电视的收看率。因此,这种声色俱全的电视广告,其视觉冲击力和强迫欣赏性无疑会相当大的。

④反复性。由于电梯为楼宇的必经之路,其广告观赏的有效频次非常高,到达率更为 100%。

⑤贴近性。液晶电视安装在与受众视平线等高的电梯按钮上方(或同等位置的电梯内),在相当程度上能产生强制观赏的效果,广告资源流失几乎为零。直接面对最终用户的特点,成为广告传播渗透性极佳媒介的经典。

⑥装饰性。采用的液晶电视时尚超薄,无需布线,内置 DVD 及音响系统,超强定时功能,同步发射功能,多台机器可同步循环播放,不仅可以与高档建筑本身的装潢融为一体,更增加

其视觉冲击力和装饰亮点,因此广告的视觉吸引力非传统媒体可比。

⑦公益性。高级商务楼宇电视联播网是城市信息数字化建设的一个重要组成部分。它将加快城市信息化建设的水平,同时也为政府、企业、商家提供一个重要的对外宣传的窗口,提升现代化都市形象。媒体自身的公益性很强,也就顺理成章地对广告投放商的公益形象产生积极的影响。

本章小结

本章探讨了新媒体广告的定义、分类和特征。从当今广告发展的现状分别介绍了几种主流的新媒体广告,即网络广告、手机媒体广告、新型电视媒体广告。

介绍了网络广告的特征、类型、形式和网络广告媒体策略;手机媒体广告的定义、特点和形式以及手机广告媒体策略;新型电视媒体广告的定义及特征。通过这部分内容的学习为新媒体广告策划奠定基础。

练习题

1. 新媒体广告有哪些特征?
2. 网络广告的特点有哪些?
3. 网络广告主要有哪些基本形式?
4. 网络广告的功能主要体现在哪些方面?
5. 举例说明手机媒体广告有哪些形式,并说明各种形式的优缺点。

案例分析

小米网络广告

1. 小米公司简介

小米手机是小米公司(全称北京小米科技有限责任公司)研发的高性能发烧级智能手机。小米手机坚持"为发烧而生"的设计理念,将全球最顶尖的移动终端技术与元器件运用到每款新品,同时小米手机超高的性价比也使其成为当年最值得期待的智能手机。雷军是小米的董事长兼CEO。手机ID设计全部由小米团队完成,该团队包括来自原谷歌中国工程研究院副院长林斌、原摩托罗拉北京研发中心高级总监周光平、原北京科技大学工业设计系主任刘德、原金山词霸总经理黎万强、原微软中国工程院开发总监黄江吉和原谷歌中国高级产品经理洪锋。手机生产由英华达代工,手机操作系统采用小米自主研发的MIUI操作系统。

小米手机研发启动时间为2010年10月,2011年开始销售手机,如今是中国成长最快的企业,而且根据美国科技博客网站Quartz报道称,小米以及洽谈中的投资者估计,目前小米市值达到了90亿美元,约合人民币551亿元,已经超越了黑莓公司的75亿美元。而雷军本人更是看好小米未来,力争在明后两年突破1 000亿元人民币。在中国互联网领域仅次于腾讯、百度和阿里巴巴。

小米公司成为《财富》(中文版)评选出的2013年"最受赞赏的中国公司"之一,并成为本榜单有史以来最年轻的上榜公司。而它的当家人雷军,也将"2013中国年度经济人物"的奖杯收入囊中。

小米手机2012年净利润超过12亿元人民币,利润率超过中兴、华为、联想等其他国产品牌手机厂商。

2014年2月,外媒曝光了MIT《技术评论》公布的"全球最聪明的50家公司"榜单,令人大跌眼镜的是,苹果公司竟意外落选,连第50名都没有挤进。而来自国内的小米公司,却荣幸地位列第30位。该评选中的"聪明",指的是"拥有很高的智慧",也就是说在创新、公司发展、策略等方面高人一筹。小米公司的榜上有名,且排在第30的位置,可喜可贺,也证明了小米公司被世界舞台的认可。

2. 小米手机网络营销思路

"互联网上做推广不是卖广告,广告是没有传播性的,更多的是带有一种互联网化的创意加一点恶搞、平民文化和有趣等各种各样的结合,只有这样的帖子才能有传播性。最核心的是如何能够有一种非常强的互联网文化的创意,能够在微博上流行起来。"小米总裁林斌在谈到小米是怎样通过网络营销做成功时说道。

据了解,小米在米聊论坛建成了一个"荣誉开发组",从几万人的论坛中抽一批活跃度比较高的用户,大约200~300人,他们会和小米内部同步拿到软件更新的版本。小米手机每周会有一次开放采购活动,每次活动的时候就会在官网上放微信的推广连接以及微信二维码。经过官网开发粉丝作用十分好,较多的时候一天可以开发3万~4万个粉丝。

3. 小米手机网络营销组合

(1)高调信息发布。2011年6月底小米公司内部和供应商爆料开始,到8月16日其关键信息正式公开,小米手机的神秘面纱被一点点掀开,引发了大量猜测,并迅速引爆成为网络的热门话题。

从6月到8月,关于小米科技的专题达到3个,分别是新浪科技、泡泡网、中关村科技。与小米相关的文章30多篇,分布在新浪、搜狐、网易、中关村、泡泡网等主流门户网站和电子产品类专业网站,引起了巨大关注。网络营销组合分析:此阶段,小米科技处于起步阶段,正是通过名人效应(雷军)与微博互动、网站软文讲述相结合的方法,让关注手机的网民开始知道小米手机,并在小范围圈内进行传播。

(2)病毒式营销(口碑营销)。也许你不关注IT产品,可是你仍然知道了小米手机,因为你的手机控朋友们都在讨论小米手机。出于好奇心,你也开始在网上去了解小米手机,了解到小米手机的种种优越性,于是你也不由自主地当起了"病毒传播者"。小米手机通过制造各种各样的"绯闻",如:小米手机的创意是"偷师"来的,小米手机的发布是模仿苹果的,许多名人要把苹果手机扔进垃圾桶改用小米手机……通过人们之间各种途径的交流中,小米手机实现了品牌的输入与推广。

(3)事件营销。2011年8月16日小米科技在北京798艺术区正式发布小米手机,小米手机的神秘面纱被全部解开,超强的配置、极低的价格、极高的性价比,小米手机凭借这些特点赚足了媒体的眼球,雷军也以乔布斯的风格召开的"向乔布斯致敬"的发布会而被媒体所八卦。现场吸引了包括新浪科技、中关村科技、凤凰网科技、泡泡网等一大批主流网站记者。与此同时,小米发布会还通过微博、优酷视频、官网BBS进行直播,其1 999元的高配置、低定价更让许多爱好手机的网民几乎在发布的同时就被这个突然冒出来的小米手机所吸引,关注度非常高。

(4)微博营销。小米手机在正式发布前,其团队充分发挥了社交媒体——微博的影响力。

比如，在小米手机发布前，通过手机话题的小应用和微博用户互动，挖掘出小米手机包装盒"踩不坏"的卖点；产品发布后，又掀起微博送小米手机活动，以及分享图文并茂的小米手机评测等。在小米手机之前，雷军每天发微博的数量控制在两三条，但在小米手机发布前后，他不仅利用自己微博高密度宣传小米手机，还频繁参与新浪微访谈，出席腾讯微论坛、极客公园等活动。雷军的朋友们，包括过去雷军投资过的公司高管，如凡客CEO陈年、多玩网CEO李学凌、优视科技CEO俞永福、拉卡拉CEO孙陶然、乐淘网CEO毕胜等，纷纷出面在微博里为小米手机造势。作为IT界的名人，他们中的每一个人都拥有着众多的粉丝，因此，微博的营销功能被小米团队运用到了极致。

（5）饥饿营销。小米手机的发布是小米主动进行的第一次网络营销组合，全球首款双核1.5G手机只卖1 999元的吸引眼球的因素，小米手机通过视频直播、微博互动、BBS跟帖的组合形式让这个吸引眼球的因素为大众所知。虽然这个时候很多网民还不知道这些手机配置参数究竟意味着什么，但是都知道小米是款高配置、低价格的强悍智能手机。

2011年9月小米手机开始在官网上接受第一次订货，首批30万台。在不到3个小时的时间内，全部预订完毕。之后在10月20日进行首批发货，10月30日接受第二批10万台预订，在半个多月之后发货。就以这种方式，截至2012年3月，小米一共进行了5次网上限量预订，每次都在极短时间内销售一空，总共售出高达200万台以上。在每次预订之前，小米科技都会通过一些手机科技网站发布消息，并在官方微博上进行消息发布。对于注册用户，没有抢购到的，它也会发送短信提醒。这种精确的由面到点的网络营销组合形式，让其每一次的销售都能获得巨大的成功。

2012年4月，小米和电信运营商的两次发布会，每次都有相当数量的媒体参加，微博上会进行直播，当然这也自然成了各家主流网站的头条新闻。小米借着联通、电信的品牌开始走向大众的视野。

2012年5月，小米手机在完成了200万台以上的销售之后，面对即将饱和的市场，推出了小米手机青春版。此次青春版发布从酝酿到结束可以说是一个完美的网络营销过程。5月初手机科技网站透露相关消息。5月10日左右，小米上传《我们的150青春》视频，点击量很快破百万，引起巨大轰动。5月12日左右，小米官方微博正式开展"小米新产品发布之不要错过青春"微博转发活动。5月18日，小米青春版正式揭开面纱，微博开展每小时送一台青春版的转发活动，截至销售结束，转发次数达到上千万；2014年1月7日星期二中午12点整，小米手机开放购买的日子，3分57秒内，20万部红米手机售罄；5万台小米3在4分59秒内销售一空，取得了惊人的效果。

（资料来源：根据http://www.zzxu.cn/wendang/77402.html提供资料整理）

通过阅读上述案例材料，请思考以下问题：
（1）小米网络营销选择了哪些网络广告形式？
（2）小米发挥了网络广告的哪些优势？

第 10 章　广告策划

本章主要教学内容
1. 案例导入:孔府家酒广告
2. 广告策划的概念与特征
3. 广告策划的程序和内容
4. 广告策划书的撰写

本章教学目的
　　市场营销策划与广告策划有着密不可分的关系。通过本章的学习,了解营销策划与广告策划的过程,掌握广告活动主要由计划(plan)、实施(do)和评价管理(see)三部分组成,了解制定营销计划和广告计划的各种方法。最后需要了解广告策划是企业营销计划或整合营销传播策划的自然产物,其是否合理精确,关系到广告传播的预期效果能否顺利实现。

10.1　导入案例:孔府家酒广告

　　主题:叫人想家
　　背景音乐:北京人在纽约
　　画面:雾霭晨曦中驶来一班客机,机场内一家人昂首企盼,渐渐露出既惊且喜的表情,他们终于迎来了远游的亲人(王姬饰)。
　　镜头切换:充满温情暖意的家庭,她送给亲人带回的礼物,家人为她接风洗尘。同时,刘欢那极富磁性的嗓音唱道:"千万里,千万里,我一定要回到我的家,我的家,永生永世也不能忘。"片末,王姬面向镜头意味深长地说:"孔府家酒,叫人想家。"
　　孔府家酒"叫人想家"篇,情真意切,令人回味无穷。其广告真正做到了让名人为产品服务,广告调动所有的因素为孔府家酒服务。另外,这个广告的广告词很有人情味,是典型的感性诉求,家的主题很能引起消费者的共鸣,尤其是家庭观念很强的中国消费者。所以,这个广告能够打动消费者的心。

10.2 广告策划的概念与特征

商业上的成功除了广告中出色的创意思维,更依赖于周密的营销和广告策划,而不是单纯地依靠广告创意。但是现在每年仍然有不少企业由于缺乏前期策划而浪费成千上万元可观的资金做无效的广告。

10.2.1 广告策划概念

了解广告策划概念,首先要掌握什么是"策划"。所谓策划,就是指对某一活动的运筹和规划,是计划的动态体现。"策划"一词最早出现在《后汉书·隗嚣传》中:"是以功名终申,策画复得"。其中"画"与"划"相通互代,"策画"即"策划",意思是计划、打算。策,最主要的意思是指计谋,如决策、献策、下策、束手无策;划,指设计,如工作计划、筹划、谋划。

这一定义包括下列内涵:

(1)一个完整的策划过程包括预测与决策。预测是指对未来的发展趋势进行科学的分析和准确的评估;决策是指在预测的基础上对将采取的行动进行大胆的抉择。

(2)策划既是一个思维过程,因为无论预测还是决策,都需要复杂的构思、分解、归纳和判断,又是一个实施过程,因为它还包括从拟定策略、方案落实到追踪、反馈及评估等一系列操作活动,故有人称为"策划活动"。

策划与计划的联系与区别:策划近似英文 strategy 加 plan,而计划则是英文的 plan。策划更多地表现为战略决策,包括分析情况、发现问题、确定目标、设计和优化方案,最后形成具体工作计划等一整套环节。

计划很大程度上只是策划的最终结果,比较多地表现为在目标、条件、战略和任务等都明确化的情况下,为即将进行的活动提供一种可具体操作的指导性方案。

广告策划就是通过细致周密的市场调查与系统分析,充分利用已经掌握的知识(信息、情报与资料等)和先进的手段,科学、合理、有效地部署广告活动的进程。简言之,广告策划就是对广告运作的全过程作预先的考虑与设想,是对企业广告的整体战略与策略的运筹与规划。

正确理解广告策划概念,有以下几个关键点:

(1)广告策划的目的是追求广告进程的合理化与广告效果的最大化。

(2)企业的营销策略是广告策划的根本依据,广告策划不能脱离企业营销策略的指导。

(3)广告策划有其特定的程序,这种程序应该是科学、规范的,而不是盲目地凭空设想与随心所欲。

(4)广告策划应该是广告运动的整体策划,停留在具体操作层面的"广告计划"并不是广告策划。

(5)广告策划必须以市场调查为依据,良好市场调查为广告策划提供市场环境、消费心理、竞争对手等方面的重要信息。

(6)广告的心理策略、定位策略、规划策略、创意策略、文案写作、媒介策略及效果评估是广告策划的核心内容。

(7)广告策划书(文本)是广告策划结果的一种可见的形式,它为广告运动提供了运行的蓝图与规范。

(8)广告效果的测定方法与标准应该在广告策划中预先设定。

现代广告策划就是对广告的整体战略和策略的运筹规划,具体是指对提出广告决策、广告计划以及实施广告决策、检验广告决策的全过程作预先的考虑与设想。

广告策划可分为两种:一种是单独性的,即为一个或几个单一性的广告活动进行策划,也称单项广告活动策划;另一种是系统性的,即为企业在某一时期的总体广告活动策划,也称总体广告策划。

10.2.2 广告策划的发展

20世纪50年代,美国公共关系学者爱德华·伯纳斯在其著作《策划同意》中最先使用这一概念。

60年代,英国广告大师斯坦利·波利特最先在广告领域提出"广告策划"思想。

广告策划思想的引入,使近代广告迈进了现代广告的大门。人们在讨论广告策划时,一般指的是广义的,就是广告计划。由于整体广告策划有利于更好地把握市场信息,准确地制定有关的战略策略,使广告传播的针对性和目的性更强,有利于从整体上提高企业和产品的知名度和喜爱度,美化品牌形象,增强竞争力,促进销售而获得综合的传播效果,因此,随着整合营销传播的更加深入和广泛运用,整体广告策划也越来越多地被企业和广告公司所运用,为综合的信息交流服务。

10.2.3 广告策划的特点

广告策划是企业经营管理中的一个重要组成部分。对于企业管理决策来说,广告策划是其中一个子系统,是根据营销计划和营销目标而产生的。但就自身而言,又是一个有着特殊规律的系统工程。尽管企业的经营模式、策略有所不同,每次广告活动的任务要求千变万化,但进行广告策划时,需要遵循一些共有的基本特性。广告策划为综合性、大规模的广告运动(活动)提供策略的指导和具体的计划,有其自身鲜明的特征,我们称其为广告策划的特性,主要体现在以下方面:

(1)目的性

广告主开展广告运动(活动),或是为了直接促销,或是为了提高产品的知名度,或是为了塑造企业形象,或是为了解决在市场营销中面临的实际问题,总之都有某种特定的目的。广告主的广告目的是由市场营销的目标、直接的销售目标、在市场中面临的难题、在广告活动中面临的难题等因素限定的,有其特定的内涵,而不能仅仅以广告的一般目的来概括。

(2)整体性

广告策划虽然包括很多环节和内容,但它们并不是彼此孤立的,而是通过贯穿在广告策划中的广告策略统一起来的。广告策划的各项内容彼此环环紧扣,广告策划的实施环节彼此密切配合,使广告运动(活动)成为一个和谐统一的整体,在统一的策略指导下进行。如果有任何一个环节违背了广告运动(活动)的总策略,都会直接影响到广告的效果。

(3)调适性

市场和消费者是不断变化的,广告策划的决策内容也应该适应这些变化并且根据这些变化及时地进行调整。如果忽视了广告策划的调适性,就必然会导致广告策略的僵化,不但不会对广告主的营销活动起到促进作用,反而会成为广告主营销活动顺利进行的障碍。

(4) 操作性

广告策划不但要为广告运动(活动)提供策略的指导,而且要为它们提供具体的行动计划,使广告运动(活动)能够在策略的指导下顺利进行。广告的实施是广告策划的直接目的,因此广告策划就应该具有充分的可操作性,包括在实际的市场环境中有可操作的条件,在具体的实施上有可操作的方法。

(5) 创造性

创造性作为对广告作品的基本要求,已经受到了充分重视。但是广告的创造性并不仅仅是靠广告创作人员的灵感产生的,没有具有创造性的广告策略,广告作品的创造性就失去了基础,甚至有可能因为没有根据的随意创造而影响广告策略的贯彻执行。

(6) 前瞻性

任何广告策划都是着眼于未来的,因此在广告策划运作中,需要对市场、消费者动态进行科学分析,以保证适应未来市场可能发生的变化。这就必须具有前瞻性,即在现实的基础上,应该着眼于未来。

10.2.4 广告策划的要素

(1) 广告策划主体

广告策划者即广告作者,是广告策划活动的中枢和神经。广告策划者需要丰富的知识、敏捷的思维和丰富的想象力,并且通晓市场、熟悉营销,具有创新精神,策划者的素质直接影响广告策划成果的质量水平。

广告大师詹姆斯·韦伯·扬在《怎样成为广告人》一书中指出:"广告策划者的特质包括拨动知觉和心弦、训练有素的直觉和最正常的常识——像冒险者一样具备创意的商业想象力。"

(2) 广告策划对象

广告策划对象是指广告主或所宣传的商品或服务。其决定着广告策划的类型,以广告主为对象的策划属于企业形象广告策划,以某一商品或服务为对象的策划为商品销售广告策划。广告策划总是为了一定的广告运动或者广告活动而进行的,没有广告活动的依托,广告策划也就失去了存在的必要。

(3) 广告策划依据

广告策划的根本依据是实际的市场情况;直接依据是企业的市场营销策略;除此之外,广告的制定还可以一定的理论为依据,以保证策划决策的科学性和合理性。实践中,广告策划的依据主要包括:广告主的营销战略和策略;有关策划对象的专业信息,比如企业现状、产品特性、市场状况、广告投入等;策划者的知识结构和信息储存量。

(4) 广告策划内容

广告策划内容包括环境调查、广告目标、广告对象、广告主题、广告创意、广告媒体、广告预算、实施策略、效果评估等。广告目标是通过消费者的市场认知度来表现的,营销目标指导广告目标。广告策划的内容与步骤是一种程序,广告策划书的撰写格式是一种程序,广告公司对广告策划的运作的组织也是一种程序,这些程序使广告策划沿着正确的方向进行并且获得预期效果的保证。

(5) 广告策划方法

这是策划者为实现策划目标,针对策划对象而设计、创意的一套策略、方法和步骤,要求具有指导性、创造性、可行性、操作性和针对性。广告策划涉及的内容极其丰富,需要获取和分析的资料非常众多，而且决策的内容又非常复杂，因此科学的方法尤为重要。

上述广告策划的各要素之间相互影响、相互制约，构成一个系统的有机体，使广告策划统领广告活动的全局。

10.3　广告策划的程序和内容

10.3.1　广告策划的程序

一个完整的广告策划周期由数个不同阶段组成，不同阶段策划工作的对象、内容、目标均有所不同。根据这种不同对广告策划运作过程加以把握，有助于抓住中心，突出重点，明确各个阶段不同方面的特殊性，保证策划工作有条不紊地进行。通常情况下，一个规范的广告策划过程可分为组织准备、市场调研、战略规划、策略思考、制定计划、实施与总结6个阶段。

(1) 整体安排和规划阶段

①成立广告策划专组。广告策划工作需要集合各方面的人士进行集体决策。因此，首先要成立一个广告策划专组，具体负责广告策划工作。一般而言，策划专组应主要包括：客户执行、策划创意人员、设计制作人员、媒介公关人员以及市场调查人员。这些人员通常由一个策划总监或主管之类的负责人统领。

②规定任务和人员安排，设定各项时间进程。这是对策划前期工作的落实。

(2) 调查研究阶段

①市场调查、搜集信息和相关材料。立足于与消费者的良好沟通，有选择地吸取营销调查的相关成果。或者通过直接调查获得第一手资料，或者通过其他间接途径搜集有关信息，最大限度地占有相关材料。

②研究和分析相关资料。对所得的材料进行整理、归类，剔除多余信息，将有用信息总结分析，制定出真实确凿的数据报告，为进一步制定策略提供依据。

(3) 战略规划阶段

战略规划是关系到任何组织生存发展的重要活动，已越来越引起人们的广泛重视。做好战略规划是企业高层管理者和广告公司的共同职责，决定着广告活动的前途和命运。

①制定广告战略目标。这是广告规划期内广告活动的核心，所有其他有关内容都是围绕这一中心展开的。不同的广告战略目标直接决定着后期广告开展的不同走向。

②广告战略选择。根据广告战略目标，制定广告战略，勾勒广告活动的大致轮廓。处于不同生命周期的产品，其广告战略有明显的不同。例如，脑白金的广告活动，市场导入期采取的是高曝光率，追求高知名度的广告战略；而发展期采取稳健、理性说服，多种媒体组合的广告战略。此外，位于不同市场地位的广告主，其广告战略选择也应该有相应的区别。

(4) 策略思考阶段

这是整个广告策划的核心运作阶段，也是广告策划的主体。

①集中并总结归纳前期调查分析的成果，对调查研究结果做出决定性选择。

②以策划创意人员为中心，结合相关人员对广告战略目标加以分析，根据广告战略选择确定广告的定位策略、诉求策略，进而发展出广告的创意和表现策略，根据产品、市场及广告特征提出合理的媒介组合策略、其他传播策略等。

③这个阶段还包括广告时机的把握、广告地域的选择、广告活动的预算安排、与其他整合传播活动的配合以及广告活动的评估标准等。

(5)制定计划和形成文本阶段

这是把策略思想用具体系统的形式加以规范化,把此前属于策略性、思想性的各种意向,以一种详细的展露和限定形式加以确定,以确保策略的实施。

①制定计划。将在策略思考阶段形成的意向具体细化,确定广告运作的时间和空间范围,制定具体的媒介组合表,明确广告的频率以及把广告的预算经费具体分配到各项事物上。

②编制广告策划文本,即策划书。把市场研究成果和策略及操作步骤用文本的形式加以规范表达,便于客户认知及对策划结果予以检核和调整。

(6)实施与总结阶段

①计划实施与监控。按照策划书的规划,组织人员进行创作设计、媒介发布以及一切需要在市场中实施的细节,并对整个过程进行监控和必要的调节。

②评估与总结。在广告活动实施中进行评估,并及时地对广告策划做出适度的调整。在整个广告策划运作完毕后,按照既定的目标对广告活动结果加以评估,并对整个工作予以总结。

10.3.2 广告策划的类型

(1)不同范围的广告策划

①广告运动。广告运动指广告主基于长远发展的目的,在相当长的时期内按照一定的广告战略持续开展的所有有机联系的广告活动的总和。

广告运动策划内容上的要求:前期市场调查与分析要全面、细致、深入;在广告目标的制定上以长期目标为主,兼顾短期目标;既要突出主要目标,又要兼顾次要目标。其次,广告目标要能被划分为具体的广告活动目标。

举例1:农夫山泉"阳光工程"6年广告运动目标

总目标:继续借体育、借奥运推广"农夫山泉"的品牌

分目标:传达"一分钱"活动由"申奥"变为为贫困中小学校捐赠体育用品的信息;主要通过电视媒体让大中城市中多少人知道此活动;每年捐赠多少元的体育器材;及时把受赠情况传达给消费者;通过这项活动"农夫山泉"的美誉度达到多少

举例2:考芙蔓为"援助美国基金"制定的广告目标

总目标:获得全国性的知名度

分目标:使"援助美国基金"在全国的知名度达到75%;在1984年为"援助美国基金"增加50个新的受捐社区;让上了《财富》杂志的500家大公司中的60%的公司了解"援助美国基金"的工作方法和服务;增加全年捐赠达11%;把社区公司的捐赠从11%提高到22%;把社区外人士的捐款,从占总金额的8%提高到14%

要根据不同广告对象的特点,分别采取有针对性的广告主题、诉求策略及表现手法等。要针对具体情况进行媒介的选择与组合。广告预算要有全局观念,要懂得统筹规划、合理使用,尤其要注意为可能的市场变化留有一定的余地。广告运动的规模越大,范围越广,越要加大广告运动效果评估和监控的力度。

②广告活动。广告活动指广告主为了实现短期的效益目标,在相对较短的时期内,按照一定的广告策略独立开展的单项广告活动。

广告活动的长处:灵活机动、针对性强、简便易行、见效较快。例如,"可口"与"百事"在印度的美女大战。"可口可乐":环球小姐——苏西米塔·珊;"百事可乐":世界小姐——阿西瓦娅·莱。

广告活动策划的注意事项:广告活动的目标应与企业长期的营销总目标相一致;要注意与企业整体广告运动彼此间的协调;充分发挥广告人的创造性思维。

(2)不同生命周期产品的广告策划

①导入期的广告策划。导入期广告策划的营销策略包括:一是快速撇取策略,即以高价格和高促销费用来推出新产品的策略。前提条件是:潜在市场上的众多购买者尚未对该产品形成认知;了解该产品的顾客急于购买;企业面临着潜在竞争;企业必须迅速让消费者对本产品产生偏好。二是缓慢撇取策略,即以高价格和低促销费用来推出新产品的策略。前提条件是:市场规模有限;市场上已有众多消费者了解产品;顾客能够并且愿意按高价格购买产品;不存在激烈的市场竞争。三是快速渗透策略,即以低价格和高促销费用来推出新产品的策略。前提条件是:市场规模很大;市场上的顾客不了解新推出的产品;大部分顾客对价格十分敏感;存在强大的潜在竞争对手;企业的单位生产成本已经下降。四是缓慢渗透策略,即以低价格和低促销费用来推出新产品的策略。前提条件是:市场庞大;市场上的顾客已经非常了解该产品;顾客对价格十分敏感;存在明显的潜在竞争对手。

导入期广告策划的决策要点:提高产品的知名度;在广告内容上,主要介绍新产品有什么新的特征和新的用途;广告宣传量可根据具体情况作适当增减。

案例分享 10-1

"三阳"摩托车新产品上市的成功广告策划

一、现状分析

1973年底,中国台湾地区市场中销售的摩托车,共有12家厂商的产品。其中,三阳工业公司不论在生产规模、机器设备、员工技术、售后服务等方面,均不输于任何一个同业,基本条件良好。但其销售情况,却始终落后,难以取得胜过别人的市场地位。这家公司计划在1974年度出产一种新型摩托车。为求新产品上市能一举成功,该公司想到借助广告公司的力量。

产品存在的主要问题:(1)广告主对广告不够重视,导致品牌知名度小,推广困难;(2)销售网点少,给销售商的利润低,形成经销商不热心推销其产品;(3)产品的定位不当,售价偏低,受众对产品的信任度低,所以购买的人少。

二、广告定位策略

目标消费者:18~45岁的男性消费者。

细分及特征:

(1)18~30岁青年人,他们喜欢自由,追逐潮流时尚,爱好冒险刺激,购买摩托车主要是为了炫酷、代步、娱乐,所以看重车型、样式;

(2)30~45岁中年人,主要是为了方便生活,但由于家庭条件还买不起汽车,所以多会选用高品质、耐用、便捷的摩托车。

三、广告目标策略

(1)通过强有力的营销活动推广新产品,增加销售量,以新产品的推广来提升品牌的知名度,影响消费者的购买心态和行为。

(2)增加销售网点,争取各地良好的摩托车修理店为经销分处,并将所增加的收益,分享给经销商,提高经销商的推销兴趣。

(3)通过企业形象广告,改变消费者过去的错误看法,说明广告主是拥有制造汽车设备的大型工业厂家,使企业的品质、技术、服务深入人心,树立企业的形象和信心,让生产商更有激情研发产品、经销商优先推销产品、消费者乐于购买产品。

四、广告表现策略

在开展喷绘活动之后,在各大电视台、广播中心投放广告,扩大产品的知名度,加强受众对三阳摩托的印象和信任度。

(1)电视广告

画面一:一时尚男子骑一辆很拉风的车子在比较宽敞的公路上行驶,故作姿态。路面上车流比较少,前方有一辆小轿车正在摩托车前均速行驶。音响:男子得意地吹口哨声。

画面二:男子一路上超越了很多车,只有这辆小轿车依然淡定地领先于他。男子于是加足马力欲追上这辆车。音乐:马达的轰鸣声,西班牙斗牛曲《狂野之城》。男子终于追上了轿车,准备奚落一下轿车主人,却发现小轿车里空无一人。音乐:Tell Me Why。

画面三:小轿车的前面有牵引绳,系在一辆行驶中的"野狼"牌摩托车上,野狼摩托车上坐着一男一女,男声惬意地哼着《小夜曲》,女生面露微笑伏在男生背上。追车男一脸黑线。画外音:"野狼"摩托,只在关键处显神采。

(2)夏季播出的广播广告

背景音响:人声嘈杂,伴随着公交到站的广播报站声。

男声:这些窗户有点烦,像限制我的条条框框,我放不开手脚;空气有点闷,开窗户也无济于事,想张开双手,让风带着我走向远方,如旷野的狼。"野狼"摩托车,像风一样自由。

五、广告战略与策略

(1)教育消费者,应以正确方法使用摩托车,维护摩托车的使用寿命。

(2)参照市场中的同类商品的售价,定制广告主新产品的合理售价,并将所增加的收益,与经销商分享,提高经销商的推销兴趣。

(3)整顿经销网,鼓励原有的经销商扩充范围,增设经销分处;争取各地良好的摩托车修理店,成为经销分处,使经销商由原来的140家扩充到500家左右。租借台北国宾大饭店,举办大规模的新产品发布会,召集全体经销商,说明革新的决定,以增进大家的信赖。

(4)以强有力的广告创新战术,促使新产品上市,争取能一鸣惊人。

(5)以企业形象广告,改变消费者过去的看法。

六、具体实施

(1)为新产品命名:"野狼"。

(2)编印摩托车正确使用方法手册,供消费者索阅和适当分发。

(3)新产品上市前,减少全省老式产品供应量。

(4)以企业形象广告配合销售广告,增强消费者的购买信心。

"老伴"——商品有耐用价值,

"我明天又要去受训"——技术不断创新,

"马上出货"——零件制造精良,

"埋首于行业的发展,谋求大众生活的欢乐!"

"请用纯正机油及零件,以保机车之品质!"

②成长期的广告策划。成长期广告策划的营销策略包括:A. 改进产品质量,赋予产品新的性能。B. 增加产品的新式样,适时推出一些相关的侧翼产品加以支持。C. 开辟并进入新的细分市场。D. 增加并进入新的分销渠道。E. 在适当的时候降低产品价格。

成长期广告策划的决策要点:A. 广告内容由宣传产品转移到重点宣传厂牌和商标。B. 扩大宣传范围。C. 广告宣传方式上择优选用。D. 在广告预算上,可采取"竞争均势原则"和"目标与任务"原则相结合的方法。

③成熟期的广告策划。广告策划的决策要点包括:A. 广告宣传重点,应强调提高服务质量,降低价格和其他优惠政策,应更加突出商标宣传,对于名牌企业和产品,应善于提高和保持顾客忠诚度。B. 宣传新的产品用途,寻找新的顾客,发展新的消费方式。C. 广告宣传对象,不只是消费者,还应包括经销商。D. 变换多种广告形式,拓展市场的深度和广度。

案例分享 10-2

椰树牌椰汁广告策划方案

一、公司概况

椰树集团有限公司(原海口罐头厂)是我国最大的果汁罐头饮料生产企业,是现代企业制度百户试点和全国512家重点企业之一,被国务院确定为"创国际名牌优势企业"。

椰树集团的主导产品椰树牌天然椰子汁、优质天然矿泉水、天然芒果汁被北京钓鱼台国宾馆指定为国宴饮料,为中国最大的天然植物蛋白饮料生产企业,拥有世界一流的生产工艺和大规模自动化生产能力,是唯一同时拥有两种中国名牌产品称号的中国饮料十强企业,也是唯一有四个饮品荣登国宴殿堂的企业。椰树牌系列产品贵在天然、不加香精。

二、广告策略

(一)广告目标

(1)企业的目标:市场占有率和知名度提高,并领先于同类品牌等。

(2)根据市场情况可以达到的目标:市场占有率保持在同行业的领先地位。

(3)本次广告活动的目标:市场占有率提高的比例,知名度比例,消费者视为第一、第二品牌的比例明显上升。

(二)目标市场战略

企业市场营销的实践已经证明,完全市场覆盖的策略对于椰树牌椰汁这种并非适合所有消费者的饮品并不是一种理想的市场营销策略,而根据产品的特性和对于按照不同的标准划分的各个细分市场,选择最有可能选择本产品的消费者群体进行营销,将有可能吸引更多的目标消费者,使产品获得稳定的消费群体。所以,我们建议企业进行市场细分为企业营销选择目标市场。

(三)产品定位策略

(1)产品定位:椰树牌天然椰子汁是一种营养全面的健康饮品。这类饮料的宣传对象应以追求小资情调、时尚健康、创新的理念为主,体现南国文化,崇尚个性。强调产品质量,推出多元化产品。确保椰汁饮料的霸主地位,引导该市场潮流。

(2)潜在消费者分析:高中生、有部分收入的大学生、年轻业务人员、高级职员、从事公关工作人员、追求小资情调时尚的人、注重养生的老年人。

(3)广告地区：本次广告将在全国范围进行，从市场的角度来说，中国是一个拥有近15亿人口的国家，拥有着强大的市场消费潜力；从季节的角度来说，我国夏天气温普遍较高，夏日饮料需求旺盛，我们力争使椰树牌椰汁成为人们夏日重要的饮品之一。

(四)广告媒介策略

1. 媒介策略

由于本次广告活动是椰树集团为重新振兴椰树牌椰汁开展的活动，所以我们建议采取全方位的媒介策略。(1)以电视广告为主导，向目标消费者做重点诉求，争取以电视广告达到最广泛的覆盖面。(2)以报纸广告和平面广告为补充，向目标消费者传达关于产品更丰富的信息，同时将各种促销活动的内容及时告知消费者。(3)以招贴广告作为售点广告，对消费者进行提醒性诉求，以促使他们即时采取购买行动。

2. 媒介选择的标准

(1)选择全国范围内对消费者生活最有影响力的媒介。(2)选择全国范围内消费者接触最多的媒介。(3)选择最家庭化的媒介。

3. 所选媒介

以电视为主，辅以传统的刷墙面广告、树广告牌、报纸广告和招贴广告。

(五)广告诉求策略

(1)诉求对象：追求生活质量的家庭或个人。

(2)诉求重点：重新确立椰树牌椰汁在消费者心中的形象，强调为高品质生活的象征，重点作情感诉求，强调产品口味佳，价格适中，老少皆宜。

(六)广告表现策略

以主导健康高品质时尚生活、南国文化传统、品质优良的诉求为重点。南国文化是热带风情、休闲、浪漫、自由的臆想结合体，与碧海、蓝天、白云、沙滩、椰树、晨日、夕照、少数民族多彩的文化、淳朴民风、大量的旅游资源等这些符合现代人向往绿色、自然、生态的心理的南国风情结合起来，孕育出独特的椰树椰汁文化。这种文化是海南独有的、椰树椰汁独特的。

(七)广告创意

1. 电视广告文案

标题：喝椰树椰汁享南国风情

广告语：畅饮椰树椰汁尽享南国风情电视画面伴随着音乐变换出现几位身处不同地区的人，他们中有白领在努力工作，有运动员在努力训练，有人在慢跑，有人在便利店躲雨，而后他们同时喝椰树牌椰汁；就在这时他们同时在屏幕中消失，镜头切换到海南的沙滩，他们身着热带风情沙滩服饰又突然出现，背景屏幕不断变幻着蓝天、白云、碧海、沙滩、椰树、日出、夕阳，身着泳装的人们在沙滩上追逐玩耍的南国风情；最后，画面出现一只玻璃杯及倒椰汁的流水声。

2. 平面广告文案

广告语：畅饮椰树椰汁尽享南国风情。以展现南国风情为主，突出营养全面健康饮品的概念，同时传达热带风情、休闲、浪漫、自由的小资情调的情感诉求。

三、广告实施策划

(1)广告媒体行销计划：主要采用电视网络媒体、单纯信息、中频率、集中与分散轰炸相结合，配合椰树椰汁形象。

(2)广告发布时机：各媒介的广告在广告活动开始时同时发布。

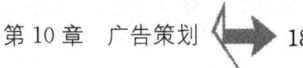

(3)广告发布频率:各媒介在广告发布的时间和频率上互为补充。在广告开始的一个月内采取集中发布的策略,即在各媒介上持续发布广告,以快速打开市场;一个月后采取间歇发布的策略,以节省广告费用,保持广告的连续性,起到持续的说服和提醒作用。

④衰退期广告策划。衰退期广告策划的营销策略包括:第一,增加企业投资以取得竞争优势或加强竞争力量。第二,保持企业的投资水平,一直到该行业的前景明朗为止。第三,有选择地降低企业投资水平,放弃前景不好的顾客群,同时加强有持久顾客需求的细分小市场的投资。第四,加速从衰退产品中获取利润的步伐,从中迅速撤资。第五,尽可能地在有利情况下处理资产,以便尽快放弃衰退期产品经营业务。

衰退期广告策划的决策要点:A. 选用第一、二种营销策略,就不应削减广告费,仍要宣传产品在同类产品中的差异性和优越性,强调服务质量、降低价格和其他优惠政策,直到把竞争对手挤出这个市场。B. 选用第三种营销策略,企业的广告宣传对象应缩小,应该使用一些费用少,针对性强的广告媒介。C. 选用第四、五种营销策略,尽量使广告保持在最低限度上,以减轻企业负担。

案例分享 10-3

深圳海王药业

海王的四个主要产品:
(1)海王银得菲:感冒药——"关键时刻怎能感冒";
(2)海王金樽:醒酒护肝——"要干更要肝";
(3)海王银杏叶片:心脑血管疾病——"三十岁的人,六十岁的心脏";
(4)海王牛初乳:提高免疫力——"行如风,站如松""健康成就未来"。
海王金樽有三点成功之处:
(1)产品的独一无二性;
(2)诉求的针对性;
(3)形象代言人的正确性。(张铁林)

(3)不同功能的广告策划

①促销广告策划。促销广告策划是指在较短的时期内投入较多的广告费,以创造消费者需要,为直接促进销售而进行的广告策划。

促销广告策划的要点:设定量化的目标。必须提供一个能够打动人心的"刺激",并以生动的形式表现出来。要以促销活动为中心。要注意时机的选择和广告媒体的使用。

例如:佳能 EOS 的促销广告策划:

促销基础工作:20分钟的记者招待会;20位经销商参加的产品推介会;摄影界聚会;以公司销售部职工为对象的示范讲座;专业说明书的通俗翻译。

媒体广告:电视广告,香港中、英文频道;报纸广告,《南华日报》《晚报》《成报》《东方日报》;杂志广告,《香港城市》《黄金时代》《汽车与驾车者》《花花公子》。

②形象广告策划。形象广告策划是指企业长时期内持续投入稳定费用进行宣传,逐渐使

企业或品牌形象为受众所认可,达到树立形象,增强信任的目的。

例如:爱立信的品牌广告与企业广告:

品牌广告:"邂逅篇""结婚篇""一切尽在掌握"。

企业形象广告:

父子篇:"沟通就是关怀。电信沟通 心意互通"。

健康篇:"沟通就是分担。电信沟通 心意互通"。

教师篇:"沟通就是感激。电信沟通 心意互通"。

爱情篇:"沟通就是爱。电信沟通 心意互通"。

代沟篇:"沟通就是理解。电信沟通 心意互通"。

品牌广告是演绎、塑造和传达品牌的形象、个性、价值和意义,目的是帮助消费者形成对产品有利的综合感受,进而产生购买和积极评价。

企业广告是表明企业的价值观,传达企业文化,树立企业形象,目的是使受众接受企业的观点,对企业产生好感和积极评价。

③观念广告策划。观念广告策划就是意图改变或树立人们的某种观念而进行的广告。要对所倡导的观念有深入的了解,例如社会背景、核心主张、结果("绿色食品"是如何风行的?);要有长时期持续投入稳定费用的计划;在创意表现上切忌刻板说教,以情动人;对观念广告的效果评估要有正确的认识。

案例分享 10-4

阿迪达斯男士香水广告策划

一、前景分析

香水如衣裳,无论讲"香"还是论"装",男性在当代社会的审美形态都已跳脱了非黑即白的单调。穿衣讲型,穿"香"得体,已成为一种时尚的社交礼仪。这件衣裳不论是有形或无形,都讲究"搭配"两字,所谓恰如其"氛"。中国的香水市场当今仍以女士香水为主题,但男士香水也在迅速发展,中国已经成为全球奢侈品的最大的市场之一,男士对美的追求也在不断地深入。男士香水的需求一定会是一个绝佳的发展机遇,再加上中国市场的总量是巨大的,所以在一个新的消费热点形成之际,如果能抓住机遇便是一次成功的机会。

二、广告策略

1. 广告目标

通过进行一系列的广告宣传,使人们对男士香水有一个新的认识,向消费者传达:男士也可以使用香水,那不仅仅是女士的专利;普通消费者也可以使用香水,它不仅仅是有钱人的专利。使用男士香水是时尚的表现,是对自身形象的完美。

2. 广告执行方案

以媒体推广策略为主导,以多媒体、单纯信息、中频率、集中与分散轰炸相结合;硬性广告为主,配合一定篇幅的软性文章;所有活动都向广告目标看齐。

3. 具体方案

电视媒介:选择中央电视台进行广告宣传,尽管费用高,但其覆盖范围广,涉及全国,因而单个消费者的宣传费用是低的。广告内容应以培养消费者的消费习惯为目标,建立男士也是应该使用化妆品的消费心理,并辅助地在重点地区的地方卫视上进行宣传。

纸质媒介:选择在全国发行的报纸上面进行宣传,如《中国青年报》《羊城晚报》《光明日报》等,以及在受众面比较广的杂志,特别是男士喜好的杂志和时尚杂志上进行宣传,如《时政周刊》《时尚》等。

网络媒介:在百度、腾讯、搜狐等互联网上进行有选择的广告宣传。

其他媒介:现场活动、广告牌宣传、广告车宣传、慈善公关宣传等都可供选择。

④解决问题广告策划。在短时间内集中投入较多费用,为直接解决广告主面临的紧迫问题而进行的广告策划。

解决问题广告策划的注意点:要深入了解问题的实质,例如丰田的凌志汽车在香港上市时的广告策划;要以解决问题为导向;要运用恰当的诉求方式,例如IBM和博士伦的广告;要遵循道德性原则。

⑤竞争性广告策划。竞争性广告主要是指比较广告,分直接比较与间接比较两种。竞争性广告需要遵从真实性原则和可比性原则。

⑥应变性广告策划。应变性广告策划是为了重塑企业形象、澄清事实、向公众致歉,其策划的要点包括:原来进行的广告计划要及时撤换,尤其是那些与危机事实相悖的广告论调;要反应迅速;要注意内部沟通,统一口径;要以诚待人;要对症下药。

10.3.3 广告策划的内容

广告策划要对整个广告活动进行全面的策划,其内容千头万绪,主要包括市场分析、广告目标、广告定位、广告创意表现、广告媒介、广告预算、广告实施计划以及广告效果评估与监控等内容的策划。这些内容彼此间密切联系,相互影响又相互制约。这里我们暂时分别论述,但在后面的程序中,要将它们像珍珠一样串起来,形成一条项链,使广告活动按策划的内容有条不紊地顺利实施。

(1)市场分析

市场分析是广告策划和创意的基础,也是必不可少的第一步。广告市场分析基于市场调查,通过一系列的定量和定性分析得出广告主和竞争对手及其产品在市场中的地位,为后续的策划工作提供依据。市场调查主要以产品营销活动为中心展开,围绕市场供求关系进行。市场分析的主要内容包括营销环境分析、企业经营情况分析、产品分析、市场竞争性分析以及消费者分析,通过深入细致的调查分析,了解市场信息,把握市场动态,研究消费者的需求方向和心理嗜好,并且明确广告主及其产品在人们心目中的实际地位和形象。

(2)确定广告目标

广告目标是指广告活动要达到的目的,而且这样的目标必须是可以测量的,否则目标的制定就失去了意义。具体而言,它要回答这样的问题:①广告活动后,企业或产品的知名度及美誉度提高的百分比;②市场占有率提高的百分比及销售额或销售量提高的百分比;③消费者对企业或产品态度或评价转变的情况。但是,营销活动和其他活动有千丝万缕的关系,广告目标仅属于营销目标的一部分,有时销售额的增长很难说明是广告的作用,还涉及到产品、渠道等问题。因而,广告目标的确立要有明确的衡量指标,既有实际性,又有可操作性。

(3)广告定位

20世纪80年代,里斯和特劳特创立了定位学说,从此揭开了广告乃至营销史上新的篇章。定位的核心理念就是寻找消费者心智中的阶梯,是站在消费者的角度,重新对产品定位,是将产品定位和确立消费者合而为一,而不是将它们彼此分离。在对消费群体进行细分的基础上确立目标消费者,然后在这群消费者的心智中寻求还未被占用的空间,再将产品的信息削尖了钻进这个未被其他品牌或产品使用的空间,牢牢地占领消费者的心智。广告定位就是要在目标消费者心智中寻找产品的最有利于接受的信息。

(4)广告创意表现

这是要将广告策划人头脑中的东西从无形转为有形的阶段,也是广告策划的重点。首先是广告主题的确立,即明确说出要表达的重点和中心思想。广告主题由产品信息和消费者心理构成,信息个性是广告主题的基础与依据,消费者是广告主题的角色和组成,消费心理是广告主题的灵魂和生命。只有将它们合而为一的主题才能打动消费者。在此基础上,进行广告创意,并将创意表现出来。广告创意是个极其复杂的创造性思维活动过程,其作用是要把广告主题生动形象地表现出来,它的确定也是广告表现的重要环节。广告表现是由决策进入实施的阶段,即广告的设计制作。广告表现直接关系到广告作品的优劣。

(5)广告媒介选择和规划

媒介策划是针对既定的广告目标,在一定的预算约束条件下各种媒体的选择、组合和发布策略,把广告信息有效地传达到市场目标受众而进行的策划和安排。广告活动最基本的功能即广告信息的传递。选择广告信息传递的媒介,是广告运作中最重要的环节之一,也是广告媒介策略需要解决的问题。广告活动是有价的传播活动,它需要付出费用,而广告预算是有限的。因此,要在有限的费用范围内,得到比较理想的传播效益,如何运用好广告媒介,便是一个关键问题。广告媒介策略主要包括媒体的选择、广告发布日程和方式的确定等内容。

(6)广告预算

广告是种付费活动。广告界盛传:"花的广告费一半浪费掉了,但却不知道是哪一半。"如果不对广告活动进行科学合理的预算,浪费的将不只是一半的广告费。广告预算就是广告公司对广告活动所需费用的计划和匡算,它规定在一定的广告时期内,从事广告活动所需的经费总额、使用范围和使用方法。准确地编制广告预算是广告策划的重要内容之一,是企业广告活动得以顺利展开的保证。广告预算的制定会受到各方面因素的制约,如产品生命周期、竞争对手、广告媒介和发布频率以及产品的可替代性等。

(7)广告实施计划

这是广告策划在上述各主要内容的基础上,为广告活动的顺利实施而制定的具体措施和手段。一项周密的广告策划,对广告实施的每一步骤、每一层次、每一项宣传,都规定了具体的实施办法。其内容主要包括:广告应在什么时间、什么地点发布出去,发布的频率如何?广告推出应采取什么样的方式?广告活动如何与企业整体促销策略相配合等。其中,较为重要的是广告时间的选择和广告区域的选择,这两者都与媒介发布的具体实施有着密切关系,可以说是媒介策略的具体化。

(8)广告效果评估与监控

广告发布出去之后,有否达到广告的目的或有否产生对其他方面的影响,就要对广告效果进行全面的评估。为了增加广告的有效性,还会在广告活动中,甚至广告活动前,进行广告效果的监控和评估。通过广告效果的评估,可以了解消费者对整个广告活动的反应,对广告主题是否突出、诉求是否准确有效以及媒体组合是否合理等做出科学判断,从而使有关当事人对广告效果做到心中有数。广告效果的评估和监控不能仅仅局限在销售效果上,而传播效果作为广告效果的核心应该受到重视。此外,广告还对整个社会的文化、道德、伦理等方面的影响也应予以监控和评估。

(9)整合营销传播

随着整合营销传播的作用越来越受到营销和广告人士的认同,广告主为了能在爆炸的媒体环境中追求产品的统一声音,希望广告公司同时也能承担起整合的传播功能。因而现代广告公司逐步向整合传播公司转型,在承担原先的工作任务的同时,强调将其他的传播方法,如人员推销、直效营销、公共关系、销售促进等与广告结合,产生协同作用。其内容一般包括:收集资料和细分消费者,确定营销目标,传播策略思考,传播整合,接触管理以及效果测量。

10.4　广告策划书的撰写

广告策划书是在广告策划工作完成之际所撰写的书面材料,提交给广告主企业市场营销部,便于企业对广告公司的业务进程进行监督。同时广告策划书还可以作为广告执行的指导手册,利于工作开展。其主要内容是广告策划作业流程、广告策划书撰写技巧和广告策划书的主要内容,主要训练策划书写作能力。

10.4.1　广告策划书的作用

(1)在广告公司内部,广告策划书的撰写标志着广告策划运作的结束。撰写广告策划书是为了将广告策划运作的内容和结果整理成正规的提案提供给广告客户。

(2)广告客户可以通过策划书了解广告公司策划运作的结果,检查广告公司的策划工作,并根据广告策划书判定广告公司对广告策略和广告计划的决策是否符合自己的要求。

(3)对于整个广告活动,经过客户认可的广告策划书是广告运动策略和计划的唯一依据。

10.4.2　广告策划作业流程

广告策划作业流程如图10—1所示。

(1)信息沟通阶段

信息沟通阶段的主要任务是广告公司与广告主初步接触、充分沟通。一般情况下是通过广告提案的形式进行沟通,一方面向广告主介绍所掌握的企业、产品、技术、工艺、市场等信息;另一方面对广告主信息进行详细的了解和研究,了解广告主的合作意向和目的,并对搜集到的信息进行细致研究,制定作业方向。

(2)策划准备阶段

①组建策划小组。策划小组一般由业务管理人员、专业策划人员、市场调研人员、创意文案人员、美术设计人员、媒体沟通人员、公关人员等组成。

业务管理人员是策划小组的主要负责人,包括客户总监、创意总监等人,负责监督和协调广告策划作业的整个流程。

一般来说,广告公司中都会有一支专门的专业策划队伍。

市场调研是广告策划的基础,广告策划小组需要有专门负责市场调查及写作调查报告的人员。

美术设计人员与创意文案一样,都是创意设计部门的人员。在广告策划小组中主要负责

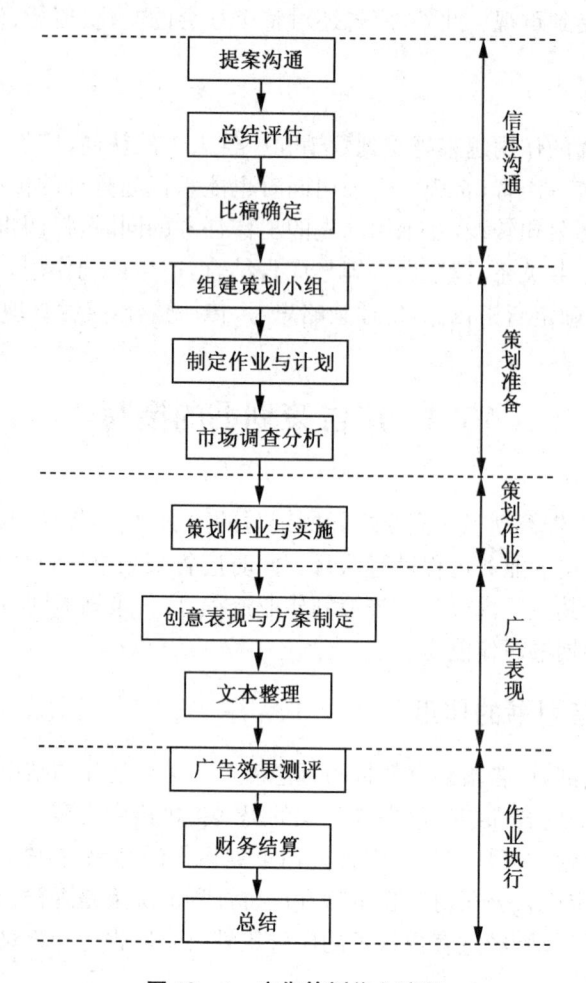

```
         ┌──────────┐
         │ 提案沟通  │  ┐
         └────┬─────┘  │
         ┌────┴─────┐  │ 信息沟通
         │ 总结评估  │  │
         └────┬─────┘  │
         ┌────┴─────┐  │
         │ 比稿确定  │  ┘
         └────┬─────┘
         ┌────┴─────┐  ┐
         │组建策划小组│  │
         └────┬─────┘  │
         ┌────┴─────┐  │ 策划准备
         │制定作业与计划│ │
         └────┬─────┘  │
         ┌────┴─────┐  │
         │市场调查分析│  ┘
         └────┬─────┘
         ┌────┴─────┐  ┐ 策划作业
         │策划作业与实施│ ┘
         └────┬─────┘
         ┌────┴─────┐  ┐
         │创意表现与方案制定│ │ 广告表现
         └────┬─────┘  │
         ┌────┴─────┐  │
         │ 文本整理  │  ┘
         └────┬─────┘
         ┌────┴─────┐  ┐
         │广告效果测评│  │
         └────┬─────┘  │
         ┌────┴─────┐  │ 作业执行
         │ 财务结算  │  │
         └────┬─────┘  │
         ┌────┴─────┐  │
         │  总结   │  ┘
         └──────────┘
```

图 10—1　广告策划作业流程

广告策划视觉形象的设计。

②制定作业计划。策划小组组建以后，就需要召开会议制定可行的项目推动计划。第一项讨论的往往就是工作日程计划表，包括做好项目推进计划表和时间计划表的制定。

③市场调查分析：

A. 拟定市场调查计划。首先要做大量的资料收集工作，收集、整理、分析信息、事实和材料，例如与创意密切相关的产品、服务、消费者及竞争者等方面的资料。

B. 进行相关准备工作。准备工作可以包括拟定市场调查所需要的问卷、访谈提纲、谈话提纲、调查表格等，并准备必要的辅助工具和培训相关人员。

C. 实施市场调查计划。由专门负责市场调查及写作调查报告的人员深入市场进行调研活动，完成先期拟定的调研计划。

D. 形成市场调查结果。将市场调查的结果完整清晰地记录下来，列出广告产品与同类产品的共同属性，产品自身的优势、劣势，通过对比找出自身竞争力所在，确定产品诉求点，并经过专业的分析，最终找到广告的目标定位。

E. 撰写市场调查报告。将调查结果撰写成完整的市场调查及分析报告，需要包含营销环境分析、产品分析、竞争对手分析、目标市场分析等方面的内容。

(3) 策划作业阶段

这是策划作业的关键阶段,是由客户总监、创意总监、业务经理、策划人员等人共同参与,根据提前搜集到的信息与市场调查报告,深入探讨广告策划的内容,其中最重要的内容是对广告主题的确定和对"创意表现"的探讨(如图10-2)所示。

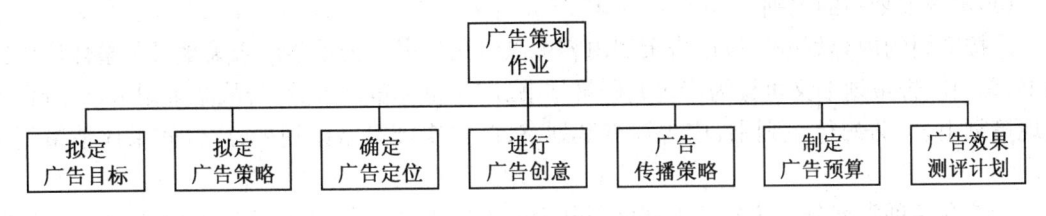

```
                    广告策划作业
   ┌────┬────┬────┬────┬────┬────┬────┐
 拟定  拟定  确定  进行  广告  制定  广告效果
广告目标 广告策略 广告定位 广告创意 传播策略 广告预算 测评计划
```

图10-2 广告主题的确定

(4) 广告表现阶段

① 召开头脑风暴会议。头脑风暴会议是广告公司进行创意的基本工作方法,是在广告作业准备工作完成以后,广告策划小组召集全体成员参与的讨论会议。

② 创意表现作业。在这个工作环节将完成平面广告主形象、电视广告脚本和网络广告表现等内容,这些工作主要由创意设计部门的创意文案人员和美术设计人员共同完成。

③ 创意再提案。创意方案基本完成以后,在广告策划小组内部进行再讨论,征集各个方面的意见,再对创意方案进行完善。

④ 制定媒体表现方案。在广告主通过创意方案以后,将创意进行演绎,以适应各种媒体形式的广告作品,主要包括杂志广告、报纸广告、户外广告、影视广告、网络广告以及销售现场POP广告等。

⑤ 完成策划书。在广告表现基本完成以后,可以对广告策划书予以进一步的完善,将全部市场调查结果及既定策略加以规范,以完整的广告策划文本形式表达出来。它不仅是广告策划的结晶,同时也可以作为广告执行的指导书,便于客户对策划过程进行认知,并对策划结果进行检核和调整。

(5) 作业执行阶段

广告的执行作业是指广告公司在完成广告的创意表现后,根据创意表现效果,进行制作、发布的过程。

① 委托制作和估价作业。根据策划案的要求,列举出需要制作、发布的项目清单;委托广告公司代理制作;发布的项目进行估价;明确代理制作、发布的执行费用;签订单项委托合同。

② 客户确认合同。需委托制作、发布项目的全部费用确认;需委托制作、发布项目的代理费用金额(或占制作费用的百分比)确认;需委托制作、发布项目的交货期限及发布时限确认;双方的责、权、利明晰;合同签字确认。

③ 发包或委托。由于专业分工资源的限制,客户委托给广告公司的制作,并非广告公司能一手完成,所以需借助下游的专业公司来完成(如市场调查、CF片制作、印刷等),所以必须由广告公司进行再发包,与专业公司签订合同,最后完成广告作品的制作、发布。

④ 请款作业。客户委托广告公司代理制作、发布的项目或广告公司再委托制作、发布的项目,均由代理策划的广告公司向客户提交专项费用到位后,项目的制作、发布方正式启动,并保证按质、按时完成。

⑤ 财务结算。制定明确的回款计划,严格按合同推进执行,保证按时回款。

⑥结案。项目实施完成后,提交阶段性(年度)总结报告、评估作业成果、总结经验、延续服务。

10.4.3 广告策划书撰写技巧

(1)广告策划书的类别

①按策划的内容划分。按广告策划内容可以将策划书分为单项广告策划书及整体广告策划书,单项广告策划书又可分为广告调研策划书、广告目标策划书、广告战略策划书、广告创意表现策划书、广告媒体策划书、广告预算策划书、广告实施策略策划书、广告效果评估策划书等。

②按商品种类划分。按商品类别可划分为家电广告策划书、汽车广告策划书、房地产广告策划书、食品广告策划书、药品广告策划书、日化广告策划书等。

③按广告发布的地域划分。按广告发布的地域可划分为国际性广告策划书、全国性广告策划书、地区性广告策划书、地方性广告策划书等。

(2)广告策划书撰写的原则

①撰写上要充分体现专业性原则。作为一种专门的应用文体,广告策划书的撰写首先要体现专业性的原则,既不能把广告策划书写成营销策划书、广告文案文本,也不能把它变成广告效果图、开支预算表,应力求以专业性征服客户,体现出整个广告策划的价值和专业。

②思维上要体现逻辑性原则。广告策划书的撰写要能够体现创意者的思维逻辑,整体结构按照提出问题、分析问题、解决问题的思路来进行,给人以层层递进、清晰合理的认知。

③文字上要遵循简明形象化原则。广告策划书的文字应该遵循简明形象的原则,文字精练到位,不赘言、不浮华,并且符合人的视觉接受规律,让人容易关注、理解和记忆。

④具体实践上要遵循可操作性原则。可操作性原则是广告策划书撰写的重要原则,策划书必须符合国家法律政策方针,依据市场变化,考虑设备、人员、经费、环境等操作环节的限制,以及与外部环境、营销状况的配合,以保证后期广告活动能够顺利有序进行。

(3)广告策划书撰写的要求

①立意鲜明。撰写广告策划书要求站在客户的立场上,紧抓产品诉求的主题,制定出切实可行、卓有成效的广告策划操作方案。

②简洁明了。在内容表述清晰准确、有的放矢的基础上,还要求言简意赅、有理有据,避免冗长、杂乱。

③格式规范。广告策划书就是广告公司的门面和名片,体现着自身的业务素质和水平。撰写广告策划书应尽量依照规范的格式,美观大方、一目了然,同时还可以将各种元素优化组合,在把握产品、市场、受众各方面情况的基础上,通过创造性思维将策划转化为能够感知到的具体形象。比如,广告策划书中,结合引人注目的封面、设计精美的标志、图文并茂的内容对策划加以说明。

④新颖独创。撰写广告策划书还要有创意、能抓人,在广告创意方面下足功夫,提出新观念、新设想、新思路,力求新颖独创。

(4)广告策划书撰写的格式

①广告策划书格式结构提纲:

广告策划书格式结构提纲如表10—1所示。

表10—1 广告策划书格式结构提纲

格式要素	内容要点
封面	一般来讲，广告策划书的内容相对较多，需要独立成册，所以必须有一个印制精美、要素完备的封面，通常应包括以下信息：策划单位名称、客户名称、策划小组名单、策划完成时间等
目录	目录是为了方便阅读者了解策划书的内容，对策划书有一个整体的把握，是策划的提纲
前言	有些策划书将这一部分算作内容摘要。在这一部分，简要概括策划的缘由、意义、目标、主要内容、预期效果等，力求迅速给阅读者留下印象，引导其阅读正文
正文	正文是策划书的主体，也是广告策划具体内容的体现，包括市场分析、客户分析、产品分析、营销战略、效果评估等诸多方面的内容。这是策划书的重点，包含内容最为全面
附录	一些需要提供给客户的项目资料、基础材料及相关图表需要以附录的形式列出，如市场调查问卷、市场调查访谈提纲、市场调查报告等，也可以将封底附于其后，与封面、内容形成统一整体

②广告策划书正文结构提纲：

广告策划书正文结构提纲如表10—2所示。

表10—2 广告策划书正文结构提纲

格式要素		内容要点	具体要求
市场分析	市场环境分析	主要包括市场营销中宏观的制约因素分析、市场的发展及变化趋势、市场的文化背景等	由于市场环境瞬息万变，所以要对有可能影响到市场的各种因素做全面深入的了解和分析，及时掌握最新的动态
	企业分析	包括对企业概况、社会形象、品牌知名度、优势和不足、发展目标等的分析	对企业的优势和不足都要客观分析，才能对企业自身的资源和预期目标有一个准确的把握
	消费者分析	其中，对现有消费群体的构成及消费行为、潜在消费者的特征及消费能力都要做详细的分析	分析消费者才能够有效锁定消费群，并根据消费群体的特点分析其需求，制定满足消费者需求的广告方案
	产品分析	具体分析产品的个性特征、形象内涵、生命周期及产品定位	分析产品是为了找出产品的优势及在同类市场上的地位，并从中引申、挖掘出独特的诉求点和竞争力
	竞争对手分析	分析主要的竞争对手，竞争对手的基本情况、广告策略及行业竞争状况	在广告市场的竞争中要做到知己知彼，透彻分析竞争对手的产品情况及广告活动，能够总结出诸多问题
战略分析	营销战略分析	包括营销目标、营销重点、产品定位、包装策略、零售策略、阻碍分析等内容	要实事求是地分析企业营销的状况，从中发现问题，将现有优势充分利用，并弥补不足之处
	广告战略分析	包括对销售的预定目标、产品知名度预期目标、产品市场占有率的预期目标等的分析拟定	尽量用有说服力的数据体现分析的内容，依据这些分析来考虑如何实现这些目标，提高广告的效果
	媒体战略分析	包括媒体的选择与整合、发布时段及位置、广告量分配、发布频率、预算分配等内容	媒体战略的几个方面都要求科学、合理、选准时机、讲求效率

续表

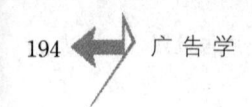

格式要素		内容要点	具体要求
广告计划	广告目标对象	在对广告对象的分析中,要注意广告对象的年龄、性别、职业、收入等因素	通过分析总结出消费群体的特征及消费特点,有利于广告计划有针对性地实施
	广告表现方案	应体现广告的主题、创意、规格、文案、设计等内容	要考虑产品的个性、消费者的需求、广告传播的方式、表现力等诸多因素
	广告发布计划	涉及媒体的选择、组织策略、广告规格、发布周期等方面	要将发布计划细致周密地制定出来,便于后期实施
	广告费用预算	包括调研费用、策划创意费用、设计制作费用、媒体费用、其他机动费用等	对费用的预算要遵循合理分配、节约实用的原则,增加客户对策划书的信任度
预测评估	广告效果预测	包括测定方法、手段的制定和效果预测的实施	效果预测要分阶段、分步骤、分重点、科学、有序地进行
	广告效果评估	广告效果评估侧重于广告后期对广告策划活动整个过程的监控与效果评估	这一工作要求客观公正,有时也可委托专门机构来完成

10.4.4 广告策划书的主要内容

(1)广告目标的确定

广告目标顾名思义即广告策划活动要达到的目的,也是企业营销活动和经营活动所要达到的最终目的。广告目标的确定要以提高企业及产品知名度与美誉度、促进消费者的购买行为为原则,大致包括长期目标、短期目标、分步目标等。

(2)广告环境分析

广告环境的分析要从外部环境、内部环境两方面着手。外部环境主要分析政策法规环境、经济环境、社会文化环境等,内部环境分析可以从企业内部条件、产品市场占有率、行业竞争环境等方面进行。通过对环境的分析,明确影响广告策划执行的各种制约条件和促进条件,以保证广告策划的准确性、合理性和实用性。

(3)广告受众分析

广告受众分析是确定目标消费者的过程,只有确定了现有的和潜在的消费群体,才能够有针对性地制定广告策略,打动消费者。广告受众分析的内容包括消费者特征分析、消费者需求分析、消费者消费水平分析、消费者态度分析等。

(4)广告区域设定

广告区域是指广告目标人群所处的区域。确定广告区域要重点突出,普遍兼顾。制定出分区域、分阶段广告战略方案。

(5)广告主题策划

广告主题是广告诉求的中心思想,主题要根据市场特点、产品特性、消费者需求等因素来制定,要将主题鲜明、清晰地表述出来,并能够统领整个策划过程。

(6)广告创意表现

广告创意表现是广告策划书的核心部分,是通过创意团队复杂的思维过程和集思广益的过程,生动地表现广告主题,要求以感召力和说服力为目标,能够最大限度地激发消费者的购买行为。

(7)广告媒体组合

在广告策划书当中,媒体选择是不可或缺的一部分。广告媒体组合是媒体选择的综合形式。媒体组合策略首先应根据广告目标来选择不同的投放媒体；其次要综合运用各种媒体的有利条件，整合出击，尽量要以经济性、实用性、高效性为原则，以最低成本获得最大效益。

(8) 广告活动促销

促销策划是广告策划案撰写中的一个重要方面，是对广告促销、人员促销、产品推广促销等方式进行选择和运用的广告活动方案。通常完整的策划书都会提出促销策略，这是客户完成营销战略目标的重要手段。

(9) 广告费用预算

广告费用预算应该按照项目分别进行，力求准确地计算出每一个项目的费用，并在保证效果的前提下节约使用。一份可信赖的广告费用预算才能保证整个广告策划的顺利实施。在经费预算中决定了广告投放的规模、媒体、时间等内容，也可以方便对整个策划实施过程的监管。

(10) 广告计划实施

广告计划实施说明的是为了达到广告目标而采取的具体实施步骤。在一份完整的广告策划书里，广告活动的每一个具体步骤都会明确地显示出来，以增加广告策划书的指导性。

(11) 广告效果评估

广告效果评估是为了检查和评价广告策划过程的实施，也是对广告活动结果的反馈，评估的内容主要包括目标是否准确、目的是否达到、有何经验不足等，是对整个策划活动的总结，可以为以后的策划活动提供有益的借鉴。

本章小结

本章首先介绍了与广告策划相关的一些基本概念。所谓策划，就是指对某一活动的运筹和规划，是计划的动态体现；广告策划是一个完整的策划体系，要对广告活动的内容进行全面策划，其包括广告目标、广告对象、广告主题、广告内容策略、广告表现策略、广告预算及效果检验等。只有事先对上述问题进行周密、具体的策划，才能保证广告活动有条不紊地顺利实施。

其次介绍了一个完整的广告策划周期由数个不同阶段组成，不同阶段策划工作的对象、内容、目标均有所不同。根据这些不同对广告策划运作过程加以把握，有助于抓住中心，突出重点，明确各个阶段不同方面的特殊性，保证策划工作有条不紊地进行。通常情况下，一个规范的广告策划过程可分为组织准备、市场调研、战略规划、策略思考、制定计划、实施与总结6个阶段。

最后介绍了广告策划书的撰写。广告策划书是在广告策划工作完成之际所撰写的书面材料，提交给广告主企业市场营销部，便于企业对广告公司的业务进程进行监督。同时，广告策划书还可以作为广告执行的指导手册，利于工作开展。主要内容是广告策划作业流程、广告策划书撰写技巧和广告策划书的格式和内容，主要训练策划书写作能力。

练习题

1. 什么是广告策划？广告策划有哪些特点？
2. 广告策划有什么作用？广告策划有哪些基本原则？
3. 广告策划包含哪些内容？广告策划的程序是什么？
4. 广告计划的意义是什么？广告计划有哪些内容？广告计划的写作要求有哪些？

5. 广告预算的意义是什么？广告预算的内容是什么？影响广告预算的因素有哪些？
6. 常用广告策划文案有哪些？主要内容分别是什么？

案例分析

百事可乐广告策划方案

一、市场背景

百事公司创始于1898年，至今已有百余年历史。百事公司在中国的历史可以追溯到我国实行改革开放政策之初。1981年，百事公司与中国政府签约在深圳兴建百事可乐罐装厂，成为中国的首批美国商业合作伙伴之一。到目前为止，百事在中国各合资、独资企业及其他项目的投资已达1亿多美元。为了满足低热量的健康饮品的市场需求，进一步完善百事可乐产品线，赢得更多的市场机会和货架空间，百事可乐公司于2000年在全国正式推出银色的罐装碳酸饮料轻怡百事可乐。

二、市场分析

众所周知，可乐的消费者以年轻人为主，我们的受众定位依然如此。百事可乐的目标受众初步定位在15～30岁的青年。这一年龄段青少年具有求新求异的个性，丰富的想象力和创造力，追求时尚和另类以及酷酷的感觉。他们喜欢前卫，具有反叛的性格特征；他们选择产品往往以具有新意、另类为参考，并不考虑其他因素。可乐以其独特的口味很能吸引这类人群的目光，可口可乐在这方面早已经谙熟青少年心理，他们一直在致力于青少年个性以及新意的塑造上。

但是从现代的潮流看，健康以及健康的生活方式已经成了人们的追求，尤其是25～35岁的白领阶层和女性群体，那么我们的广告定位为青春健康活力又多了一份筹码。

1. 外部环境

(1)人民生活水平进一步提高，市场容量稳步增长。
(2)新一代中国青少年受美国文化的熏陶，前景美好。
(3)除可口可乐和我们外，其他国外品牌未进入国内市场。
(4)中国国内企业只有少数几个具有竞争实力。
(5)中国加入WTO，各项法制日益健全，市场环境日趋良好。

2. 自身环境

(1)作为全球性的大品牌，具有良好的品牌效应。
(2)不分季节性，随时随地可以饮用，方便。能给人时尚感，年轻人购买时有一定的心理满足感。
(3)包装外型清爽，设计醒目高雅，较其他品牌的包装高级。
(4)良好的生产机制，优秀的企业管理经验，以及雄厚的资金。
(5)百事属于特殊口味饮料，容易形成稳定的消费群。

三、消费者分析

从消费者购买心理的角度来看，消费者购买饮料的心理主要有：买名气、买功能、买情节、买味道。

(1)买名气。在同一档次的产品中，哪个品牌响就购买哪个品牌的产品，在公共场所群体消费更是如此，消费者购买的主要是心理满足感与自豪感。我们的调查显示，有21%的人认为品牌是主导他们购买产品的最主要因素之一。

(2) 买功能。饮料的功能多种多样,可乐与茶一样能清肠胃,果汁含有丰富的维生素C,蒸馏水给人吸收大量的水分,帮助人体的内部循环。

(3) 买情节。饮料是集会的主要消费品,消费时讲究情调与气氛。

(4) 买味道。根据调查显示,41%的人认为口感好重要,所以味道是饮品商生产首先顾及的重点。

四、竞争对手分析

1. 以可口可乐为代表的国际品牌

可口可乐的健怡可乐,在中国市场有绝对的优势,可口可乐比百事可乐早12年进入中国,在中国受众心目中有着不可磨灭的印象。它是百事可乐的头号对手,所以可口可乐推出的健怡可乐,和百事可乐的轻怡可乐在低热量市场上所占份额相当。

2. 非常可乐为代表的国内品牌

其营销特征是:有较好的品牌效应,较多的人员促销;形成了以某个地区为主而向外映射的优势,并建立了大范围的营销渠道,生产管理较先进,可成为区域性强势品牌,并有实力向全国进军。

3. 市场前景预测

可乐在我国有着一个相对成熟的市场,消费心理消费模式也基本形成,但高层容量仍有潜力可挖。轻怡可乐是以"无糖、不影响身体体形",并且走品牌路线进入市场的,而现在市场上无糖可乐只有百事可乐的轻怡可乐与可口可乐的健怡可乐,且两个品牌的市场销售份额也不高,所以市场还有很大的潜力。近几个季度以来,越来越多的消费者选择不含卡路里的轻怡可乐作为提神饮料,从而带动了轻怡可乐的销量。

五、产品分析

百事可乐洞悉青年消费者在可乐市场上占的重要地位,于是采用"明星"策略赢取了青年消费者对百事品牌的高忠诚度;为了进一步开发青年消费者市场,百事推出"轻怡百事可乐",以"无糖,不影响体形"的特点进入市场。

1. 百事可乐的优势

(1) 品牌悠久。百事可乐的历史悠久,1898年身为药剂师的凯莱布·布拉德哈姆(Caleb Bradham)创造了百事可乐饮料以后,运用了诸多行销手法,让百事公司扬名国际,1898年至今也已100多年的历史,创造了不朽的成就。

(2) 良好的品质。百事公司于1991年获得GMP认证,1997年获得ISO 9002认证,1999年获得ISO 14001认证。不仅如此,百事可乐更有一套良好的危机处理办法,让消费者信赖百事可乐的品质。

(3) 模仿困难度高。百事可乐有着他们不公开的可乐"秘方",特殊风味与口感是在当今市场尚未看见的。虽然饮料业容易制造,但百事可乐的高市场占有率及其饮料传奇,是其他公司所难以模仿的。

(4) 具有创新的精神。百事可乐在行销饮料之余,也经营了许多周边商品。这些产品为百事可乐带来极大的商机,也为百事可乐的知名度扎下了良好的基础。百事可乐不断在外包装上做创新。

(5) 强大的行销策略。百事可乐纵横于世界650种语言地区,所横跨的市场遍及全球,市场版图跨越五大洲,近200个国家和地区。百事可乐具有许多的行销通路,我们可在各大速食店、便利商店等看到百事可乐的踪影,广告也为百事可乐带来了极大的知名度和商机。百事可乐不仅与许多公司合作,也曾赞助奥运会等重要体育赛事活动。

2. 百事可乐的劣势

(1) 原料的运送成本高。百事可乐为确保其原料的秘密性,在总公司将饮料浓缩之后运送至世界各地,所以运送成本相对提高。

(2) 百事可乐营养价值不高。百事可乐是高糖的碳酸饮料,对人体几乎没有好处。

3. 产品机会

(1) 参加世界与公益活动。奥运会是全世界的活动,百事可乐赞助奥运,使自己的品牌得以名扬国际,成功的广告再次为百事可乐加分。除此之外,有更多的周边商品。世界杯足球赛,百事可乐更是时时热门的电视广告。

(2) 市场占有率高。百事可乐的市场占有率有50%,他们不断挺进世界各国。中国地广人多,当然新兴的中国市场也是不容小觑的。不仅如此,百事可乐更进军美国电影市场。

4. 产品威胁

(1) 健康意识的抬头。在这个健康意识抬头的时代,百事可乐几乎可以说是垃圾食品。

(2) 同业与替代品的威胁。可口可乐是以"打败百事可乐"为该公司的愿景,百事可乐虽有广大的市场占有率,但可口可乐在碳酸饮料当中是百事可乐最大的竞争对手,百事可乐必须向前推进,以免被其他同业所取代。除了百事可乐的碳酸饮料以外,市场上许多茶品与咖啡等的需求也相对瓜分了饮料在世界上的市场。有鉴于此,虽然百事可乐公司也推出了一系列非碳酸饮料,但许多替代饮料对饮料市场这块大饼虎视眈眈。

(3) 全球经济不景气。全球景气不佳当然影响了饮料的销售业绩。如何在如此恶劣的环境下继续生存并成长,百事可乐公司必须有着良好的应对方式。

(4) 增加回收成本。政府颁布法令,一般物品及容器回收清除处理费,再加上铝罐、保特瓶、PVC塑胶瓶,且费率上升,加重了营运成本。

六、定位策略

1. 市场定位

产品定位为中高档产品。以低热量、好味道为产品的特性。

2. 广告定位

广告以情感诉求为主,主要表现百事轻怡可乐是健康的、运动的、自信的、有魅力的、好交际的、有活力。

3. 广告对象定位

(1) 追求时尚、新潮前卫的青少年。

(2) 在紧张工作中渴望休闲、有品位的白领一族(主要受众是20~30岁,核心23~25岁,目标是白领女性消费者,但兼顾男性消费者的需求)。

(3) 品牌定位。只有百事轻怡可乐是唯一可以让你享受到美妙的百事滋味的低热量的碳酸饮料,让活跃的你更有自信,更有魅力。

七、广告分析

1. 广告目标

(1) 力求成为中高档的饮料产品,提高百事轻怡可乐在人们心目中的知名度。

(2) 提高百事可乐中、低频率饮用者的饮用频率,百事、可口品牌转换者,非碳酸饮料饮用者。

2. 广告主题

(1)以轻轻松松怡乐无穷为广告的主标题。

(2)在切实的媒体中另用结合主标题不同特色的口号。

(3)报纸广告主题：我的一轻，你的一怡\我的一亲，你的一怡。

(4)海报广告主题：我要亲轻怡。

(5)网络广告主题：你的一轻，我的一怡。

八、价格策略

保持现有价格长期不变的大前提下，根据目标市场的具体情况，允许有其他形式的价格促销；采取全国统一价的方法，允许存在小范围内的地区差价。这是因为：

(1)百事定位中高档，现有的主要消费者有能力承受当前的产品价格。

(2)市场竞争还未到白热化阶段，市场还有很大的发展潜力。通过打压对手，为百事带来更大的空间，显然没有必要。

(3)盲目地降低价格，会引发新的价格战，造成市场混乱，产品单位盈利能力下降，形成恶性循环。

(4)降低价格的最终目标是抢占市场占有率，但同时会冒着失去原有目标市场的风险，而新开发的市场却不能达到原有市场的盈利能力。

九、活动推广策略

在知名度迅速建立的同时，要求提升美誉度，达到知名度与美誉度的一致，避免知名度与美誉度两者之间脱钩。年度轻怡可乐的主口号是："轻轻松松，怡乐无穷"。"渴望无限"是百事可乐口号，也正是今日新一代理想的写照。"渴望无限"是人生态度，是百事与全球新一代的共同目标；而轻怡可乐的轻轻松松也有对生活态度、对自身体型的另一种认识。

通过阅读上述案例材料，请思考以下问题：

1. 百事可乐广告策划起什么作用，包含哪些内容？

2. 请概述百事可乐广告策划带给我们的启示。

第11章 广告管理

本章主要教学内容
1. 导入案例：如此广告，就是违法
2. 广告管理的定义及特点
3. 广告管理的内容和方法
4. 广告代理制度

本章教学目的

通过学习，掌握广告代理制度的概念，广告代理制度的含义、演变和类型；了解广告组织，对广告组织的结构、职能和运作等进行分析；掌握广告管理的内容和方法，具体有广告经营者、广告发布者、广告信息、广告收费和户外广告等管理，以及社会监督、行业自律和道德教育等方法。

11.1 导入案例：如此广告，就是违法

一、电视直销别轻信

家住广州的李先生从电视直销节目中看到无痕除疤液的产品广告，称45天之内一定见效。李先生肚脐旁有一个比较大的疤痕，于是打通了直销订购电话，订购了一瓶无痕除疤液。拿到产品后，李先生按照说明书上的要求每天坚持涂用，但使用已过45天，李先生发现除疤液并没有出现广告中所说的除疤效果，身上的伤痕与原来相比并没有什么变化。

电视直销是电视台的经营活动，电视直销产品通过电视传播进行宣传属于广告，电视直销广告应当遵守有关广告的法律、法规的规定。审视目前电视直销存在的问题，主要是：电视台对直销广告的审查把关不严，对消费者缺乏责任心；执法部门对违法违规直销广告的查处力度不够，甚至有些地方根本没有介入；电视台内部经营管理没有理顺，没有真正把电视直销广告交给广告部门管理。

二、坑农广告害煞人

两个受劣质肥料坑害的农民跑到湖南省长沙市告状,控告某公司打出虚假广告,发送大量带欺骗性的宣传品,宣传某种微生物肥料能使农民增产增收。这两个农民施用这种肥料之后,造成禾苗枯黄,收成减少。附近的农户将这种肥料施放在辣椒田上,结果辣椒落花掉果。

用了假种子,造成颗粒无收;用了假化肥,使禾苗枯死。这些事情使那些本小利微的农民雪上加霜,每听到这类消息无不义愤填膺。在治理坑农害农的虚假广告方面,我们应该有更多的作为。

其一,加大查处力度,做到违法必究,执法必严,使违法者受到震慑,不敢再轻举妄动。

其二,应当抓好种子、农药等农资市场的规范,严格经营者的资质条件。

其三,与科研部门合作,建立健全为农民服务的农药、化肥、种子的检测检验机构。

其四,教育鼓励农民增强维权意识,对农资认牌选购,实行样品检验,受害时运用法律武器维护自身的合法权益。

三、隆胸不成变无胸

陈小姐花1万元在北京市某美容院做隆胸术,向乳房内注入韩国产"人造蛋白脂肪"后发生感染。经诊断,必须做手术将注入的"不明物质"取出。陈小姐投诉后,有关部门查出,该美容院只有卫生防疫部门批准的"皮肤护理许可证",没有"医疗机构执业许可证",属于超范围从事医学美容,同时他们还使用了无中文说明的、未经我国检验检疫部门批准使用的"药物"。

美容不成反毁容,隆胸不成变无胸,割眼拉皮换失明,此类事例层出不穷,造成一个个的身心损害。可仍然还有不少人以身试之,引得更多的人操刀赚钱,这种循环实在骇人。叫人不去美容是不可能的,但应该让人们增长科学知识,建立科学态度,提高鉴别能力;美容业的发展也是挡不住的,但必须规范其经营资格,即所有从事医疗美容的经营者都必须持有医疗执业许可证,并且挂牌经营,明码标价,承诺法律责任,严厉制裁和取缔无证经营者;美容广告也是可以做的,但要真实、合法。对于以广告进行欺骗的从业者要实行重罚,按照广告法律法规的规定,追究其民事责任,直至刑事责任。

四、中奖短信有骗局

一位朋友的手机接连几次收到中奖短信息。当他以中奖者的身份按照联系电话打到昆明时,对方先是煞有其事地核对中奖号码,然后告诉他"您中的奖项是一部戴尔手提式电脑和两部摩托罗拉V60手机",同时告诉这位朋友"请在某月某日上午9时前到昆明南平路国际大厦8楼领取,如果不来,我们就要将奖品送给希望工程。"当这位朋友提出路途遥远不能前往领取时,对方又非常热情地说,可以将520元邮寄费打入公司的账号,接到汇款后,他们会将奖品寄出。而实际上,昆明市只有一个南平街,根本就没有南平路,即使在南平街也不存在什么国际大厦。

中奖短信息与邮购广告一样,大部分是不法分子玩的空手套白狼的把戏。姜太公钓鱼,愿者上钩。你愿意,就寄来邮寄费或购物费。钱邮去了,十有八九不见物回。对于这些小骗子,还没有多少好办法,他们打一枪,换一个地方,像跳蚤一样,抓它不着。可是,河南有一个县,工商、公安、邮局对这类购物款项实行凭企业登记证明和个人身份证两证领取,结果骗子领不出钱来,便离开了。另一个县,实行邮购市场管理制度,凡经营邮购业务的都要在工商局注册登记,在邮局获得一个窗口,邮局、工商局联合管理这个窗口。邮局规定,经营者必须持寄回广告中允许的物品的包裹单领取汇款。这一招也真灵验,卡住了汇款,保护了消费者的利益。

五、假冒军医骗老人

一对家住外地的老夫妇,在《文摘旬刊》上看到一则"中医治愈鱼鳞病等皮肤病有特效"的广告。广告中称位于北京丰台区75号院的总后勤部医院皮肤病中心,是全军的专业科研医疗机构,它汇集了全军治疗皮肤病的优秀人才,研制成功了治愈鱼鳞病和牛皮癣、白癜风等皮肤病的特效药。为服务地方,特向社会推广。出于对首都和解放军的信任,这对老夫妇毫不犹豫地来到北京求医。可是到了地点一打听,才知道丰台75号根本就不存在总后皮肤病中心这个单位。老夫妇无奈之下,只好向工商部门投诉。

近年来,违法医疗广告一直居高不下,成为广告管理的老大难。问题的根源在于:对医疗机构的管理不到位,医疗市场混乱。一些医疗机构不具备资质条件,利用广告骗人;一些合法的医疗机构将科室承包给不具备医疗资质的人员,承包出去的科室冒用合法医疗机构的名义做广告;一些医疗机构,为了盈利,打出"特色门诊"的旗号,以解决人们的难言之隐为幌子,大做性病广告。

在市场经济条件下,医疗机构想进入市场,想发家致富,也无可非议,但必须规范。医疗机构不同于一般的市场主体,它还肩负着公益和道义的责任,如果以一个"钱"字当头,必将使更多的患者成为受害者。当务之急,应当尽快规范医疗机构的资质,规范医疗机构的行为。医疗广告应以卫生主管部门公布的医疗机构的名称,审定的诊疗科目、诊疗方法、诊疗时间等规范内容为准,不得超出规定的内容。

请思考:

1. 以上广告的违法之处在哪里?指出判断其违法的法律依据。
2. 作为企业和广告管理机构,在广告的规范和管理中各自要起什么作用?承担什么责任?
3. 以上违法广告我们从中可以得到哪些启示?

11.2 广告管理的含义及特点

11.2.1 广告管理的含义

广告管理分宏观管理和微观管理。宏观管理,主要是指国家、社会对广告活动进行指导、控制和监督。微观管理,则是指广告业的经营管理。人们在讨论广告管理的含义时,一般指广告的宏观管理。

与广告的产生相比,广告管理的出现要晚很多。在18世纪末19世纪初,英、美等国家爆发了工业革命,带动了经济的快速发展。繁荣的社会经济与工商业的发展为广告业的出现以及发展创造了条件。然而,由于没有必要的管理制度,广告业的竞争出现了混乱和无序,对社会经济生活的健康发展产生诸多不利影响。为此,这些国家于20世纪以后着手广告的立法和监督工作,这可谓是近代广告管理的开端。

广告的宏观管理又分为广义和狭义两个方面。

从狭义上说,广告宏观管理是国家行政管理机关依据有关法律规范,对广告传播和广告经营活动进行的管理。工商行政管理具有强制性、直接性、及时性特点。

从广义上说,广告的宏观管理,是指对从事广告活动的机构和人员行为产生监督、检查、控制和约束作用的法律规范、社会组织或个人、社会舆论和道德等管理。

11.2.2 广告管理的特点

(1)行政性

国家对广告的管理主要是通过各级工商行政管理部门来履行的。工商行政管理的职能是经济行政管理,是国家为了保证社会经济健康发展而进行的一种管理活动。广告管理是工商行政管理职能的重要组成部分,主要是通过制定和实施广告法规、制度等手段来管理、指导和监督广告活动,使广告活动在国家法律和政策许可的范围内活动。

(2)强制性

广告管理作为国家经济管理和信息传播管理的一部分,是严格依法进行的,具有强制性的特点。第一,广告法律法规是国家法律制度的一个组成部分,与所有法律规范一样,是由国家强制力保障执行的,对所有广告活动及其当事人都具有普遍约束力;第二,广告管理属于工商行政管理,这种管理在行政执法上具有较大的强制性,通过强制手段来维护广告活动的正常秩序和健康发展。

(3)广泛性

广告活动涉及面广、范围大,它与社会各个方面都有联系。一是广告影响具有广泛性,广告对社会的道德舆论、意识形态、价值观念、生活习惯等都产生重要影响;二是广告主具有广泛性,既有生产领域,又有流通服务领域,既有公民个人,又有法人和其他组织;三是广告内容具有广泛性,比如有经济广告、社会广告、文化广告等各类广告;四是广告媒体具有广泛性,广告不断采用新媒体、新技术。

(4)目的性

在我国,国家通过行政立法,对广告行业和广告活动进行管理,其目的就在于使广告行业适应国家宏观经济形势发展的需要,促进广告业健康、有序地发展,保护合法经营,取缔非法经营,查处违法广告,杜绝虚假广告,保护消费者的合法权益,有效地减少广告业的负面影响。

(5)规范性

广告管理作为国家管理经济的行为,是严格依法进行的。世界上诸多国家都设置专门的广告管理机构并制定了一系列有关广告管理的法律法规来规范和约束广告行业的发展,使广告行业做到有章可循、有法可依和违法必究。因此广告管理具有规范性的特点。

11.2.3 广告管理的系统构成

(1)广告行政管理

广告行政管理是指国家广告管理机关依照广告管理的法律法规和有关政策规定,或通过一定的行政干预手段,对广告行业和广告活动进行的监督、检查、控制和指导。最高行政机关是国家工商行政管理局。

广告行政管理具有以下职能:

①负责制定和解释广告管理的法律和法规。

②对广告经营单位的审批,包括对广告经营资格的审批,即核准广告经营权,区别合法与

非法经营;对广告经营范围的审批,核定广告经营范围,区别守法与超范围经营。

③对广告主和广告经营者的监督与指导。

④对违法案件的查处和复议。

⑤协调与服务。协调指广告管理机关内部横向的、纵向的协调,具体指:工商行政管理机关内部,广告管理部门与企业登记、经济合同管理等部门的协调;广告管理机关与政府有关职能部门的协调。

(2)广告审查制度

广告审查指广告审查机关在广告交付媒介发布前,对广告主的主体资格、广告内容及其表现形式和有关证明文件或材料进行的审查。它是普遍采用的管理制度。以广告经营者为主体的广告审查制度存在以下缺点:把关不严,广告蒙混过关;职责不清。1993年广告管理体制改革的重点是推选广告事前审查制度,其核心是建立健全比较权威的广告审查机构。

广告审查的内容包括:对广告主主体资格的审查,对广告内容真实性的审查,对广告表现形式真实性与合法性的审查。

广告审查的依据是:广告主提供的相关证明文件,我国现行的广告管理法律法规,国家工商行政管理局颁发的《广告审查标准(试行)》。

广告审查的程序是:提出广告审查申请,填写《广告审查申请表》;初审;终审。

(3)广告行业自律制度

又叫广告行业的自我管理,是由广告主、广告经营者和广告发布者自发成立的民间性行业组织。它是一种职业道德规范。

广告行业自律具有自发性、自愿性、道德约束性或舆论规范性、灵活性。世界上最早的国际性广告行业自律是20世纪60年代由国际广告协会发表的《广告自律白皮书》。中国广告协会于1990年制定了《广告行业自律规则》,对广告应当遵循的基本原则和广告主、广告经营者、广告媒介所应体现的道德水准作了具体规定。

(4)广告社会监督机制

又称广告消费者监督或广告舆论监督。我国主要指中国消费者协会和各地设立的消费者协会(可称委员会或联合会)。1983年北京成立的全国用户委员会是最早的。

广告社会监督的特点如下:

①监督主体的广泛性。

②广告社会监督组织的"官意民办"性。

③广告社会监督行为的自发性。这种自发性来自于广告受众对自己接受真实广告信息的权利增强了认识,以及广告受众保护自身合法权益的意识提高。

④广告社会监督的无形权威性。

广告社会监督机制的运作有三个层次:

①广告受众对广告的全方位监督。

②广告社会监督组织的中枢保障作用。

③新闻传媒。

1995年1月1日在全国施行的《广告法》标志着我国广告制度的正式建立。

11.3 广告管理的内容和方法

11.3.1 广告管理的内容

广告管理的内容主要有：对广告主的管理、对广告经营者的管理、对广告发布者的管理、对广告信息的管理，以及对广告收费的管理、对户外广告的管理等。

(1) 对广告主的管理

对广告主的管理是指广告管理机关依照广告管理的法律法规和有关政策，对广告主参与广告活动的全过程进行监督管理的行为。其主要表现在两个方面：一是保护广告主依法从事广告活动的权利；二是保证广告主的广告活动必须遵守国家广告的管理法律法规和有关政策规定，对违法广告行为，广告主应依法承担相应的法律责任，并接受广告管理机关的制裁。

根据我国《广告法》《广告管理条例》《广告管理条例施行细则》及其他广告管理法律规范的有关规定，广告管理机关对广告主管理的内容主要包括：要求广告主提供主体资格证明；广告主的广告活动应在其经营范围或国家许可的范围内进行，不得超出经营范围或者国家许可的范围从事广告宣传；广告主委托他人设计、制作、代理、发布广告，应委托具有合法经营资格的广告经营者、广告发布者进行；广告主必须提供保证广告内容真实性、合法性的真实、合法、有效的证明文件或者材料。

广告主应依法申请广告审查；广告主在广告中使用他人名义、形象的，应当事先取得他人的书面同意。使用无民事行为能力的人、限制民事行为人的名义、形象的，应当事先取得其监护人的书面同意；广告主发布烟、酒广告，必须经过广告管理机关批准；广告主设置户外广告应符合当地城市的整体规划，并在工商行政管理机关的监督下实施；广告主应合理编制广告预算，不得把广告费用挪作他用。

(2) 对广告经营者的管理

广告经营者是连接广告主和广告发布者的中间桥梁，它是广告活动的主体，因而其广告行为是否规范，对广告活动的影响至关重要。对广告经营者的管理主要包括：对广告经营者的审批登记管理，广告业务员证制度、广告合同制度、广告业务档案制度和广告经营单位的年检注册制度。

①广告经营者审批登记管理。对广告经营者的审批登记管理，是广告管理机关依照广告管理法律法规对广告经营者实施管理的开始，属于政府的行政管理行为。广告经营者只有在获准登记、注册，取得广告经营资格后，才能从事广告经营活动；否则，即为非法经营。严格地说，广告经营者要取得合法的广告经营资格，必须符合《民法通则》的有关规定和企业登记的基本要求，必须具备广告法律法规中规定的资质条件，必须按照一定法律程序依法审批登记。广告经营者的审批登记程序主要包括受理申请、审查条件、核准资格和发放证照四个阶段。

②广告业务员证制度。广告业务员是专职从事承揽、代理广告业务的工作人员（以下称广告工作人员），而《广告业务员证》则是广告业务人员外出开展广告业务活动的有效凭证。为了加强对广告宣传和广告经营活动的管理，保障其健康发展，国家工商行政管理局在1990年10月19日颁发了《关于实行〈广告业务员证〉制度的规定》(工商〔1990〕226号)，决定在全国广告行业中统一实行"广告业务员证"制度。该《规定》自1991年1月1日起执行。广告业务人员

申请办理广告业务员证,必须接受专业培训与考核,然后向所在地的工商行政管理机关提出书面申请,并提交本单位证明文件和有关材料,经省、自治区、直辖市或其授权的省辖市工商行政管理机关审核批准后,发放《广告业务员证》。

③广告合同制度。所谓广告合同制度,是指参与广告活动的各方,包括广告主、广告经营者和广告发布者,在广告活动前为了明确相互的权利和义务,必须依法签订协议的一种制度,以保护参与广告活动的各方的正当权益不受侵害。广告合同一经依法订立,就具有法律效力,合同各方都应认真履行。订立经济合同,必须遵守法律、行政法规,必须遵循平等互利、协商一致的原则。

广告合同纠纷是参与订立广告合同的各方当事人在依法订立广告合同后,对合同履行情况和违约责任承担等所产生的争议,包括广告合同履行情况争议和违约责任承担问题争议两方面的内容。解决经济合同纠纷的主要途径有协商、调解、仲裁和诉讼四种。

④广告业务档案制度。所谓广告业务档案制度,是指广告经营者(包括广告发布者)对广告者所提供的关于主体资格和广告内容的各种证明文件、材料以及在承办广告业务活动中涉及到的承接登记、广告审查、广告设计制作、广告发布等情况的原始记录材料,进行整理、保存,并建立业务档案,以备随时查验的制度。其作用主要有两个:一是业务参考作用,二是法律凭证作用。

⑤广告经营单位的年检注册制度。所谓广告经营单位的年检注册制度,是广告管理机关依照国家广告管理的法律法规和政策规定,面对广告经营单位一年来的经营状况进行检查验收的一种管理制度。它是各级工商行政管理机关对广告经营单位实施规范化管理的重要内容之一。任何广告经营单位都必须经过年检注册,取得《广告经营单位年检注册证》后,才有资格继续经营广告业务,否则即为非法经营。

(3)对广告发布者的管理

又叫广告媒介物管理或者广告媒介管理,是指广告管理机关依法对发布广告的报纸、期刊、电台、电视台、出版社等单位和户外广告物的规划、设置、维护等实施的管理。

①对广告发布者经营资格的管理。要求广告发布者在发布广告前,必须到当地县级以上工商行政管理局办理兼营广告业务的登记手续,并由其审查是否具备直接发布广告的条件。

对符合条件的广告发布者,广告管理机关依法予以登记,并发给广告经营者资格证明。广告发布者只有办理了兼营广告业务的登记手续,并取得广告经营资格证明后,才能经营广告发布业务,否则即为非法经营。

②对广告发布者提供的媒介覆盖率的管理。媒介覆盖率是媒介覆盖范围和覆盖人数的总称,它随媒介的不同而有不同的名称。其中,有广播电台的覆盖范围与收听率,电视台的覆盖范围与收视率,报纸、期刊等印刷媒介的发布范围与发行量,以及户外场所的位置和人流量等。

真实的媒介覆盖率是广告主、广告经营者实施广告战略和广告发布者确定收费标准的重要依据。因此,广告管理机关应该加强对广告发布者提供的媒介覆盖率的真实性进行管理,这对维护广告发布者的声誉,树立媒介自身形象,拓宽广告发布业务来源和保护广告主、广告经营者的合法权益,有着极其重要的作用。

③对广告发布者利用媒介时间、版面和篇幅的管理。广告发布者虽然拥有对媒介的使用权,但是并不能无限制地扩展广告刊播的时间、版面和篇幅。国家行政管理机关往往利用其行政职能,对媒介刊播广告的时间、版面和篇幅做出限制性的规定和控制,以确保媒介履行更为重要的社会职能,实现健康有序的发展。

(4)对广告信息的管理

广告信息包括广告信息内容及其表现,它以广告作品的形式,经媒介的发布,完成传播。对广告信息的管理是世界各国广告管理中殊为重要的内容。

①广告内容的管理。广告内容的管理,集中到一点,即对广告内容的真实性、合法性进行管理,以确保广告内容的真实、合法与健康。我国《广告管理条例》第3条规定:"广告内容必须真实、健康、清晰、明白,不得以任何形式欺骗消费者。"《广告法》第7条规定:"广告内容应当有利于人民的身心健康,促进商品服务质量的提高,保护消费者的合法权益,遵守社会公德和职业道德,维护国家尊严和利益。"

《广告法》第7条对广告中不得出现的内容,第14条、第17条对药品、医疗器械和农药广告中不得出现的内容都做了明确规定。此外,《药品广告管理方法》《医疗器械广告管理方法》《化妆品广告管理方法》《食品广告管理方法》《酒类广告管理方法》《关于加强体育广告管理的暂行规定》《关于加强融资广告管理的通知》《关于加强对各种奖券广告管理的通知》等单项行政法规,还对相应的广告内容的管理做出了明确规定。

②广告表现的管理。广告作为一种"劝说"的艺术,必须借助一定的表现方法和形式,才能将商品或服务的信息传达给广告受众,并尽可能使其留下深刻的印象,以促进购买行为的实现。广告的表现方法和形式就是广告表现。由于广告表现是针对社会公众所开展的宣传活动,又是为了追求盈利目标所采取的宣传手段,所以它必须受到广告管理的法律法规和道德的约束,必须符合一定的社会规范。

广告表现管理的内容主要包括:对广告表现真实性的管理、对广告表现合法性的管理、对广告表现道德性的管理、对广告表现公益性的管理、对广告表现独创性的管理、对广告表现可识别性的管理,等等。

(5)对广告收费的管理

广告收费是指广告经营者、广告发布者在承接和完成广告主委托的广告业务后,所收取的广告设计费、制作费、代理费和发布费。

广告收费管理是指广告管理机关会同物价、城建、公安等职能部门,依照广告管理法律法规的有关规定,对广告经营者、广告发布者在设计、制作、代理、发布等广告业务活动中的收费行为的合法性进行的管理。目前,我国对广告收费的管理主要遵循国家定价管理和备案价格管理相结合的原则。

知识链接 11—1

我国对广告经营者收取的广告设计、制作费的管理,主要实行备案价格管理,即广告经营者可以根据广告设计、制作成本和自身信誉、服务质量、制作水平等因素,制定自己的收费标准,然后报当地工商行政管理机关和物价部门备案。

对广告代理费主要实行国家定价管理,其标准是法定的、全国统一的,即广告经营者承办国内广告业务的代理费,为广告费的10%;承办外商来华广告的广告代理费,为广告费的15%。

对广告发布者收费的管理,基本上实行备案价格管理,即以广播电台、电视台、报社、杂志社四大媒介为主的广告发布者,根据自身的收听率、收视率和发行量,以及在全国或地方的覆盖率和影响,来制定自己的收费标准,然后报当地工商行政管理机关和物价管理部门备案。

户外广告场地费、建筑物占用费的收费标准,必须由当地工商行政管理机关会同物价、城建部门,根据当地经济发展的程度,户外广告的设置区域、场地、建筑物的位置好坏、人流量大小、是否在商业中心和闹市区等因素,共同协商制定,并报当地人民政府批准。它一经制定并获得当地人民政府批准,就必须严格依照执行,任何单位或个人不得随意更改。

(6)对户外广告的管理

一般来说,户外广告的设置不得妨碍交通,不得有损市容和风景地区的优美环境,不能破坏古物建筑等。户外广告要与社会人文环境、自然环境相适应。

与其他户外形式的管理相比,户外广告的管理较为复杂,它涉及工商行政管理、城建、环保、公安等部门,其规划管理也主要由这些部门负责。在当地县级以上人民政府的组织下,上述部门共同就城市或者地区户外广告设置的区域、地点、规格、质量和安全等问题做出统一规划,报当地人民政府批准后,由工商行政管理机关负责监督实施。

对户外广告必须实行核准登记管理,即县级以上广告管理机关会同城建、环保、公安等有关部门,依照当地人民政府批准的户外广告设置规划和管理办法,对申请经营户外广告的单位或个人的经营资格、条件和设置户外广告的区域、地点等进行审查核准。对具备经营资格、条件的单位或个人,在核准户外广告设置区域、地点符合当地户外广告规划和管理办法后,准予登记。未取得核准登记的单位或个人,不得经营户外广告,否则即为非法经营,将被依法取缔。

11.3.2 广告管理的方法

所谓广告管理方法,是指为了达到管理目的,在广告管理过程中,由管理系统(管理主体)对被管理系统(管理客体)进行有目的作用的活动方式总和。它是广告管理人员执行管理职能的手段,是管理主体对客体施加影响和作用的方式,是广告管理机构、管理人员协调管理对象共同活动的各种措施、手段、办法、途径的总和。广告活动的管理方法,主要有以法律、行政、经济、消费者监督为主的社会监督、行业自律和道德教育等。

(1)行政管理方法

所谓行政管理方法,狭义而言,就是依靠广告行政管理机关的职权,通过直接对管理对象下达命令、指示、决议、规定等具有强制性质的行政手段和指令性文件来管理广告活动的方法。它是广告管理机关最常用的管理方法。在我国,广告行政管理机关是国家工商行政管理机关和地方各级工商行政管理机关。广义而言,广告业内各广告经营系统、部门、单位以及广告客户也都有自身的行政组织,它们虽不行使国家授权的广告管理权力,但也行使自上而下不同层次的行政领导权威。

(2)法律管理方法

所谓法律管理方法,系指人们常说的"法治",是指以国家制定或认可的法律、法令、条例等来处理、调解、制裁广告活动中有关方面经济纠纷、经济关系和违法犯法行为的一种强制性方法。

广告管理的法律方法是广告管理法制化原则的具体运用和体现。在广告管理实践中,作为调整和处理广告活动的法律规范,具有极大的权威性、规范性、稳定性和强制性,因此法律管理理方法具有其他管理方法所不能替代的特殊作用。它包括调整和处理国家与广告经营者、广告客户之间,广告经营者之间,广告客户之间以及广告客户与广告经营者之间,广告经营者、广告客户与消费者、用户之间,国内与国外经济组织、企业、法人之间的广告活动的经济关系和法律关系。运用法律方法管理广告,要求法律界定的范围内的一切成员、单位都必须遵守,并由国家强制力来保证实施。因此,这种管理方法是保护合法经营、保护用户和消费者合法权益、维护国家和社会公共利益、维护广告经营和广告宣传正常秩序、推动广告事业健康发展的有力保证;是同危害公共利益做斗争,打击违法经营、取缔违法广告活动、查处虚假广告的有力手段;也是实现广告经济效益与社会效益统一,促进内外经济与广告正常交流的有力工具。总之,对于现代广告管理来说,法律方法是一种科学有效的管理方法,也是世界各国特别是广告业发达的国家和地区普遍采取的一种广告管理方法。

社会主义市场经济是法制经济,广告管理也要走上法制化轨道,用法律方法管理广告。其要求:

①国家要建立健全广告立法,要把现代广告管理中比较成熟、稳定,带有规律性的原则、制度和办法,用法律、法令、条例等形式固定下来,形成完整的规范广告行为的法律体系,使广告的经营与管理有法可依。

②国家要建立健全专门的经济司法机关,强化广告管理机关的法律职能。

③大力普及法律知识教育,提高整个广告行业的法律意识和法律水平。

(3)广告行业自律方法

所谓广告行业自律,是指广告行业组织机构、广告经营者和广告客户,根据国家法律法规、社会道德和职业道德的要求,针对本行业的实际情况,自行制定约束本行业或企业从事广告活动的公约、准则和规则,并据此对自身从事的广告活动进行自我约束和管理,以保证所发布的广告奉公守法,真实可信。

(4)舆论监督方法

在现代信息社会中,舆论对社会经济生活的各个环节、各个主体具有监督作用,因为它在受众中有巨大公信力和影响力,通过舆论的广泛影响来赞扬真的、善的、美的广告行为,鞭挞假的、恶的、丑的广告行为。

(5)消费者监督方法

消费者是广告的接受者和广告产品的最终使用者,广告行为的受益者和受害者也都是消费者,因此对广告的管理必须有消费者的参与。但是单个消费者的力量是有限的,所以在现实的操作中,消费者往往通过某个消费者组织来行使自己的权利,维护自己的合法权益。这个消费者组织就是消费者协会,是一个由消费者组成的群众组织,它在广告管理中发挥着巨大的作用。

(6)经济管理方法

所谓经济管理方法,就是广告公司内部根据广告活动规律的要求,运用各种经济杠杆,通过经济组织正确处理广告活动中各方面经济利益与广告经营、宣传成效的办法来管理广告的一种方法。它也是广告管理系统广泛地运用于管理广告活动的一种基本方法。

运用经济方法管理广告,是经济发展规律和广告活动规律的客观要求,也是经济杠杆的特点所决定的。从经济角度看,广告管理如同其他经济管理一样,其基础和核心是物质利益,管理的内容大都是围绕经济利益来展开的。所以,经济方法实质就是贯彻效益原则,以物质利益作为内在动力和外在压力来管理广告活动的方法。广告经营、广告宣传都是同人、财、物打交道,同生产、流通、消费等社会各方面紧密联系的。广告设计、制作、代理、发布等各环节,要实现最佳的经济效益,不能不讲经济利益、经济成果、经济效率和经济责任。这就不能不严格地按照客观经济规律办事,不能不运用经济杠杆。实践证明,只有科学地运用经济方法管理广告并使之与行政方法、法律方法有机结合起来,才能实行有效的管理。

运用经济方法管理广告,对于广告管理机构来说,就是要寻找、完善能协调与兼顾各方经济利益的措施、办法、对策、途径,在广告管理活动中力求做到:

①把根本出发点放在用合法、科学的经营活动去提高经济效益上,以效益原则来衡量广告业绩和工作成绩。

②按照经济规律和广告活动规律的要求,完善广告管理控制体系,理顺广告经营体制,培养并完善广告市场。

③运用管而不死、活而不乱的管理原则,建立监督调控体系,实现企业自主经营、自主管理、自负盈亏的真正自主权。

④综合运用各种经济杠杆,发挥经济杠杆的中间、分配、调节、动力、控制五大功能的作用。宏观管理上注意运用税收、信贷、价格三大经济杠杆,微观管理上努力用好工资、福利、奖惩等经济手段,组织协调好广告活动。

⑤在广告活动的各环节、各单位,认真实行以按劳分配为主体的多种分配方式,优化劳动组合,把责任与奖惩和效益直接挂钩,健全经济核算制,推广经济合同制等。

(7)广告管理中的其他方法

当代社会,广告活动千姿百态、日新月异。广告活动的广泛性、复杂性、多变性,决定了广告管理方法的多样性。为了管理好广告业及广告活动,除了上述几种常用的方法之外,还应当运用其他方法作为配合,并把各种方法有机地结合起来。这些方法包括:

①教育方法。这是指进行共产主义思想、道德、品质方面的教育,提高人们的政治思想觉悟,以便能自觉地认识和遵守各种广告管理的法律和方法。

②咨询顾问法。这是指由咨询顾问机构或广告咨询顾问人员针对广告活动及其管理中存在的问题,进行诊断,提出各种合理化建议,供广告管理机构决策人员参考的一种方法。

总之,广告管理方法多种多样。各种方法在广告管理中的作用虽不相同,但都是达到管理目的、贯彻管理原则、执行管理职能的一种特殊方式,因而各种方法相互联系、相互补充。在广告管理实践中,必须注意各种方法的灵活运用,并不断地丰富和完善。

知识链接 11-2

美国的广告管理

美国是世界第一大广告市场,也是当今世界广告业最发达的国家。它的广告收入占世界广告总收入的一半,专业广告从业人员高达十几万人,它拥有诸多世界性的广告公司。因此,美国在广告业的管理上有许多值得借鉴的经验。

一、美国政府管理广告的机构

美国国会于 1914 年通过《联邦贸易委员会法》,并据此建立了联邦贸易委员会(简称 FTC)。

1983 年,美国国会又通过了《惠勒—利修正案》,进一步扩大了 FTC 的权限,并确立了 FTC 管理广告的权威地位。它的权限主要有以下几个方面。

(1)FTC 可以向联邦地方法院申请颁布停止不正当竞争手段的法令。这种法令一经申请就自动具有法律约束力。

(2) FTC 对宣传食品、药物、化妆品、治疗方法的虚假广告,具有特定的审判权。

(3) 当有迹象表明某则食品、药物或化妆品可能属于危害消费者健康的虚假广告后,FTC 可在进行审判的同时,通过联邦地方法院发布禁令,阻止有问题的广告继续刊播。

FTC 在 20 世纪 60～70 年代对于广告管理工作开展得比较积极、主动和活跃,但是常常受到国内的批评和限制。

二、FTC 管制广告的方法

(1) 广告凭据(substantiation)。从 1971 年起,FTC 开始采用要求广告主出具证书的方案。这个方案的核心就是"变事后要求虚假广告的广告主出具证明,为事先要求所有的广告主表述备好凭据"。在方案实施后,首先受到影响的是汽车和空调机行业。例如,博格—华纳(Borg-Warner)公司的空调机广告中声称能释放出"清洁、健康的空气";火石(Firestone)公司在广告中声称自己的轮胎"刹车比别的轮胎快 25%";发达(Fedder)公司储存型制冷系统广告为"独一无二"等,都被 FTC 视为证据不足而责令停播广告。

(2) 明确告示(affirmative disclosure)。FTC 要求某些与安全和健康相关的产品在广告时,既要准确地展现产品的特点,又必须暴露它的不足与局限性,即不但要宣传产品能够做什么,也要说明它不能做什么。

(3) 停止不正当竞争的命令(cease-and-desist order)。1983 年通过的《惠勒—利修正案》授予 FTC 的特权之一,就是在有足够的证据判决某广告属于欺骗或误导性时,FTC 可以发布"停止不正当竞争的命令"。一旦 FTC 向法院提出发布此令的申请,命令就自动生效。广告主只能按要求签字,承认广告违法。

(4) 停止涉嫌广告令(consent order)。为了弥补从案例诉讼到调查结果真正掌握证据需要很长时间的缺陷,尽早停止食品、药品和化妆品等与人们身心健康有关的虚假广告的刊播,FTC 在必要时可以颁布"停止涉嫌判决令"。这种判决不写明有问题广告究竟属于什么性质,广告主也可以在不正式认错的情况下,在命令上签字,同意停止发布涉嫌广告。如果广告主在签字后又继续刊播广告,每犯一次罚 1 万美元。

(5) 矫正广告(corrective advertising)。自 20 世纪 70 年代起,FTC 对某些在消费者心目中造成深刻印象的误导性广告提出矫正广告的要求,以达到消除错误印象的目的。

知识链接 11-3

广告管理中的热点问题

1. 欺骗性广告

美国 FTC 认为"广告的表述或由于未能透露有关信息而给理智的消费者造成错误印象的;这种错误印象关系到所宣传的产品、服务实质性特点的"均属欺骗。

(1) 虚假的承诺。在广告中做了实际上实现不了的承诺。如声称某产品能使人"恢复青春""青春长驻",或者在缺乏足够科学证明的情况下声称某产品能"预防癌症"或"包治百病"。

(2) 信息陈述不完整。在广告中未完整地把信息传播给社会公众,片面告知广告内容。例如,有一家美国公司在广告中声称自己的产品"只需 60 秒钟"就能使草坪变绿,并且"还能使它 365 天保持长青"。从字面上来看和从产品的实质来分析,广告中的每字每句的确属实。但是,广告未提及该产品内含水溶性染料,也未提及保持草坪四季常青,需一次又一次地浇洒这种水剂。这实质上是对消费者的一种欺诈。

(3)令人误解的比喻。在广告中使用无法证实的比喻,如"美若天仙""坚若钻石""力大如神"等,都难以真正得到证实。

(4)视觉图像的不真实。这是指利用视觉表现效果,在广告中美化产品,使广告中呈现的产品优于现实中的产品。

2. 特殊商品的管理

这里的特殊商品是指与人们身心健康有关的食品、药品、化妆品和酒、香烟等。这些商品的宣传在世界各国都属于广告管理的热点问题。

3. 证人广告

欧美国家的广告法规都明确规定:证人广告中的证言必须与事实相符,向消费者推荐产品或服务的证人,无论是明星、名人还是专家权威或普通人,都必须是产品的真实使用者,否则就被认为是欺骗。

4. 以儿童为目标的广告

由于儿童身心未发育完全,尚未有足够的判断广告信息真伪的能力。他们被视为最易受伤害的人群。因此,西方各国对于以儿童为对象的广告,尤其是对电视广告进行了各种规定和限制。例如,在加拿大,面向儿童的广告只能在周一到周六的上午播发。在电视中,澳大利亚把对儿童的广告限制定在上午9:00~10:20;新西兰允许在下午15:00~16:00点间对儿童播放广告;在日本和荷兰,糖果广告必须提醒儿童食后刷牙。

5. 比较广告

最早允许比较广告的国家主要是英国、美国和瑞士。美国FTC认为:比较型广告既能鼓励竞争,又能给消费者提供更多的信息,因此予以支持;但是,也明文规定,与事实不符的广告表达属于虚假广告。

长期以来大多数国家一直禁止比较型广告。而近年来许多国家逐渐突破广告的禁区。1991年底,法国国民议会通过一项保护消费者法案,允许比较广告的存在。随后,在欧洲和亚洲的很多国家也陆续放宽了对比较广告的种种限制。

知识链接 11-4

广告业的自律系统和自律机制

1. 英国广告业自律系统

20世纪60年代初,英国广告业参照国际商会的《国际广告实践法规》制定了《英国广告实践法规》(British Code of Advertising Practice)。随后广告业协会成立了"广告实践法规委员会"(Code of Advertising Practice Committee,CAPC)。1962年,广告界又出资成立了广告标准局(Advertising Standard Authority,ASA)。ASA对于电视广告以外的其他媒介的广告进行管理。其职责是代表公众的利益,仲裁和处理所有的广告申诉;与政府机构和其他组织保持联系,并负责广告界自律活动等。

2. 美国广告业自律系统

1971年,在美国营业质量促进委员会与美国广告公司协会、美国广告业联合会和全国广告主协会的协同努力下,广告业建立了"全国广告审查理事会"(National Advertising Review

Council)。其宗旨是促进真实、准确、健康的广告发展,促进广告界的社会责任和道德感。理事会下设两个广告管制部门:一是全国广告部(National Advertising Division,NAD),二是全国广告审查委员会(National Advertising Review Board,NARB)。

在美国,除 NAD 和 NARB 之外,还存在美国地方广告业自律、行业协会自律和广告主自律机构。美国广告主协会也有一个广告道德法规。这些广告自律的规范使得广告主比较注重公众的利益,约束自己的广告活动与之相符合。

3. 传播媒介对广告的限制

广告主和广告公司的广告受着传播媒介的制约。

在英国,电视广告和广播广告都受独立广播局(Independent Broadcasting Authority)的管理。

在美国,传播媒介在广告内容和广告播放时间上有一定限制。在广告内容的审查上,媒介要仔细检查所有的广告,以保证消费者不受误导,如:一家商店的广告原为"这是最低的价目表",被要求改为"这是我们迄今为止所报的最低价格"。

本章小结

本章首先介绍了与广告管理相关的一些基本概念。广告管理分宏观管理和微观管理。宏观管理主要是指国家、社会对广告活动进行指导、控制和监督;微观管理是指广告业的经营管理。人们在讨论广告管理的含义时,一般指广告的宏观管理。

其次,介绍了广告管理的具体内容与方法,对广告主的管理、对广告经营者的管理、对广告发布者的管理、对广告信息的管理,以及对广告收费的管理、对户外广告的管理构成广告管理的主要内容。广告管理方法,是指为了达到管理目的,在广告管理过程中,由管理系统(管理主体)对被管理系统(管理客体)进行有目的作用的活动方式总和。它是广告管理人员执行管理职能的手段,是管理主体对客体施加影响和作用的方式,是广告管理机构、管理人员协调管理对象共同活动的各种措施、手段、办法、途径的总和。广告活动的管理方法,主要有以法律、行政、经济、消费者监督为主的社会监督、行业自律和道德教育等方法。

练习题

1. 试结合实际阐述加强广告管理的重要性。
2. 辨析诈骗性广告和不真实广告。
3. 结合实际评析广告管理的几种方法。
4. 简述广告行业自律。
5. 简述广告管理的发展过程。

案例分析

巨人集团的兴衰

1997 年 3 月底,在珠海市富丽堂皇的巨人集团总部大厦的总裁办公室里,曾被誉为"中国改革十大风云人物"之一的巨人集团总裁史玉柱孤零零地在屋子里来回踱步。史玉柱正面临着一场前所未有的危机。声名显赫的巨人集团正摇摇欲坠。债主堵门,媒体轰炸,面对如此残局,他又怎能不忧虑。

一、史玉柱与巨人的创业史

1962年,史玉柱出生于安徽怀远县城一个普通家庭,1982年他以全县第一名的成绩考上浙江大学数学系,1989年在深圳大学完成硕士论文答辩,从深圳大学软科学管理系毕业。同年7月,他辞去安徽统计局的工作,回到深圳开始创业。这时他身上仅有借来的4 000元和自己开发出来的M-6401桌面排版印刷系统。1989年8月,史玉柱和三个伙伴用仅有的4 000元承包了天津大学深圳科技工贸发展公司电脑部。他觉得M-6401此时已能推向市场,在手头上仅有4 000元的情况下,史玉柱"赌"了一把,利用《计算机世界》先打广告后付款的时间差,做了一个8 400元的广告。广告打出后13天即8月15日,史玉柱的银行账户第一次收到三笔汇款共15 820元,巨人事业由此起步。

到了9月下旬,收款数字已升到10万元。史玉柱全部取出再次投入广告。4个月后,M-6401的销售额一举突破百万元大关,从而奠定了巨人创业的基石。

1991年4月,珠海巨人新技术公司注册成立,公司15人,注册资金200万元,史玉柱任总经理;8月,史玉柱投资80万元,组织10多个专家开发出M-6401汉卡上市;11月,公司员工增加到30人,M-6401汉卡销售跃居全国同类产品之首,获纯利达1 000万元。

1992年7月,巨人公司实行战略转移,将管理机构和开发基地由深圳迁至珠海;9月,巨人公司升为珠海巨人高科技集团公司,注册资金1.19亿元,史玉柱任总裁,公司员工发展到100人;12月底,巨人集团主推的M-6401汉卡年销量2.8万套,销售额共1.6亿元,实现纯利3 500万元,年发展速度达500%。

1993年1月,巨人集团在北京、深圳、上海、成都、西安、武汉、沈阳、香港成立了8家全资子公司,员工增到190人;8月,巨人集团开发出M-6401排版系统、巨人财务软件等13个新产品,其中包括巨人中文手写电脑、巨人中文笔记本电脑;12月,巨人集团发展到290人,在全国各地成立了38家全资子公司。集团在一年之内推出中文手写电脑、中文笔记本电脑、巨人传真卡、巨人中文电子收款机、巨人钻石财务软件、巨人防病毒卡、巨人加密卡等产品。同年,巨人实现销售额3.6亿元,利税4 600万元,成为中国极具实力的计算机企业。1993年1~3月,党和国家领导人杨尚昆、李鹏、田纪云、李铁映等先后视察巨人集团并题词。自此,"巨人"两字响彻全国,史玉柱也由一介书生而变为2 000多人的企业统帅、腰缠5亿元的新生代富翁和中国改革的风云人物。

二、风云乍起

1993年是中国电脑行业遭受"外敌入侵"的一年。随着西方10国组成的巴黎统筹委员会的解散,西方国家向中国出口计算机的禁令失效,COM-PAQ、HP、AST、IBM等世界知名电脑公司开始"围剿"中国市场。伴随国内电脑业步入低谷,史玉柱赖以发家的本行也受到重创,巨人集团迫切需要寻找新的产业支柱。由于当时全国正值房地产热,他决定抓住这一时机,一脚踏进房地产业。其实,早在1992年巨人集团或者说史玉柱便已决定建造巨人大厦,但当时的概念只是一幢18层的自用办公楼。此时,在房地产业中大展宏图的欲望使他一改初衷,设计一变再变,楼层节节拔高,一直涨到70层,投资从2亿元涨到12亿元,气魄越来越大。尽管房地产是他完全陌生的领域,尽管巨人大厦已超过他的资金实力十几倍,但他想以大搏大,盖一幢珠海市的标志性建筑,盖一幢当时全国最高的楼。对于巨人大厦的筹资,史玉柱想"三分天下",即1/3靠卖楼花,1/3靠贷款,1/3靠自有资金。然而,实际上令无数人惊奇的是,大厦从

1994年2月破土动工到1996年7月未申请过一分钱的银行贷款。幸好巨人大厦的楼花在初期卖得很火,从香港融资8 000万元港币,从国内融资4 000万元,短短数月就获得现款1.2亿元。当然,如果按巨人电脑当时的单一产业结构,就算是只支持大厦所需资金的1/3也是做不到的。史玉柱苦思冥想出一个绝妙的资金运作方式:用卖楼花所筹的1亿多元资金,发展一个新兴产业,所赚利润再反哺巨人大厦。在巨人开始迈向产业多元化的起步之时,史玉柱已经预感到了大集团的管理隐患。由于资产规模的急剧膨胀,管理上随之进入"青春期",出现了浮躁和混乱。在1994年元旦献辞中,史玉柱说"我们创业时的管理方式,如果只维持几十个人的状态,不会有问题。现在的管理系统,不可能运作规模更大的公司。但巨人公司正向大企业迈进,管理必须首先上台阶。为此,我们要牺牲公司的一些业务,甚至牺牲一些员工。"1994年初,巨人集团发生的两件大事加速了巨人管理体制的变革。一件是西北办事处主任贪污和挪用巨额资金;另一件是参与6405软件开发的一位员工,在离职后将技术私卖给另一家公司,给巨人造成很大损失。1994年春节刚过,史玉柱突然宣布一条惊人消息:聘请北大方正集团的总裁楼滨龙出任巨人集团总裁,公司实行总裁负责制,而他自己将从管理的第一线退下来,出任集团董事长。在宣布决定的员工大会上,史玉柱坦诚剖白:"我本人有很多缺点,加上技术出身没做过管理,因此错误不少。为公司的进一步发展,所以请高人来执掌。"

三、风云再起

从一线退下来的史玉柱并没有真正安于作壁上观,而是在苦苦思索一个让巨人重振雄风的计划。1994年8月他突然召开全体员工大会,提出了"巨人集团第二次创业的总体构想"。其总目标是:跳出电脑产业,走产业多元化的扩张之路,以发展寻求解决矛盾的出路。与此同时,史玉柱还解除了原集团所有干部的职务,全部重新委托。史玉柱第二次创业的规模是非常宏大的:在房地产方面,投资12亿元兴建巨人大厦,投资4.8亿元在黄山兴建绿谷旅游工程,投资5 400万元购买装修巨人总部大楼,在上海浦东买下了3万平方米土地,准备兴建上海巨人集团总部;在保健品方面,准备斥资5亿元,在一年内推出上百个产品。产值总目标是:1995年达到10亿元,1996年达到50亿元,1997年达到100亿元。1995年2月10日——巨人集团员工在春节后上班的第一天,史玉柱突然下达一道"总动员令"——发动促销电脑、保健品、药品的"三大战役"。史玉柱把这场促销模拟成在战争环境中进行,他亲自挂帅,成立三大战役总指挥部,下设华东、华北、华中、华南、东北、西南、西北和海外八个方面军,其中30多家独立分公司改编为军、师,各级总经理都改为"方面军司令员"或"军长"、"师长"。史玉柱在动员令中称:"三大战役将投资数亿元,直接和间接参加的人数有几十万人,战役将采取集团军作战方式,战役的直接目的要达到每月利润以亿元为单位,组建1万人的营销队伍,长远目标是用战役锤炼出一批干部队伍,使年轻人在两三个月内成长为军长、师长,能领导几万人打仗。"总动员令发布之后,整个巨人集团迅速进入紧急战备状态。5月18日,史玉柱下达"总攻令"。这一天,巨人产品广告同时以整版篇幅跃然于全国各大报。由此,"三大战役"全面打响。霎时间,巨人集团以集束轰炸的方式,一次性推出电脑、保健品、药品三大系列的30个产品,其中保健品一下子就推出12个新产品。继而,广告宣传覆盖50多家省级以上的新闻媒介,营销网络铺向全国50多万个商场,联营的17个正规工厂和100多个配套厂开始24小时运转,各地公司召集200名财办员加班加点为客户办理提货手续,由百辆货车组成的储运大军日夜兼程,营销队伍平均每周增加100多名新员工。不到半年,巨人集团的子公司就从38个发展到228个,人员也从200人发展到2 000人。大规模的闪电战术创造出了奇迹:30个产品上市后15天内,订货量就突破32亿元。更显赫的战果是新闻媒介对巨人集团的一次大聚焦,上百家新闻单位在1个月内把笔锋集中到巨人身上,其中《人民日报》在半个月内,4次以长篇通讯形式报道了巨人;新华社5次发通稿。

四、阴云密布

多元化的快速发展使得巨人集团自身的弊端一下子暴露无遗。7月11日,史玉柱是在提出第二次创业的一年后,不得不再次宣布进行整顿,在集团内进行了一次干部大换血,凡是过去三个月中没有完成任务的干部原则上一律调整下来。8月,集团向各大销售区派驻财务和监察审计总监。8月29日,集团又成立干部学院,将180名干部集中到南京海军学院,进行为期一周的军训,以增加团队意识的纪律性。但是,整顿并没有从根本上扭转局面。1995年9月,巨人的发展形势急转直下,步入低潮。伴随着10月发动的"秋季战役"的黯然落幕,1995年底,巨人集团面临着前所未有的严峻形势,财务状况进一步恶化。1996年初,史玉柱为挽回局面,将公司重点转向减肥食品"巨不肥"。3月份,全面大规模的"巨不肥"广告铺天盖地地覆盖了全国各大媒体,"巨不肥大赠送""请人民作证"等营销口号随处可见。人员和资金的大投入在4月有了回报,销售大幅上升,公司的情况有所缓解。可是一种产品销售得不错并不代表公司整体状况好转,公司旧的制度弊端、管理缺陷并没有得到解决。相反,"巨不肥"带来的利润还被一些人私分了。集团内各种违规违纪、挪用贪污事件层出不穷。而此时更让史玉柱焦急的还不是这些,而是公司预计投资12亿元建的巨人大厦。他决定将生物工程的流动资金抽出投入大厦的建设,而不是停工。1992年决定建巨人大厦时计划盖18层,后来改为38层,但由于种种原因最后竟定为70层,而巨人集团1992年可用于大厦建设的资金只有几百万元。由于公司错误地估计了形势,竟然没有去银行申请贷款,而当1993年下半年他们想去贷款时,全国宏观调控开始了。由于1994年底1995年上半年是巨人效益最好的时候,公司认为没有银行贷款也可顺利建成大厦。直到1996年5月,史玉柱依然根据此法来建造大厦,他把各子公司的毛利2 570万元净留下850万元资金后,全部投入了巨人大厦。进入了7月,全国保健品市场普遍下滑,巨人保健品的销量急剧下滑,维持生物工程正常运作的基本费用和广告费不足,生物产业的发展受到了极大的影响。老天似乎要为难巨人,大厦非常不巧地建在三条断裂带上,为解决断裂带积水,大厦需多投入3 000万元。其间,珠海还发生了两次水灾,大厦地基两次被淹,整个工程耽误10个月。1996年9月11日,大厦终于完成了地下室工程;11月,相当于三层楼高的首层大堂完成;此后,大厦以每5天一层速度进入建设的快速增长期,但是,此时的史玉柱已经没钱了。按原合同,大厦施工3年盖到20层,1996年底兑现,但由于施工不顺利而没有完工。大厦动工为了筹措资金,巨人集团在香港卖楼花拿到8 000万港元,国内卖了4 000万元,其中在国内签订的楼花买卖协议规定,三年大楼一期工程(盖20层)完工后履约;如未能如期完工,应退还定金并给予经济补偿。而当1996年底大楼一期工程未能完成时,建大厦时卖给国内的4 000万元,巨人因财务状况不良,无法退赔而陷入破产的境地。

五、四面楚歌

1996年底,巨人的员工停薪两个月,一批骨干离开公司,整个公司人心惶惶,声名显赫一时的巨人集团已经摇摇欲坠。1997年1月12日,史玉柱外出归来,遇到10余名债主登门讨债,危机终于爆发。史玉柱对债主承诺:"老百姓的钱我一定还,只是晚些。"跟随债主而来的若干记者,立刻将此事大做文章,于是更多的债主蜂拥而至,事情闹大了。当闻风而来的香港记者探访巨人集团时,恰逢此时巨人员工休假,集团总部大楼只有几名保安游荡,大门紧闭;于是新一轮的新闻冲击又起来了,香港媒介大呼:"巨人破产了!"2月15日,史玉柱将中层干部全部集中于上海某空军学院,坦诚相告遇到了危机。来自全国100多个下属的子公司的经理明白了这是公司有史以来最大的"经济危机",他们都预感到了一场更大的危机正悄然而至。可史玉柱并不认输,他认为巨人集团不可能破产,从资产负债表来看,巨人拥有资产5亿元,而从债权结构来看,香港楼花的8 000万港元是不用退赔的,而国内卖楼花的4 000万元,已还掉1 000万元,还剩3 000万元,因而巨人还不到资不抵债的地步。史玉柱打算将巨人大厦与巨人集团断开,再把巨人大厦改造成股份有限公司。如果只完成一期工程盖到20层,还需5 000万元资金,因此他想出了两个计划:一是由收购方一揽子解决。包括国内楼花3 000万元退款,加上完成一期工程所需的5 000万元,总计8 000万元。作为交换条件,他出让80%股份。二是收购方出资5 000万~6 000万元,他出让过半股份。史玉柱站起来,走到窗前,猛地拉开紧闭的窗帘。窗外不觉已是晚霞满天。他决定明天再开一次中层以上干部会议,与大家共同商议渡过难关的对策。虽然已是黄昏,但太阳总有重新升起的时候。望着如火的落日,一缕坚定的微笑浮现在他疲惫的脸上。

通过阅读上述案例材料,请思考以下问题:
(1)史玉柱当年成功的最主要因素是什么?
(2)导致巨人集团最终陷入危机的主要失误是什么?
(3)对史玉柱的传播理念、广告策略,你有何评价?
(4)本案例对我们有何启示?

第12章 广告效果测定

本章主要教学内容
1. 导入案例:粗暴式的硬性植入注定无效果
2. 界定广告效果
3. 广告效果的评估方法

本章教学目的
通过本章的学习,掌握广告效果的基本含义及特征,掌握广告效果测定的主要方向;了解并能够初步运用广告效果测定的基本方法,从广告内容入手,对广告的事前、事中、事后三个方面进行测评,构建一个科学合理的广告效果测评体系,以期对广告效果进行有效的测评,启发更广阔的研究领域。

12.1 导入案例:粗暴式的硬性植入注定无效果

2015年初,最火的社会化媒体——微信在朋友圈中推出信息流广告,为广告商赢得了千万次甚至过亿的曝光率。但在成功的背后,也折射出一系列问题:信息流广告推送不精准、涉及用户隐私问题等,遭到不少用户的反感。因此,信息流广告如何有效营销,提高广告传播的效果,成为微信目前亟待解决的问题。

不知何时,各种代购和卖面膜的广告占据了微信朋友圈,现在只要一打开微信朋友圈就会看到漫天的广告。由于许多整天刷朋友圈的都是自己的好友,所以我也不能删除这些微信好友,好在微信上可以直接屏蔽掉那些乱发广告的好友。微信如日中天,在微信朋友圈卖产品的也越来越多。可多数做代购的朋友都不太懂微信营销,于是就只能坚持每天在朋友圈发布各种广告。其实,这样的推广方式肯定没有什么效果,不仅如此,还恶心了好友,毁了自己的信誉。

本来每个用户朋友圈的好友数量就有限,这样拼命刷各种垃圾广告,最终的结果就是惹来好友的反感和厌恶，而且时间一长还会失去自己的信誉。好友一旦对人不信任，那么就更难卖掉自己的产品了。所以不论是微信营销，抑或是微博营销，都得先与自己的潜在顾客建立起基本的信任，并经常与好友进行互动，这样才有可能卖掉自己的产品。不过这是一个比较漫长的过程，也是微信营销能否成功的关键。

没有谁想经常看到朋友圈的那些垃圾广告，朋友圈的生意确实很难做，如果没有建立良好的人脉关系，那么朋友圈生意几乎就是不可能的。而微信营销成功的第一步是积累粉丝，通过朋友圈的好友扩展更多的潜在顾客，也就是利用好友的口碑进行推广。不过前提是你卖的产品质量过关，否则就会在朋友圈失去信誉。在朋友圈狂刷广告的行为，早晚会遭到微信官方和好友的反对，腾讯已经在净化微信生态圈了。

硬性植入广告的结果就是粉丝难以变现，虽然朋友圈会有很多好友或粉丝，但是成交的订单却很少。原因是好友对你的第一印象就很差，更别说相信你的为人和产品了，朋友圈本来就不太适合卖产品。更加需要注意的是，微信好友中也有不少就是现实中的同事和朋友，卖不卖掉产品是其次，伤害了朋友之间的友谊就得不偿失了。所以，奉劝那些在微信朋友圈卖面膜的朋友，还是收敛一点吧，这样也是没有任何推广效果的。

微信、微商大火特火，许多人开始扎堆做微商，或者是在微信平台上卖各种产品。不过微信营销并非是万能的，也不是所有产品都适合在微信朋友圈叫卖。因此作为一个网络营销从业者，是否应该认真考虑下营销方式，而不要盲目地跟风。

（资料来源：http://www.szfangwei.cn）

通过阅读上述材料，请思考：单纯从用户数来看，微信的影响力远超当年央视，为什么在朋友圈里打广告，效果却不好？你认为，怎么打广告才能达到良好的效果？

12.2 广告效果与效果测定

19世纪成功的企业家约翰·瓦纳梅克有一句名言："我明知自己花在广告方面的钱有一半是浪费了，但我从来无法知道浪费的是哪一半。"为了查明究竟是哪一半浪费掉了，哪一半在起作用，广告人员每年要花费大量的时间和金钱进行调查研究，设法研究测定某项广告或广告运动是否达到了预期的效果。广告效果评估或测定在整个广告运动中占有极其重要的位置，它已成为检验广告运动成败、提高广告运动水平的重要手段。

12.2.1 广告效果与效果测定的含义

(1) 广告效果的含义

所谓广告效果，是指广告作品通过广告媒介体刊播之后产生的作用，或者说是在广告运动中通过消耗和占用社会劳动而得到的有用效果。广告效果主要是指广告的传播效果，由于广告主和广告代理通常对广告效果的认识有所差异，所以应从广告作用的不同层次上做出评价。

①广告的经济效果。这是广告活动最佳效果的体现，是指在投入一定广告费及广告刊播之后，广告引起的产品销售额、利润、市场占有率等经济指标的变化状况。它是对整个广告活动的一次全面检阅，涉及广告从发布开始，对于产品的品牌提升和销售促进所起的作用有多

大,带来的经济效益究竟如何等。经济效果集中反映了企业在广告促销活动中的营销业绩,是广告投入与产出的比较,是我们评价一项广告活动成败的关键指标。

②广告的心理效果。即广告经过特定的媒体传播之后,对消费者心理和行为特征的影响。心理策略的灵活与巧妙运用是直接影响广告效果的重要因素之一。广告旨在影响消费者的心理活动和购买行为,广告的成败和受众的心理是紧密相关的,广告中的心理策略往往是根据受众的心理来实施的。在广告效果中,广告的经济效果是外显的,而内在的结果则是消费者受广告影响之后心理活动的变化。针对微信朋友圈信息流广告内测一事,新浪发起了"你怎么看微信在朋友圈插入信息流广告"的调查。到投票结束,有 2 881 位用户投票,其中 87.4% 表示不能接受,6.8% 的用户觉得无所谓。

③广告的社会效果。指大众通过广告获得的对企业或企业产品的印象,或企业在广告中所塑造的本企业或本企业产品的形象信息在大众心理上产生的作用,包括法律规范、伦理道德、文化艺术等方面。广告的社会效果最直接的体现就是企业形象的塑造。具有良好形象的企业,其产品深受消费者信赖,在市场竞争中将占有非常明显的优势。

将广告效果分为上述三个层次,是为了更完整地研究广告效果,但这并不代表广告的三种效果是互相独立的;相反,它们是相辅相成、紧密相关的。有着良好经济效果的广告,必须建立在对消费者心理和行为的精确把握之上。一则缺乏社会效果的广告,纵然能在一段时间内取得较好的经济效益,但最终必然在社会舆论的批评下销声匿迹。一则优秀的广告,应该追求这三种效果的完美统一。

2. 广告效果特性

由于广告效果的取得具有多方面的影响因素,因此决定了广告效果具有多样特性。具体来说,广告效果具有以下特性:

①迟效性。广告对消费者的影响程度具有迟效性,即广告效果必须经过一定的时间周期之后才能反映出来。时间推移性使得广告效果不可能在短时期内表现出来,因此,要准确地测定广告的效果,必须准确地掌握它的时间周期,掌握广告有效发生作用的时间期限。

②复合性。广告效果是心理效果与行为效果的统一,广告活动是一项综合性的、复杂的信息传播活动,它既可以通过各种表现形式来体现,又可以通过多种媒体组合来传播,同时它又受到企业其他行销要素组合、行业竞争等的影响,因此,广告效果具有复合性的特点。

③累积性。广告活动是一个动态的过程,消费者所接受的广告信息,对其影响并非局限于即时,而又有相当部分作为信息转化为消费者的意识,沉淀和积累下来,并对其以后的购买行为不断地发生影响。这就使得广告效果的形成或实现,往往有一定的时空距离,除了某些展销类的促销广告外,大多数的广告效果并不是一次、一时或一种信息和媒体作用的结果,而是广告信息的多次重复,造成累积效果的体现。正因为消费者的购买行为是多次广告信息、多种广告媒体综合作用的结果,大多数广告效果都需要较长的周期。

④间接性和两面性。前者是说如果消费者接受广告传播活动的影响,采取了购买行为之后,通过购后感受而向其他消费者进行推荐和宣传;后者是说广告活动有促进销售的功能,同时还具有延缓销售或使销售下降的功能。因此在评估广告效果的时候,必须充分分析市场状况以及产品的生命周期,才能测定较为客观和全面的广告效果。

(3)广告效果测定的含义

我国目前共有超过 3 000 家电视台,覆盖全国的 96% 人口。显然,如果仅仅依靠企业自身向消费者传递信息,是无法接触到如此众多消费者的。这样就限制了企业产品的销售,不利于扩大市场占有,甚至会由于信息传递成本过高,降低企业的利润,因此需要对广告的效果进行测定。

广告效果测定就是指测定广告目标经过广告活动之后所实现的程度。广告策划完成以后,要按照预定计划进行广告设计、制作和发布,针对广告目标,广告活动客观上存在一定的实现程度,对此需要加以评估和总结。广告活动过程无论是完结抑或中辍(即尚未付诸实施,或出于某种原因没有进行到底),都存在着相应联系的结果。这一结果包括两方面的含义:一是针对行为目标完成情况,体现行为水准的实际效果;二是由行为过程和效果所带来的联动效应。有时从实际效果来看并不理想,但余音缭绕,所产生的影响往往超出了事物本身的范围,出现新的效应。

比如,秦池和爱多分别以 3.2 亿元和 2.1 亿元的天价竞争中央电视台黄金时段的广告标王,而不考虑基本的经济规律,或者对此过于理想化,都是非常不科学、不客观的,秦池、爱多的先后衰落也或多或少地说明了这一点。广告是一种投资活动,必须考虑收入和支出相抵之后是否还有盈余。大量不节制的支出将会抵消广告所产生的效果,给企业发展背上沉重的包袱。因此企业的广告投入必须有一个合理的"度"的掌握,减少广告活动的盲目性。片面追求"一掷千金"的广告轰动效应,片面追求知名度的提高,都不是进行广告活动的长远之计。由此,对广告效果进行测定是必要的。

其一,在广告完成了其计划的制定和创意制作后,为了对广告进行功能、价值上的判断和选择,有必要对广告策略的集中体现形式——广告作品进行效果测定,以便为广告投放决策提供参考。

其二,在广告按照确定计划刊播之后,或者是在局部区域播出后,根据市场反应对广告的到达率、受众收视效果及行为反应等进行测定,以便确切了解广告刊播的实际效果。从广告经营管理的角度而言,不论是哪一种测定,都是对广告目标的保证和确认。

在制定广告计划的时候,就要对广告活动的效果进行预测,因为广告主时刻担心的是广告效果究竟如何,此一广告投入值得还是不值得。因此,广告计划中对广告效果所做的预测,往往承担着说服广告主,也就是你的客户核准全程广告计划的重大责任,或是说广告经营也即广告代理公司推销广告计划的一种机会和一种方式。对广告效果所做的预测,一味地夸大,不仅事后难以交代,在当时也可能适得其反。对广告效果的预测,重点在两方面:一是广告目的能否实现,二是广告目的与成本的测定。因为广告主无论采取何种方式来做广告预算,他心里装着的始终是投入与产出、成本与利益的期待,即成本回收与利润回报。

知识链接 12-1

推特(Twitter)推出新广告效果测量工具

据国外媒体报道,推特推出了名为"Conversion Lift"的新报告机制来帮助广告主尽可能地提升其广告活动效果。

Conversion Lift 报告可让广告主对比多个广告的效果,看看哪一个带来更好的回报。

使用该项功能的时候,推特会自动任意将你"符合条件的"目标受众分成两组:一组看到你的广告,一组没看到。在展开广告活动期间,该系统会计算转换率的提升,看看广告在两个组中的效果。广告主大概会在数据收集两三个星期后收到该份报告。

推特声称，早期测试显示效果喜人。"看到广告主的推广推文(Promoted Tweets)的人去访问广告主网站的可能性达到对照组的1.4倍——说明光看到推特上的广告就能产生很好的效果。那些与广告主的推广推文互动的人的转换率甚至更高，他们去访问广告主的网站的可能性达到对照组的3.2倍。"

那么，Conversion Lift 究竟是什么呢？它是一款测量工具，应该能够帮助广告主更好地了解他们投放的广告的效果。这等同于通过收集足够多的数据来帮助营销者做出更加明智的广告投放决策。

（资料来源：网易科技报道）

在广告运作中，无论怎样的广告追求和广告行为，归根结底都是为了实现广告目标。广告效果测定作为一种确认目标达成的调控和监测方式，当然也不例外。

对广告效果的测定取决于广告事先确定的目标。在广告运动展开之前所确定的广告运动目标是什么，就必须从目标实现上来确认效果是否达到。比如，广告目标界定为直接销售业绩的提高，那么就必须从广告前后销售额的变化上来判断广告效果；如果把广告的目标确定为提高产品知名度和树立公司形象，那么消费者对产品认知情况或公司美誉的提升情况就是一个判断标准。总之，对广告效果的测定必须与广告目标的设定相联系，按照目标设定情况具体分析。值得注意的是，在对广告效果的测定中，往往有一种简单地把广告效果与销售效果等同的认识。销售业绩虽然与广告有着千丝万缕的关系，但并不能简单地视为广告直线反映。销售业绩是整个营销组合的结果，广告对销售的促动是通过对消费者的态度和行为发生影响实现的，所以对广告效果的测定，主要应是对广告信息传播效果的评价。

从广告效果测定上来讲，R. H. 科利所倡导的DAGMAR法是比较好的方法（在后面将具体介绍）。他强调了一个基本事实：广告目标应该是广告能够完成的沟通任务，这个任务必须具体明晰，要能够测量。所以，广告目标从某种意义上就是衡量广告效果的标准和尺度。

（4）广告效果测定应注意的事项

由于广告目标的设定往往是在广告实施之前对市场反应和市场预期的一种设想，它的基点是信息对消费者的促动，然而信息传播和消费者行为在现实中都具有某种可变性，所以进行广告效果测定时必须动态管理。

①要认识到大多数广告运动都是机动灵活的，广告的目的虽然有某种确定性但其弹性空间也很大，并且还受到一些外在因素影响，诸如知名度、理解、态度等，因而在大多数情况下往往不能准确地对其效果进行测定。

②广告运动在其实施和发展中，往往会出现此前未曾料到的变化。在这种情况下，先前所确定的目标就要相应地调整，而调整广告目标意味着对广告作用的标准也有所变换，因此效果的测定方式也应该有所改变。

③由于广告效果的实现往往是一种累积效应，在时间上明显滞后，所以在测量广告效果时，会出现两种情况：一是由于时间经历较长，有时很难确切地说明某一个广告所取得的就是某一种效果；二是大多数情况下，市场的反应是长期广告的一种综合效果。

④在广告对人的心理和行为作用中，影响广告效果的变数很多，广告所达到的超出目标设想的效果也很多。在很多情况下，产品信息情况和消费者的认知不能简单地从广告中寻找，也就是说，广告除了具有直接效果外，还同时具有某种间接性效果。产生这种情况的大部分原因是产品在营销过程中，除了广告沟通之外，往往还有其他行销组合形式，是各种形式相继作用

的结果,虽然有时广告本身并不直接起作用,但它的确可能激发其他促销形式。

12.2.2 广告效果测定的几种模式

广告效果的测定是建立在一定的理论分析之上的,不同的测定理论或模式会导致不同的广告目标体系的成效,由此就会有不同的评价标准。许多学者曾依据广告传播的效果过程,提出不同的广告传播效果的层级模式。

(1)DAGMAR 模式

1961 年,R. H. 科利提出了著名的达格玛模式,即"知名—了解(理解)—信服(好感)—行动"的商业传播四阶段说。达格玛即英文 DDAGMAR 的音译,DAGMAR 为"defining advertising goals for measured advertising results"的缩写,中文意思是为能够衡量广告效果而确定广告目标。达格玛理论的创立者科利,依据广告所执行的只是传播任务的认识,广告主应以传播效果量作为广告效果的基础,建立起广告传播的效果层级模式,主张每一阶段都必须确立能够加以科学测定的量化指标,以便最后测定和衡量广告传播效果。广告运动结束后,依据事先确立的量化指标,来衡量广告的传播效果,凡未能达到预定的量化指标的,广告代理公司应承担相应的责任。

达格玛模式要求在广告活动开始之前,先测定市场状况,以此作为评价的基准点,在广告活动实施开展中再定期反复实施同样测定,将所得结果与基准点进行对比分析,其增减变化即是传播效果,再将传播效果与目标进行对比,检查目标计划完成程度。达格玛模式以传播扩散理论为基础,以传播的说服效果为评定的中心,对广告管理和随时监控是非常有用的。

达格玛传播阶梯模式及其内容如表 12-1 所示。

表 12-1　　　　　　　　　达格玛传播阶梯模式

阶　段	说　　明
知名	知悉品牌名称
了解(理解)	理解商品特色、功能
信服(好感)	确立选择品牌信念
行动	索要说明、样本,访问经销店

达格玛评价模式在评价传播效果、测定消费者心理变化因素方面非常有效,同时,由于达格玛理论是围绕广告传播目标提出的,因此在实施目标管理上有着明显的优势。但达格玛理论是关于态度尺度的测定,这种测定需要有较好的心理学素质,要求有高超的问卷设计能力和调查技巧。达格玛模式在实际操作中具有良好的可操作性,不仅是测定广告传播效果的一种模式,而且是一种经营观念。

(2)莱维奇与斯坦纳的层级效果模式

罗伯特·J. 莱维奇和加里·A. 斯坦纳于 1961 年提出"认知的(从知名到理解)—情绪上的(从喜欢到偏好)—意欲的(从信服到购买)"的"L&S 模式"。罗伯逊于 1971 年补充修订提出"知名—了解—态度—认为合理—试用—采用"层级模式。

①知名与了解(awareness and knowledge):最低程度的广告传播效果与销售信息的第一个目的,是对所传播的品牌或广告信息本身的知名或了解。当产品是新的或不为人知时,广告运动的目标可能只是使消费者知道某品牌的存在,对品牌或销售信息的知名度加以测定最为

简单,因此广为使用。

对一既存品牌或广为人知的品牌而言,广告工作通常为在目标市场之内为某品牌所提供的有关明确利益或可以解决的消费者问题,发展知名或了解。

②回忆(recall):广告效果的第二程度是回忆。接触广告信息的人能重述或复制他们所接触到的某些部分或某些构想。他们"回忆"广告信息,对广告信息的价值或广告可能对目标市场的冲击,尚未能作任何确定。

③喜欢与态度改变(liking and attitude change):广告效果的第三个程度为喜欢某品牌。喜欢系消费者或从广告上认定、或从实际使用上知道并有某些了解。从经验中分离出对广告的了解常有困难,使得测定更为困难。

在测定"喜欢"中,认定广告对消费者的心智状况或发生的某种态度的改变有其效果,消费者就离开了知名与了解的阶段,而对某产品形成肯定性的意见。喜欢并不意味着消费者将购买某产品,它仅意味着消费者对其存有肯定的感受或印象。

④偏好(preference):传播效果最后要考虑的是偏好。这意味着在某一类品牌中,对某一品牌的偏好超过其余的品牌。以评估广告运动而论,所做的认定为广告信息已为特定品牌创造了接受的条件,因而使可得到的很多选择之间的某一品牌为人所偏好,并可能为人购买。

偏好表示,如果一切条件相同,消费者可能会买某些品牌。因此,偏好是测定广告效果中最强效果之一。在创造产品偏好中,如果广告是主要决策因素,则不论有无任何实际销售成果,通常此一广告运动均被认为成功。偏好是能测定广告运动真正效果的最后传播阶段。一旦偏好发展开来,消费者购买将顺理成章。

⑤购买行动(purchasing behavior):如果已传播的广告信息是成功的,而市场条件与其他行销变数也是有利的,则在购买过程中最后的步骤是行为,即对某品牌所做的实际购买。

在这一测定中,目标市场的成员都已被认定已接触过广告信息并对广告信息发生反应。消费者已知道所传播的品牌,发展出偏好,并经过偏好阶段,现在准备去买或实际上已经购买了某品牌。

(3)AIDAS模式

这一理论模式又称为广告因果理论或有效广告理论,是由美国广告顾问白德尔提出来的。他认为广告之有效,是广告有关因素共同作用的结果,而这种作用过程正是通过强有力的刺激,引起消费者注意,激发消费者购买欲望,最终发生购买行为,并从中得到满足的过程。广告的效果在于促使这一过程的顺利完成。

这一模式为:

A 注意(attention)→I 兴趣(interest)→D 欲望(desire)→A 行动(action)→S 满足(satisfaction)。

在 AIDAS 理论中,白德尔认为广告效果是由广告主体、广告活动、广告以外其他影响因素共同作用的结果。

广告效果=广告主体×广告活动×其他外界因素影响

白德尔提供了一种评价广告效果的思维方式,但是这一模式不适宜实际操作;同时,他的模式对广告效果要素采取了乘法模式,这就意味着广告活动最终效果是来自产品、广告活动以及广告本身之外因素共同协作的结果,任何一部门的不配合,都有可能使广告动力付诸东流,若其中一项为零,广告效果也就为零。

(4)广告的心理和行为层级效果测定模式

综观以上几种广告效果测定模式,我们可以发现,所谓广告传播效果无非包括心理层级效果与行为层级效果两方面。

广告的心理层级效果是指广告在消费者心理上引起反应的程度及其对促进购买的影响,包括知名、了解、信服,或知名、理解、喜爱、偏好、信服,或知名、了解、态度、认为合理或注意、兴趣、欲望。广告在传播信息时,是逐步深入到人们头脑中去的,人们接受某一层次信息并做出相应的反应之后,又通向下一个层次,其模式是:

未知→认知→理解→确信→行动

在广告心理层级效果中,接触广告的人们心理变化基本上是按"认知(感情上)接受—行动"这种发展模式进行的。当然,人们的心理变化并不总是直接地逐步推移的,而是一种螺旋式地迂回推移的模式,每一个层次的目的都可以作为广告心理效果来测定,并以此来确定广告引起心理效果的大小。

广告的行为层级效果,除了上述试用或采用等已发生的实际购买行为外,还应包括表现购买欲望的行为。如在广告信息传播的激发下,向广告主索取产品及销售资讯,或索要样本、说明书、参观券等,或直接到经销商处查验、咨询有关情况,这类对广告的反应行为,虽没有发生实际购买,但离实际购买已很接近。

严格地说,广告传播的行为层级效果是广告与行销各要素共同努力达成的结果。行销目的并非广告目的,销售效果也并不等于广告效果,但销售效果毕竟是广告效果之一,并不能把它完全排除在广告效果之外。

因此,广告目标的建立更多地是以心理上的效果为标准,即以知名、了解、偏好、记忆等作为测定广告效果的指标,而将行为层级效果作为广告与行销沟通努力所要达成的目标而进行具体的广告计划。不同的广告活动,有不同的广告目标,竞争状况、行销系统、目标市场、目标听众以及广告信息类型、长期与短期目标等的不同,都会对广告运动的目标发生影响,广告目标必须依据具体的广告运动而定。而且,广告目标必须以明确的数量指标来加以陈述,如某品牌的知名度提高或达到多少,对某品牌的正确认知、喜爱、偏好提高或达到多少,经广告与行销的共同努力,试用率、再购买率提高或达到多少,均必须能够测定。

(5)详尽可能性模型

详尽可能性模型(ELM)是由心理学家理查德·E. 派蒂(Richard E. Petty)和约翰·T. 卡乔鲍(John T. Cacioppo)提出的,是消费者信息处理中最有影响的理论模型。根据这一模型,信息处理和态度改变的一个基本量纲是信息处理的深度和数量。

ELM模型的基本原则是:不同的说服方法依赖于对传播信息作精细加工的可能性高低。当精细加工的可能性高时,说服的核心路径特别有效;而当这种可能性低时,则外围路径有效。

消费者在形成对广告品牌的态度时能够有意识地认真考虑广告提供的信息,他们对广告产品或目标的信息仔细思考、分析和归纳,最终导致态度的转变或形成,就是消费者以高参与度对待广告。这种劝导过程被称为态度改变的核心途径。

与核心途径相对的,是态度改变的外围途径。在外围途径中,态度的形成和改变没有经过积极地考虑品牌的特点及其优缺点,劝导性的影响是通过将品牌与广告中积极或消极的方面或技巧性暗示联系起来而产生的。

12.2.3　广告效果测定的意义

广告效果测定是完整的广告活动过程中不可缺少的重要内容,它贯穿整个广告活动的始

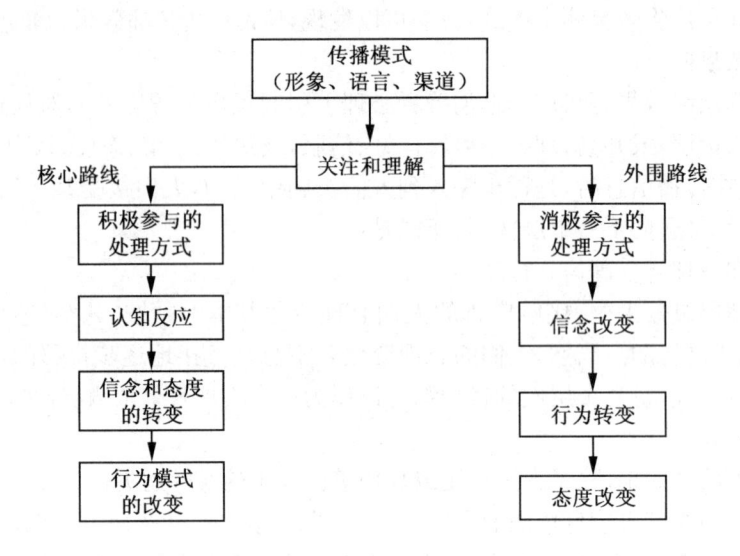

```
                    ┌─────────────┐
                    │   传播模式   │
                    │(形象、语言、 │
                    │    渠道)    │
                    └──────┬──────┘
                           ↓
          核心路线   ┌─────────────┐   外围路线
        ┌──────────│  关注和理解  │──────────┐
        ↓          └─────────────┘          ↓
  ┌──────────┐                        ┌──────────┐
  │ 积极参与的│                        │ 消极参与的│
  │  处理方式 │                        │  处理方式 │
  └─────┬────┘                        └─────┬────┘
        ↓                                   ↓
  ┌──────────┐                        ┌──────────┐
  │  认知反应 │                        │  信念改变 │
  └─────┬────┘                        └─────┬────┘
        ↓                                   ↓
  ┌──────────┐                        ┌──────────┐
  │ 信念和态度│                        │  行为转变 │
  │  的转变   │                        └─────┬────┘
  └─────┬────┘                              ↓
        ↓                              ┌──────────┐
  ┌──────────┐                        │  态度改变 │
  │ 行为模式  │                        └──────────┘
  │  的改变   │
  └──────────┘
```

图 12-1 ELM 模型

终,是衡量和检验广告活动成败、提高广告活动水平的重要手段。它在广告活动中具有重要的意义,具体表现如下:

(1)有利于加强广告主的广告意识,提高广告信心。一般而言,广告主对广告的效用是有一定认识的,但对广告的效果究竟有多大、是否合算,没有多大把握。信心影响广告主的决心,也影响对广告费用预算的决定。进行广告效果评估,具体说明广告的效力,就能使广告主增强广告意识,提高对广告的信心。

(2)帮助企业调整、完善广告策略。某一时期的广告活动结束以后,必须正确评价广告效果,检查广告目标与企业目标、市场目标、营销目标相互结合的程度,总结与营销组合、促销配合是否默契。通过对本期广告效果的测定与评估,及时发现、弥补广告策略中的不足之处,必要时进行适当的调整,使下期的广告策略更加完善。

(3)为实现广告效益提供可靠保证。广告效果测定是检验广告决策的重要手段,通过广告效果测定与评估可以检验广告决策正确与否。在某一期广告活动结束之后,检验广告定位、广告策划、广告目标是否准确,广告媒体的运用是否恰当,广告发布时间与频率是否适宜,在投入了大量广告费用之后,是否为企业带来了期望的经济效益。广告活动是一定时期的大量经济、脑力和体力劳动的投入和付出,因此,在效果测定这一阶段,要求与计划方案设计的广告目标对照比较,衡量其实现程度。广告效果的事前测定可判断广告活动各个环节的优劣,以便扬长避短,修正不足,从而避免广告运动的失误,使广告活动获得更大的效率;广告效果的事后评估可以总结经验,吸取教训,为提高广告水平提供借鉴;最后,广告效果的评估还可以为广告活动提供约束机制,监督并推动广告效益的提高。

(4)保证广告运动朝着科学化的方向发展。广告效果的测定是运用一系列的科学方法和手段对广告运动进行定性和定量分析,以判定广告传播的心理层级效果和行为层级效果,其中涉及和融汇了统计学、心理学、传播学、社会学、计算机技术等多种学科专业知识。广告效果的评估还可以促进广告代理公司改进广告的设计与制作,通过广告效果测定,了解消费者对广告作品的接受程度,鉴定广告主题是否突出,广告形象是否富有艺术感染力,广告语言是否简洁、鲜明、生动,是否合乎消费者的心理需求,是否收到了良好的心理效果,等等。这些为企业未来的广告活动提供了参考资料,并有助于促使企业改进广告的设计与制作,使广告传播的内容与艺术表现形式的结合日臻完美,从而使广告的诉求更加有力。

知识链接 12-2

用 100 万元预算买来的广告投放建议

经常有人一上来就问我,哪个渠道投放广告的效果最好?我总是一脸懵懂无言以对。连你们是干什么的,做的是什么东西的物料,预期目的是曝光还是转化还是售卖都没有讲清楚,到哪里能给得出你需要的答案呢?

以下论述就我自己和身边的朋友投放过的一些渠道做一些总结,由于物料、产品特性、时间段、能力的不同也许会与其他广告投放者的体验有所不同,所以仅作侧面参考。

1. 纸媒

如果是单纯投放报纸广告,只适用于受众是 30~60 岁的人群,本地化的产品或者活动,互联网公司较少需要,除了类似当地打车软件、线下支付、生鲜电商类,当然转化率几乎是现有媒介中最低的一种形式。没办法,使用环境与场景已经基本彻底割裂开来。

不过现在有一种新鲜的玩法,是购买报纸的封面广告,比如表白类、寻人启事类的大字报形式广告,做成事件营销的噱头,配合 SNS 端的发酵爆发,二次加工成段子之类的形式扩散。相比搞线下活动,这种形式比较省人力物力,寥寥几个字就把爆点引出,比线下表演之类的简单直接。如果单独算封面广告的价格,以某份当地的大报纸为例,在好几万元的头版价格,7 天的价格每天都不同,全国类的综合性知名报纸,那就是几十万元的事儿了,只有财大气粗的大公司才会考虑这种媒介方式。

2. 电台广播

考虑到电台广播的使用场景,只有与车辆相关的企业比较适宜用,当然这还是算作传统媒介的使用形式;本文主要偏互联网企业,所以在此就不深挖了,倒是尝试过几次音频分享类平台合作,无论是直接与主持人的片头口播合作,还是与整个平台的换量效果来看,转化率都比较一般。

类似这样的媒介,想花钱能带来效果的就算了,但是有一种途径很合适的就是建立品牌的有声音频,然后以产品本身为内容发源地去做成衍生品,提供给观众有用的资讯,再向平台要资源位做联合制作。没有人会抗拒一个本身就是好内容的广告,如果没有好的音频内容,哪怕把你们老板出去演讲的音频放上去也是不错的选择,无须额外生产,倒是一个容易被市场部忽略的分发渠道。

3. 线下地推

在互联网聚集地,我们经常会看到各种地推人员,发给你一张传单或者海报,请求你下载他们的 APP。这样的成本大概是多少呢?一张传单因为材质和总印数的不同,成本在 1 角到 1 元不等,人工从 30 一小时到一整天不等,是否有附送的礼物成本就因人而异,某 P2P 线下推广的成本大约在 20 元一个新增用户,而据说一些海淘类产品的 APP 成本已经高达 500 元一人了。

对于大多数还想通过传单来促成线下转化的,能达到预期效果的希望非常渺茫。但是地推就没用了吗?不是的。如果你是在用地推的方式将企业的二维码用比较精妙的内容呈现方式印在传单上,效果会出乎意料的好,尤其是一些有精准服务人群的企业产品,去相关人士聚集的大会散发,而对方只需扫描关注公众号即可,并且会通过公众号持续收到你们对于该行业的新鲜资讯,大多数人都会接受的。实际效果如何呢?基本上一场活动下来,新增用户是300~2 000不等,平均一个新粉丝0.1元左右。而且精准程度和含金量之高,常常会让你收获惊喜。

4. 小众社区

在早期的人人、天涯、豆瓣、知乎、贴吧、专业论坛,小范围引起用户关注,如果不是本身内容就是相应社区的合适载体,用操作痕迹较生硬的方式做广告植入,日常规格的操作一般费用1万~5万元不等,带来的转化0~100不等。如果是以引流的用户数量为kpi的话,性价比极低,也容易引起社区用户反感。

这种社区的用户对外来文体异常敏感,如果不是重度用户很难把握尺度,对平台来说也是极度不欢迎的。但是如果直接与平台合作,购买旗帜广告、开屏广告等,一般也是十几万元到百万元不等,成本太高,还不一定买得到,因为这些平台对广告主的调性和平台本身是否一致,也是非常看重的。

那么最适合的方式是什么呢?如果你是租房、电商、资讯、社交类平台,则可以将这些渠道当作一个信息分发渠道。比如你是刚起步的电商平台,那么深度挖掘一下平台上的拳头产品,加以包装,去相关用户群和话题做推荐清单,只要内容本身既用心又是对大家有用的,即使有引流用户也并不介意。

5. 微博

要了解微博的前世今生,先看GQ的一篇人物特稿《独家报道:段子手军团的崛起》,详细记录了三大段子手军团鼓山、楼氏、牙仙三大文化传播公司,签约了90%的段子手大号,几乎可以对现代城市人的碎片化时间通过资本运作轻易牢牢占据。这块蛋糕有多大,网上已经有非常公开的数据,随便搜索一下就会令人咋舌。

而早期微博可以说是SNS广告界最友好的平台,对在它平台上赚钱的大号包容度极高;从2015年开始,如果广告不走微任务,就非常容易被平台屏蔽,到后期平均一个UV(独立用户)单价大约12.82元(相当贵了),所以微博现在更合适的是包装成事件营销的吐槽,当然在自然转发过程中品牌会被人刻意忽略。大家都不傻,怎么从夹缝中杀出一条生路,就见仁见智了。

6. 微信

微信的广告投放对很多企业来说已经渐渐演变成了鸡肋,食之无味,弃之可惜。它大致分为直发广告,约8000元~1万元一篇;约稿软文,约1万~4.5万元一篇;底部旗帜广告的包月,约1万~2万元/月。三种形式,通过阅读原文的链接放置来导流,成本因内容而异。

据我搜集来的数据显示,大多在10~20元一个UV之间;朋友圈广告这类信息流广告,一定是最先出来的时候效果绝佳,然后随着人们的麻木,效果锐减。

根据微信公开的收费标准显示:通过排期购买的朋友圈广告曝光单价由广告投放地域决定,单次投放最低预算为5万元。投放地域目前主要分成三档,即核心城市、重点城市和普通城市,各档所包含的具体城市及对应的曝光单价如下:

(1)核心城市:每千次曝光收费图文广告为150元,视频广告为180元。包含北京和上海。例如:某广告主定向北京地区投放朋友圈图文广告,预算30万元,则该广告主的广告至少可获得200万次曝光。

(2) 重点城市：每千次曝光收费图文广告为 100 元，视频广告为 120 元。包含广州、成都、深圳、杭州、武汉、苏州、南京、天津、西安、沈阳、长沙、青岛、宁波、郑州、大连、厦门、济南、哈尔滨、福州 20 个高活跃城市。例如：某广告主定向广州、深圳两个地区投放朋友圈图文广告，预算 30 万元，则该广告主的广告至少在两个地区总共可获得 300 万次曝光。

(3) 普通城市：每千次曝光收费图文广告为 50 元，视频广告为 60 元。包含除以上 22 个城市之外的其他城市。例如：某广告主定向东莞、漳州两个地区投放朋友圈图文广告，预算 30 万元，则该广告主的广告至少在两个地区总共可获得 600 万次曝光。

7. 地铁和分众广告

这个基本不会轮到新人去操盘的，动辄都是几百万元的真金白银砸下去，还不怎么听得见声响，一般一定是高层及老板亲自出马，谈到个最低的折扣，1 折或 2 折也不是没有的，然后就是繁琐的合同和审核，物料制作流程。新人在此做个粗浅的了解即可，谁也不能保证这烫手的山芋会不会落在你身上。

为什么说它烫手呢？因为排期紧，修改意见多，广告法打回的不合格文案多到你疯掉，就跟皮球一样被两边踢来踢去，对细节的严谨追求能治好你所有的大条毛病，差之毫厘的责任你也担不起。

(资料来源：http://www.yixieshi.com/76572.html)

12.3　广告活动效果的全程测定

按广告运动的总体过程来划分，广告效果可分为事前预测效果、事中效果与事后效果；与此相对应，广告效果评估可分为事前预测、事中测定和事后评估，这构成广告运动效果的全程测定。

12.3.1　广告效果的事前预测

广告效果的事前预测主要是指对印刷广告中的文案，广播、电视广告中的脚本以及其他广告形式信息内容的检验与测定。对这些信息内容的检测，都是在未正式传播之前进行的。广告效果的事前预测除了市场调研中所包括的商品分析、市场分析、消费者分析之外，还需探究消费者的心理与动机，以及设法预测传播信息在传播过程中将发生些什么作用。广告效果的事前测试可以测知广告信息的心理层级效果和部分行为层级效果，可以将广告创意策略、传播策略中的某些错误和不合理、不当之处消灭在萌芽状态，并及时予以纠正，可以有效地提高广告的最终效果。例如，2017 年途游营销团队就为《途游斗地主》拍摄了素人与明星两版视频。素人版以群众演员和一些用户来演绎各行各业打红包赛的状态，明星版则是由王宝强本人演绎。而在投放方面，营销团队也做了大量的广告前测，根据实际的调研效果，对两版视频的发布方式做出了调整。

(1) 广告效果事前预测的意义

一旦广告策略发展并付诸实施之后，广告运动是否能达成其所制定的目标便成为重要的问题。为了确定广告是否正确地传播了销售信息并会在市场上发生效果，许多主要的广告要素与大多数提议的广告运动，都要以某种方法做事前的预测。对广告运动作事前的预测有非

常重要的意义:

①可阻止灾祸。一般的情况,事前对广告运动进行测试只能给以有限数量的信息,但这种信息非常重要。它不一定能保证广告运动的绝对成功,但却可以避免广告运动成为绝对灾祸。

②解决老问题的新方法。对广告运动以前的做法或在消费者身上发生的效果,以先前的结果来对新广告运动加以测量,确定其是否比以前做得更出色、是否更有效地传达广告信息。

③评价传播某品牌信息的可选方法。一个新广告运动的成功,不能只靠广告创作者所做的判断。广告主需要把所提议可选择的方法交由消费者加以试验,以得到消费者的反应。但是无论测试怎样有效果,都不能确认何者可能是最好的方法,但是能在测试选择的方法中确认哪一个比较好。

④确定广告达成目标的程度如何。以达成广告运动所制定的目标而论,事前测试能给计划者一个机会,去看到其所提议的广告运动能达到什么程度。如果广告运动的主要目标是产生品牌名称的知名度,那么在事前测试中能加以测定。如果实行得不好,马上就能改变。在事前测试中能测定许多目的,诸如所传播的信息、消费者能得到的知识、信服程度的改变等。因此,广告运动的事前测试对广告在市场上能对广告运动所制定的目标达到什么程度有一个初步的评估。

⑤在使用前改善所提议的广告。事前测试能提供一个在实行广告运动之前确认该项运动的弱点并加以改正的机会,因此不只是能改善广告运动,并且也节省了因此导致的大笔制作费用。

(2)广告效果事前预测的内容

广告运动事前预测的首要法则是为评估确定目的,必须清楚地说明要测试的是什么以及主要测试的是些什么目标。在事前预测中,一般可测试三种基本效果,即:

①知觉(perception):是指人们了解这是一个广告,其中包含某一个销售信息,这是广告传播要达到的最起码的目的。在众多媒体上,在许多广告主向消费者发出有关同一产品的类似销售信息的情况下,广告主必须使其广告与背景刺激物明显地区分开来,以吸引消费者无意间的注意力,使消费者对广告主刊播的广告及销售有所知觉。

②理解(comprehension):是指所用的文字与图片是否切实地传达了销售信息,即消费者是否了解广告主正试图去传播的是什么;或者说,消费者从广告传播中所得到的信息与广告主想要传达的信息是否一致。如果两者完全一致,那么可以肯定广告完整地实现了理解效果。对"理解"的测定,通常以播放或描述广告意图传达的信息去询问消费者,并将结果与广告陈述的目的相对比。

③反应(reaction):在事前预测中最后的测定,通常是测定消费者对广告的反应。如果消费者知觉这一广告并了解广告的主要内容,那么他对这一信息的反应如何?最常见的评估是确定这一信息在受访者接触之后,是否会被说服而改变他们对某品牌的态度或行为。如果广告的目标是以刺激来改变其态度,则事前评估反应就主要看广告是否能改变受众态度;如果广告目标是导致试用,则事前评估反应就要确定广告导致试用的情况。在事前评估中,受访者的反应常常是最主要的评估事项。

(3)广告事前效果预测的注意事项

①广告运动事前效果预测中的受测试者一定是广告目标市场中的对象,测试的内容和衡量标准不是或主要不是受测试者对某广告的审美评判,而应是作为消费者对广告所欲推广的产品或劳务信息的反应,如:受测试者从某测试广告中获得什么样的信息,他们怎样理解并解

释这一信息,是否与广告所要传达的信息一致;广告对他们的吸引力如何,能否引起他们的注意;广告信息对他们的刺激程度如何,不同暴露频次他们对广告的不同反应,多少暴露频次才能使他们产生认知、了解和记忆;广告能否激发他们对广告所要推广的产品或劳务产生兴趣、偏好,改变态度,甚至产生购买欲望;等等。

②事前预测只在众多被测对象中判断出较好者,但不是最好者。

③事前预测应是既实际又实用的,要弄清消费者能从所给的信息中做出什么判断以及不能做出什么判断,被测试者只能告诉你某广告信息对他们自身产生了什么影响以及怎样反应。

④广告运动的所有测试都是需要付费的,因此,广告经营者要将有关的事前测试及所需经费纳入事先的广告计划和广告预算之中。

12.3.2　广告效果的事中测定

广告效果的事中测定是在广告作品正式刊播之后直到整个广告运动结束之前的广告效果的检测与评估。与事前预测相比,事中测定可以直接了解消费者在实际环境中对广告活动的反应,得出的结论将更加准确可靠。它的目的是检测广告计划的执行情况,以保证广告战略与战术计划的正常实施,可以检测广告效果的事前评估和预测事中测定的效果,并为事后评估广告效果累积必要的数据和资料,以保证广告效果事后评估的顺利进行和取得较为科学的鉴定结果。对于长期广告运动来说,对正在进行的广告运动进行测定具有非常重要的意义。在广告计划中,不仅要确立广告运动的总体目标,并且要建立广告运动发展过程中各阶段性目标,这就需要对广告运动中各阶段性效果进行测试。

由于广告媒介费用高昂,营销状况各有差异以及市场竞争的加剧,因此越来越多的广告主在广告活动的进行中不断地对广告进行测定、评估和修正。

(1)广告效果的事中测定的意义

①进行广告传播阶段性效果测试,目的就在于随时掌握广告运动的发展情况,及时发现问题、及时调整、及时解决,避免"积重难返",避免最终无可挽回的绝对灾难。

②随时掌握市场动态,并根据市场变化,及时采取相应对策。

③在整个媒体传播过程中,随时检测媒体传播的执行情况,如:广告是否按规定的时间、规定的版面或节目刊播,刊播的质量好坏等;随时注意各媒体情况的变化。

但广告效果的事中测定很难对广告战略、目标、计划重新修改,也就是说很难对广告作品和媒介方案做出重新修改,只能在具体操作过程中做适当的弥补或调整。

(2)广告效果事中测定的内容

广告效果事中测定主要是依靠专业的调查公司来完成,但由于费用以及时效性等问题,企业也可以自行展开一些小规模的事中调查研究工作。

广告效果的事中测定主要是对广告作品和广告媒体的组合方式进行测定,目的是设法使广告战略和战术能够依预定计划执行,而不至于离题脱轨。

12.3.3　广告效果的事后评估

广告运动的事后评估是非常重要的,它是指在整个广告活动进行之后所做的效果评估,是整个广告活动效果测定的最后阶段,是评价和检验广告运动的最终指标。因此,我们强调在广告计划之初就建立一个事后评估方案,并把这作为广告计划的重要内容之一,不仅肯定了广告运动事后评估的重要性,而且是为了避免在广告运动事后评估的问题上的随意性,由随意性所造成的非科学性,以及广告主与广告公司有可能产生的种种纠纷和不愉快。

广告运动事后评估的重点,是测试广告目的达成的情况,是对广告活动达成预定计划与目标的测定。这就要求预先制定的广告目的必须是明确的,必须能够测定。此外,广告运动事后的评估方案,还应包括对广告目的的各项指标所采取的具体测定方法。

在广告运动事后评估方案中,通常还包括对评估由谁来负责执行的确认和进行评估所需要费用的预估。

(1) 广告运动的事后评估的意义

①广告运动是广告主主动发动和出资的,广告公司作为代理方,无论广告运动的效果如何,都必须进行事后评估,以期对广告主有一个合理明白的交代。

②作为广告经营,虽然事后评估与此次广告运动不再具有任何补益,但广告公司却能通过评估,从中总结经验,吸取教训,提高代理能力和服务质量。

(2) 广告效果事后评估的内容

广告运动的事后评估就是对广告运动效果的测定和确认。评估的具体内容、各项评估的指标体系、具体的测定方法,包括由谁来执行评估,在事先制定的评估方案中都有明确的规定。广告运动的事后评估必须严格按照预先确定和认可的评估方案来进行。这一点是从事广告代理的公司必须坚持的。

对广告运动的事后评价,广告主与广告代理公司的兴趣点往往是不同的。不管广告运动的事后评价按什么方案进行,广告主关注的焦点都在于广告是否实现了销售效果,他们对实现了销售效果的广告格外垂青和感兴趣。广告代理公司所关注的焦点则在于广告达到了预期的广告目标没有。如果广告运动实现了理想的销售效果,也许广告主对评估不再那么关注和感兴趣,因为对他们来说,只有销售效果才是最实际的。在这种情况下,广告代理公司依然要坚持评估。因为销售效果只是广告与行销各要素共同努力达成的在整个广告运动期间的显示效果、有形效果,而广告的迟延效果与无形效果并未估算在内。例如,广告传播在效果中所产生的品牌知名度、喜爱偏好率等都有可能对往后的销售发生迟延效果。在实现了理想效果的情况下依然坚持评估,目的就在于提请广告主注意广告效果之外的其他效果因素,更为准确地估量广告运动的成功度。如果广告运动没有实现预期的效果,广告代理公司更应该坚持通过评估,以期对广告运动做出一个客观正确的评估,提供一个合理的解释和说明。

在这种情况下,广告代理公司必须坚持以广告目标为评估标准。销售效果的实现、销售业绩的达成,需要广告与行销各要素的共同努力。不以广告目的而以销售效果作为广告运动的评估标准,对广告代理公司来说是不公平的,评估结果也是不科学、不公正的,这样让广告代理公司承担不应该承担的或承担不起的责任也是不合理的。

知识链接 12-3

企业广告主如何避免新媒体投放的"营销泡沫"

过去 5 年,移动互联网带来的最深刻影响之一,就是媒体渠道的改变。自媒体发展迅速,目前已经形成相对稳定的格局:既有粉丝数量达到百万甚至千万,不亚于传统媒体发行量的千万级大号,也有粉丝数量虽未破百万但黏性高、用户质量高的细分自媒体号。然而,广告主要选择什么样的自媒体进行投放?如何对自媒体投放的数据和效果进行量化和追踪?

从 1 200 万个公众号、30 万个头条号这两个数据就可以看出自媒体的发展非常迅速、数量庞大！而时不时刷爆朋友圈的企业软文则从另一个维度显示出营销主体——自媒体已经成为企业投放的标配渠道之一。然而，自媒体数量很多，但良莠不齐。2016 年，腾讯科技就曾曝光过大量自媒体大 V 粉丝数、阅读量造假。可以看出，自媒体的水分非常大，且投放效果无法量化。最后的结果便是，一方面企业对于自媒体有巨大的投放需求，另一方面企业又不敢全面放心地进行自媒体投放。据艾媒咨询数据显示，87.2%的广告主期待着第三方的监测。

为了促进社会化媒体投放更为规范，保障广告主的权益最大化，微畅作为社会化媒体聚合交易平台应运而生。据记者了解，微畅依靠 ADiiMedia 第三方广告监测系统，践行"精准投放"的广告价值服务理念，聚合了众多媒体资源，立足于社会化营销、移动广告、品牌营销及搜索营销等推广渠道，既为广告主提供第三方监测平台以保证数据真实性，也致力于为广告主提供更具价值的智能化精准营销解决方案。微畅负责人汪洪栋曾表示："微畅具备第三方监测功能的营销平台，在维护微信公众号推广传播等社会化媒体营销上发挥着重要作用，在推动自媒体营销市场朝着健康的方向发展的同时，更能帮助企业达到媒体投放价值最大化。"

（资料来源：http://www.iimedia.cn/49850.html）

广告效果的事后测定主要是对广告的心理层级效果和行为层级效果进行测定。

①心理层级效果测定。良好效果的广告所应具备的条件在于应该能迅速吸引消费者的注意，让消费者记忆深刻，并在情感上与广告内容产生共鸣。这样的广告，已经征服了消费者的心灵，在其他条件具备如产品需要更新、经济实力允许等的情况下，必然会做出广告主所期望的购买行为。因此，具有良好效果的广告在消费者的心理上首先要能引起消费者对广告的注意，这是获得良好广告效果的前提；其次，广告要能让消费者记忆深刻，这样才能保证消费者在制定购买决策时将本企业的产品列入考察范围；最后，理想的广告效果要有利于企业形象和产品品牌的树立，要能使消费者对广告产生一定的感情共鸣。

广告心理层级效果的事后评估，是建立在广告心理目标，即接触率、知名率、理解率、好感率与购买意图等目标的基础上的。

A. 认知测试（recognition tests）。消费者对商品的认知过程，就是对商品个别属性的各种不同感觉加以联系和综合的反应过程，这一过程主要是通过消费者的感觉、直觉、记忆、思维等心理活动来完成的。消费者的认知过程是购买行为的重要基础。认知测试主要是为了了解受众对广告所传达信息的知晓程度，通常用于有关知名度的调查。如果一个广告在被调查中没有受到消费者的认知，那么它就不可能发生作用。在有些情况下，认知也被用来调查受众对广告的认知程度。例如，著名的斯塔奇测试法，这种调查方法由随机抽样选出调查对象，在对印刷品广告调查中，要求浏览过广告的人回答三个层次的问题：注目→阅读→精度。

第一是注目率：指被测试者在特定媒体中曾经看到过要测定的广告的频率。这里，被测试者仅仅是见到过要测试的广告，但可以不曾留心过广告的具体内容。

第二是阅读率：是指被测试者看到广告后在何种程度上阅读了该广告，并且能够明确指出广告的品牌或服务。被测试者具体看到过要测试的广告，大概知道的名称、企业的名称、商标等，但对更具体的内容则不甚了解。

第三是精度率：指被测试者将广告中的文案已阅读了一半以上的比率。被测者不仅留心看了广告，而且认真了解广告的内容，浏览过该广告 50%以上的内容。

B. 回忆测试（recall tests）。回忆测试比认知测试更进一步，主要用来测定广告的理解程度,它能了解广告的冲击力和消费者的渗透程度。广告发布后,消费者从注意到购买产品,中间会有一段时间差,为了促成消费者的购买行为,广告必须给人留下记忆。从广告效果的角度来讲,记忆比认知更重要。回忆测试就是要查明消费者能够回忆起多少广告信息,以及他们对商品、品牌名称、创意、广告等内容的理解与联想的能力,甚至他们相信广告的程度。

这种测定的基本方法是由访问员询问消费者所能记忆的其所见所闻关于某广告主或某商品信息的情形。回忆有两种方式:一是辅助回忆,给测试者某种提示,使其能够根据此说明广告内容;二是无辅助回忆,提出名称请受众通过回忆说明广告信息的内容。在电视广告回忆测试中,最著名的方法是滞后一日回忆法,即在电视广告播出24~30小时后访问观众,了解其对电视广告的回忆情况。

回忆测定法也有缺点,因为很少人有极强的记忆力,这种测定仍旧可能是强调广告引起人们注意的方法,而非广告的说服力。

C. 态度测试(measurement of attitude)。主要测试广告在受众心理上的效果,测试内容是消费者对广告品牌的忠实度、偏爱度以及对其总体印象。消费者的态度很难用直接方法去观察,只能采用多种形式做出推测性了解,如问卷、检查表、语言差异试验、等级测试等。其中,语义差异是比较常用而又简便易行的方法,它的主要原理是根据心理学上的刺激与反应之间必有的联想传达过程,通过对这种过程作用的测定来知晓消费者对广告所持的态度。

在测试中主要用不同的程度登记来表达测试结果,如:

极不喜欢→不喜欢→无所谓→较喜欢→很喜欢

②行为层级效果测定。行为层级效果测定是指对消费者购买选择的实际考察,它强调了消费者购买行为的改变,试图在产品销售与广告有效到达之间建立起某种数学模型,如广告影响的实际购买率测算、广告产生效益测算、广告促进增长速度测算等。在效果测定的最后阶段,基本上就是广告的销售效果测定,所采取的是实地调查法,即根据广告商品在市场上的占有率、销售量以及使用状况等的记录资料与同期广告量进行分析比较,以时间序列或相关分析来把握广告的总体效果。

知识链接 12-4

刘长礼访谈录:企业内容营销和广告植入策略

互联网带来了信息数据量的疯狂增长,也给传统企业的营销带来挑战,传统的广告越来越受到消费者排斥,宣传传播效果不尽如人意。在这样的时代,华人环球卫视董事局主席、知名市场营销专家刘长礼先生认为,企业必须开展内容营销,并且进行巧妙的广告植入才有出路。

针对企业内容营销和广告植入策略这一话题,记者对刘长礼主席进行了深入访谈。采访内容如下:

记者:什么叫作内容营销和广告植入?

刘长礼:有心的企业家和营销人,开始越来越喜欢将广告以资讯的形式展现,内容很吸引人,但是其本质却是广告。这就需要非常巧妙地将商品、服务或品牌信息植入到媒介内容当中,有目的地做广告,但是又将广告适当地隐藏,达到一方面吸引消费者,另一方面又可以实现商业目的的双重效果。

记者:广告植入针对企业营销而言,具备哪些实际的价值?

刘长礼：通过广告植入，能够很好地增进品牌价值、形成品牌忠诚，并且能够带来实际销售，影响现实的消费趋势和形式，效果明显，成本也显著低于传统广告，越来越受到企业家和广告主的欢迎。不少企业纷纷对接华人环球卫视的内容部门，寻求广告植入的机会，这些正是关注到了广告植入对企业营销的实际价值。

记者：企业内容营销中，广告植入的具体方式有哪些？

刘长礼：根据隐藏程度的不同，可以分为显性植入式广告与隐性植入式广告；根据整合性的不同，可以分为整合植入式广告与非整合植入式广告；根据与影视内容中人物角色结合的紧密程度，分为背景型、浅植入、深植入等；根据植入的媒介内容类别，则可以分为电影植入式广告、电视剧植入式广告、电视栏目植入式广告、小说植入式广告、广播节目植入式广告、歌曲植入式广告、游戏植入式广告等。

一般而言，在内容中品牌出现的次数越多，受众的记忆效果越好，品牌与内容剧情结合程度越高，受众的记忆效果越好。

记者：企业广告植入内容营销当中，有哪些方面需要特别加强注意？

刘长礼：针对广告植入内容营销而言，常常会对植入总时长和品牌数量有一定的限制，以30集的自制剧为例，植入式广告的总时长常常不要超过500秒，植入广告的品牌不超过4个，以3～4个品牌为宜，而且每个植入式广告必须与人物、情节伴生，必须自然呈现，符合整个电视剧的"调性"。

就具体的执行层面来讲，要根据剧本和内容本身，探讨广告植入的可行性以及确定基本植入点，对剧本内容进行商业改编，形成商业剧本，然后签约进行拍摄和剪辑，并且需根据合约要求完成广告植入。

（资料来源：http://zgsc.china.com.cn）

本章小结

本章详细探讨广告效果的测定有利于企业主投放广告的方向选择。让每一个广告都变得可衡量，让每个广告的最后效果都能用精确的数字来展现，这样精准度才会更高，广告价值也才会最大化。在测定广告效果时，要界定广告的心理效果、经济效果和社会效果。本章还详细探讨了如何进行系统的广告运动效果全过程的分析评估。广告效果评估可分为事前预测、事中测定和事后评估。只有对每个环节进行系统分析后，才可能形成对广告效果测定的系统理解。

练习题

1. 测定广告效果的5种方法，你认为哪种方法最适合你？
2. 广告效果测定包括哪些内容？分析的重点是什么？
3. 影响企业广告投放效果的因素有哪些？针对这些因素，找出解决的方案。
4. 试述评估广告效果的几个重要指标，并举实例说明。
5. 你如何运用广告效果的事前测定、事中测定、事后测定？

案例分析

2016年中国广告市场及传播趋势

一、以影院、互联网和电梯媒体为代表的新媒体带动市场增长

CTR媒介智讯数据显示，2016年中国广告市场整体降幅是0.6%，较2015年2.9%的降幅，有所收窄。传统五大媒体广告花费下降6.0%，对市场整体仍有明显的下拉作用。电视广告花费同比下降3.7%。

新媒体增幅稳定，对市场增长的带动作用进一步增强，特别是电梯电视、电梯海报、影院视频、互联网。2016年电梯电视广告增幅22.4%；电梯海报广告增幅24.1%；影院视频广告增幅44.8%；在移动互联网的推动下，互联网广告增长18.5%。

二、城市主流人群引领消费升级和品牌升级

2016年中国快消品市场的双速前行趋势依然在持续——平价品类如啤酒、方便面等出现降幅，中高端品类如酸奶、宠物食品持续成长。

双速前行的中国市场，消费升级和追求品质逐步成为刚需，唯有优质的品牌方可获得消费者的溢价购买。重视商品品质和个性的高端人群、勇于尝试新事物的网络新经济人群、乐于分享属性的意见领袖和口碑冠军，这三类人群构成了中国新消费市场的风向标人群，积极推动着消费市场的发展，不仅代表了消费的潮流，也是未来消费倾向和趋势的引领者。

根据CTR中国城市居民调查（CNRS）数据显示，在这群核心的风向标人群的媒体接触习惯与互联网、电梯媒体覆盖的年龄在20～45岁，月收入5 000元以上的都市主流人群具有高度一致性，风向标人群的电梯媒体周接触高达81.2%，互联网周接触率高达92%。这或许就是广告主乐意选择电梯媒体与互联网的原因。

三、传播格局破后重构，互联网要抓内容植入

从2016年各媒体的此消彼长来看，传统传播格局已经被打破，传播环境与传播格局都发生了剧烈变化。电梯媒体、影院媒体、移动互联网的持续强势增长，使得主动资讯模式被碎片化解构，生活空间被动资讯模式重塑了传播生态。

发达省份、发达城市的主流人群正在与电视渐行渐远。电视的观众已经偏向三、四线和非发达地区，收视人群主要集中在甘肃、内蒙古、宁夏、陕西、吉林等地区，而上海、浙江、重庆、广东、江苏等经济发达地区则收视率偏低。电视对一、二线城市和月收入5 000元以上主流人群影响力在不断下降。

都市主流人群不看电视，即使一个收视率4%的绝对现象级节目按10亿电视人口计可达到4 000万人（这指节目收视率，事实上其中的广告电视率远低于节目收视率，只有冠名赞助商通过贴片广告、主持人口播、角标、产品植入等可以使品牌广告收视基本等于节目收视率），但调查数据显示，热门栏目的观众中月收入超过5 000元以上的占5%～15%，也就是200～600万。主流人群媒体接触习惯已经被微博、微信、新闻客户端、网络视频等占据，但微博、微信、新闻客户端等信息过载，信息传播的日益粉尘化，人们一边阅读一边遗忘，而且人们对广告有着强大的免疫力，只有像G20、女排夺冠、王宝强等重大事件才能记住。对社交媒体、新闻客户端，由于用户主要是来看内容的，很少留意和记忆广告，广告主最应该做的是公关内容植入，创造可以被传播的话题。对于网络视频贴片广告，前提是要赌对《太阳的后裔》《欢乐颂》《老九门》这类热剧，否则品牌就很难被引爆，主流风向标人群一年往往就看几部热剧，还有上亿用户选择买会员付费一次看完，而一旦付费则没有广告。真正在网络上被引爆起来的品牌往往屈指可数。

四、引领消费升级,影响主流人群要抓生活场景

与传统电视、互联网广告相比,电梯媒体、影院媒体等针对的一、二线城市人群更主流,加之城市主流人群与电视等传统媒介已经渐行渐远,以电梯媒体为代表的生活场景型媒体优势在2016年更为凸显。电梯媒体集中覆盖2亿城市主流人群每天必经的写字楼、公寓楼、影院这些封闭的生活场景中,首先就决定了受众的层次与消费力。这群白领、金领、中产阶级代表了中国城市绝大部分的消费力和消费影响力,将广告集中投放给这些风向标人群,是引爆主流趋势的基础。今天,影响主流人群的任务正从电视媒体转向以电梯媒体为代表的生活场景媒体。

五、移动化和被动化是品牌传播的核心趋势

面对日益碎片化、粉尘化的传播环境,移动化和被动化是核心趋势,消费者4~5个小时在看手机,所以移动化是趋势。用户在手机上是有选择的,主要看内容,广告往往被选择性忽略,所以要聚焦内容营销,融入社会热门IP、话题,创造社会热门事件。同时,资讯模式在巨变,生活场景很难被改变,要善于抓住主流人群必须经过的、封闭的生活场景如公寓楼、写字楼、影院,帮助品牌高效直达目标消费者。移动互联网时代,人们可以随时随地取得任何信息,但信息过载、选择过多,给品牌传播带来巨大挑战,要么植入用户最关注的资讯与娱乐中,要么植入用户最日常的生活空间及场景中,将是广告主最核心的选择。

(资料来源:中国广告网)

通过阅读上述案例材料,请思考以下问题:

1. 市场瞬息万变,你应该如果抓住广告受众人群,制作出高转化率的广告?
2. 请概括案例中各式各样的广告模式带给我们的启示?

案例分析

2016年中国广告市场及传播趋势

一、以影院、互联网和电梯媒体为代表的新媒体带动市场增长

CTR媒介智讯数据显示，2016年中国广告市场整体降幅是0.6%，较2015年2.9%的降幅，有所收窄。传统五大媒体广告花费下降6.0%，对市场整体仍有明显的下拉作用。电视广告花费同比下降3.7%。

新媒体增幅稳定，对市场增长的带动作用进一步增强，特别是电梯电视、电梯海报、影院视频、互联网。2016年电梯电视广告增幅22.4%；电梯海报广告增幅24.1%；影院视频广告增幅44.8%；在移动互联网的推动下，互联网广告增长18.5%。

二、城市主流人群引领消费升级和品牌升级

2016年中国快消品市场的双速前行趋势依然在持续——平价品类如啤酒、方便面等出现降幅，中高端品类如酸奶、宠物食品持续成长。

双速前行的中国市场，消费升级和追求品质逐步成为刚需，唯有优质的品牌方可获得消费者的溢价购买。重视商品品质和个性的高端人群、勇于尝试新事物的网络新经济人群、乐于分享属性的意见领袖和口碑冠军，这三类人群构成了中国新消费市场的风向标人群，积极推动着消费市场的发展，不仅代表了消费的潮流，也是未来消费倾向和趋势的引领者。

根据CTR中国城市居民调查(CNRS)数据显示，在这群核心的风向标人群的媒体接触习惯与互联网、电梯媒体覆盖的年龄在20～45岁，月收入5 000元以上的都市主流人群具有高度一致性，风向标人群的电梯媒体周接触高达81.2%，互联网周接触率高达92%。这或许就是广告主乐意选择电梯媒体与互联网的原因。

三、传播格局破后重构，互联网要抓内容植入

从2016年各媒体的此消彼长来看，传统传播格局已经被打破，传播环境与传播格局都发生了剧烈变化。电梯媒体、影院媒体、移动互联网的持续强势增长，使得主动资讯模式被碎片化解构，生活空间被动资讯模式重塑了传播生态。

发达省份、发达城市的主流人群正在与电视渐行渐远。电视的观众已经偏向三、四线和非发达地区，收视人群主要集中在甘肃、内蒙古、宁夏、陕西、吉林等地区，而上海、浙江、重庆、广东、江苏等经济发达地区则收视率偏低。电视对一、二线城市和月收入5 000元以上主流人群影响力在不断下降。

都市主流人群不看电视，即使一个收视率4%的绝对现象级节目按10亿电视人口计可达到4 000万人（这指节目收视率，事实上其中的广告电视率远低于节目收视率，只有冠名赞助商通过贴片广告、主持人口播、角标、产品植入等可以使品牌广告收视基本等于节目收视率），但调查数据显示，热门栏目的观众中月收入超过5 000元以上的占5%～15%，也就是200～600万。主流人群媒体接触习惯已经被微博、微信、新闻客户端、网络视频等占据，但微博、微信、新闻客户端等信息过载，信息传播的日益粉尘化，人们一边阅读一边遗忘，而且人们对广告有着强大的免疫力，只有像G20、女排夺冠、王宝强等重大事件才能记住。对社交媒体、新闻客户端，由于用户主要是来看内容的，很少留意和记忆广告，广告主最应该做的是公关内容植入，创造可以被传播的话题。对于网络视频贴片广告，前提是要赌对《太阳的后裔》《欢乐颂》《老九门》这类热剧，否则品牌就很难被引爆，主流风向标人群一年往往就看几部热剧，还有上亿用户选择买会员付费一次看完，而一旦付费则没有广告。真正在网络上被引爆起来的品牌往往屈指可数。

四、引领消费升级,影响主流人群要抓生活场景

与传统电视、互联网广告相比,电梯媒体、影院媒体等针对的一、二线城市人群更主流,加之城市主流人群与电视等传统媒介已经渐行渐远,以电梯媒体为代表的生活场景型媒体优势在2016年更为凸显。电梯媒体集中覆盖2亿城市主流人群每天必经的写字楼、公寓楼、影院这些封闭的生活场景中,首先就决定了受众的层次与消费力。这群白领、金领、中产阶级代表了中国城市绝大部分的消费力和消费影响力,将广告集中投放给这些风向标人群,是引爆主流趋势的基础。今天,影响主流人群的任务正从电视媒体转向以电梯媒体为代表的生活场景媒体。

五、移动化和被动化是品牌传播的核心趋势

面对日益碎片化、粉尘化的传播环境,移动化和被动化是核心趋势,消费者4~5个小时在看手机,所以移动化是趋势。用户在手机上是有选择的,主要看内容,广告往往被选择性忽略,所以要聚焦内容营销,融入社会热门IP、话题,创造社会热门事件。同时,资讯模式在巨变,生活场景很难被改变,要善于抓住主流人群必须经过的、封闭的生活场景如公寓楼、写字楼、影院,帮助品牌高效直达目标消费者。移动互联网时代,人们可以随时随地取得任何信息,但信息过载、选择过多,给品牌传播带来巨大挑战,要么植入用户最关注的资讯与娱乐中,要么植入用户最日常的生活空间及场景中,将是广告主最核心的选择。

(资料来源:中国广告网)

通过阅读上述案例材料,请思考以下问题:

1. 市场瞬息万变,你应该如果抓住广告受众人群,制作出高转化率的广告?
2. 请概括案例中各式各样的广告模式带给我们的启示?

参考文献

[1]丁俊杰.当代广告学[M].程坪等译.北京:人民邮电出版社,2016.
[2]倪宁.广告学教程[M].北京:中国人民大学出版社,2016.
[3]苗杰.现代广告学(第六版)[M].北京:中国人民大学出版社,2015.
[4]周文娟,潘琼.广告媒体策划与设计[M].北京:中国水利水电出版社,2013.
[5]艾进.广告管理[M].成都:西南财经大学出版社,2014.
[6]孟建国.广告原理与实务(第二版)[M].海口:南海出版公司,2014.
[7]方玲玉.网络营销实务(第二版)[M].北京:电子工业出版社,2013.
[8]肖开宁.中国优秀广告案例与鉴赏大全[M].北京:中国经济出版社,2013
[9]孙黎.新媒体广告[M].杭州:浙江大学出版社,2015.
[10]吕巍.广告学[M].北京:北京师范大学出版社,2007.
[11]常秀.移动互联网虚拟社群图书营销模式研究[D].北京印刷学院,2015.
[12]杨梦玫.台湾儿童绘本品牌研究[D].北京印刷学院,2015.
[13]王丽.社会化媒体视角下的图书微信营销研究[D].北京印刷学院,2015.
[14]王斯爽.透视当下数字杂志的第三方平台[D].北京印刷学院,2015.
[15]周怡玲.全媒体时代图书网络营销策略分析[D].北京印刷学院,2015.
[16]魏倩.自媒体时代的出版业变革研究[D].北京印刷学院,2015.
[17]谭小溪.基于大数据的服装奢侈品牌数字营销策略研究[D].北京服装学院,2015.
[18]靳高霞.生活方式对中式服装消费行为影响的研究[D].北京服装学院,2015.
[19]周莹.餐饮类网络团购口碑对消费者团购意愿的影响研究[D].重庆工商大学,2014.
[20]周葛.注意力经济下读者注意力的经营研究[D].北京印刷学院,2015.
[21]姜曼.文学类图书衍生产品研究[D].北京印刷学院,2015.
[22]陈程.注意力经济时代的出版创新策略研究[D].北京印刷学院,2013.
[23]阿伦斯.广告学(英文版)[M].北京:中国人民大学出版社,2013.
[24]田明华.广告学[M].北京:北京交通大学出版社,2013.
[25]袁胜军.广告学[M].北京:人民邮电出版社,2015.
[26]何辉.广告学教程(第3版)[M].北京:人民出版社,2016.